Fiches de droit du travail approfondi

Rappels de cours et exercices corrigés

Laurence Fin-Langer

Maître de conférences à l'université de Caen
Membre du Centre de recherche de droit privé

ellipses

Dans la collection « Fiches »

- *Fiches de Droit administratif*, Guillaume Protière
- *Fiches de Droit des affaires*, Claire Humann
- *Fiches de Droit bancaire*, Marianne Villemonteix
- *Fiches de Droit des biens*, Vanessa Valette-Ercole
- *Fiches de Droit constitutionnel*, Laurence Baghestani
- *Fiches de Droit des contrats*, Christophe Quézel-Ambrunaz
- *Fiches de Droit des contrats spéciaux*, Johann Le Bourg
- *Fiches de Droit de la distribution*, Linda Arcelin-Lécuyer
- *Fiches de Droit de la famille*, Patricia Vannier
- *Fiches de Droit fiscal international*, Roland Walter
- *Fiches de Droit des instruments de paiement et de crédit*, Marianne Villemonteix
- *Fiches de Droit international public*, Pascale Martin-Bidou
- *Fiches de Droit des obligations*, Arnaud Lecourt
- *Fiches de Droit pénal général*, Gérard Clément et Jean-Philippe Vicentini
- *Fiches de Droit pénal spécial*, Béatrice et Gérard Clément, Frédérique Dubost et Jean-Philippe Vicentini
- *Fiches de Droit des personnes*, Patricia Vannier
- *Fiches de Droit de la responsabilité civile extracontractuelle*, Christophe Quézel-Ambrunaz
- *Fiches de Droit des sociétés*, Franck Marmoz
- *Fiches de Droit des sûretés*, Pierre-Yves Ardoy
- *Fiches de Droit du travail*, Laurence Fin-Langer
- *Fiches de Droit du travail approndi*, Laurence Fin-Langer
- *Fiches d'Histoire des institutions publiques*, Jean-François Brégi
- *Fiches d'Institutions européennes*, Guillaume Protière
- *Fiches d'Institutions internationales*, Hélène Simonian-Gineste
- *Fiches d'Institutions et Politiques sociales*, Arnaud Coutant
- *Fiches d'Introduction au droit*, Patricia Vannier
- *Fiches de Libertés publiques et Droits fondamentaux*, Florence Crouzatier-Durand
- *Fiches de Procédure civile*, Ronan Bernard-Menoret

Téléchargez gratuitement les dernières mises à jour* de la matière sur

www.editions-ellipses.fr (fiche détaillée de l'ouvrage)

* Disponibles durant la commercialisation de la présente édition

ISBN 978-2-340-000735

32, rue Bargue 75740 Paris cedex 15

www.editions-ellipses.fr

Sommaire

Le salarié handicapé

Fiche 1

Définition

Salarié handicapé : salarié dont les possibilités d'obtenir ou de conserver un emploi sont effectivement réduites par suite de l'altération d'une ou plusieurs fonctions physique, sensorielle, mentale ou psychique.

I. Le recrutement des salariés handicapés

L'article L 5213-1 du Code du travail définit le salarié handicapé comme étant « la personne dont les possibilités d'obtenir ou de conserver un emploi sont effectivement réduites par suite de l'altération d'une ou plusieurs fonctions physique, sensorielle, mentale ou psychique ». Leur intégration dans le milieu professionnel a fait l'objet de différentes réformes : loi du 30 juin 1975 n° 75-534 en faveur des personnes handicapées, loi du 10 juillet 1987 n° 87-517 en faveur des travailleurs handicapés, modifiée par la loi du 11 février 2005 pour l'égalité des droits et des chances, la participation et la citoyenneté des personnes handicapées applicable à compter du 1er janvier 2006 dans les entreprises.

A. La reconnaissance de la qualité de travailleur handicapé

Cette reconnaissance est **le monopole** (Cass. soc. 19 juin 1991, 89-43206, *DS* 1991, p. 636) d'une commission autrefois connue sous le nom de COTOREP et remplacée par la loi du 11 février 2005 par la Commission des droits et de l'autonomie des personnes handicapées (CDAPH). Le contentieux de leur décision relève des juridictions administratives depuis 2005. Cette commission statue à la demande de la personne handicapée ou de son représentant légal au moyen d'un formulaire réglementaire unique pour toutes les demandes adressées à la Maison départementale des personnes handicapées (MDPH), le formulaire Cerfa 13788*01.

La CDAPH statue d'abord sur cette reconnaissance de salarié handicapé avec un classement lié au handicap. Elle peut refuser le statut de salarié handicapé soit en raison d'une impossibilité totale d'accéder à tout travail soit en raison d'une possibilité d'accéder normalement au marché de l'emploi. Elle oriente ensuite la personne handicapée sur les différentes possibilités de travailler soit en milieu protégé (ESAT) soit en milieu ordinaire y compris dans les entreprises adaptées. L'orientation en ESAT rend impossible le travail en milieu ordinaire et la personne handicapée ne sera pas considérée comme un salarié lié par un contrat de travail à l'ESAT mais comme un usager des services socio-médicaux (Cass. soc. 18 mars 1997, 94-41716, *Bull. civ.* V, n° 112, *DS* 1997, p. 525). Certaines dispositions du droit du travail demeurent cependant applicables de manière exceptionnelle. Ne sera étudié dans cette fiche que le travail de salariés handicapés en milieu ordinaire, dans une entreprise privée.

Le salarié dont le statut de salarié handicapé lui a été reconnu n'est pas tenu d'informer son employeur de cette reconnaissance au moment de l'embauche ou pendant l'exécution du contrat de travail (Cass. soc. 6 mai 2003, 01-41370; Cass. soc. 7 novembre 2006, 05-41380, *RDT* 2006, p. 116, *JCP soc.* 2007, 1053; Cass. soc. 18 septembre 2013, 12-17159). Cette solution se justifie par le respect de la vie privée des salariés et seul le médecin du travail peut recueillir les informations relatives à l'état de santé des salariés. Par conséquent, aucune faute ne peut être reprochée au salarié. Cela peut poser des problèmes pratiques pour les employeurs notamment quant au respect de l'obligation d'emploi de salariés handicapés ou quant à la durée du préavis.

Il faut également noter que lorsque la CDAPH modifie sa décision notamment quant à l'orientation, cela peut constituer une cause réelle et sérieuse de licenciement en cas d'impossibilité pour l'employeur d'embaucher cette personne ou de la reclasser en fonction de ses nouvelles aptitudes qu'elles se soient dégradées ou améliorées (Cass. soc. 20 septembre 2006, 05-41501, *RDT* 2006, p. 116; Cass. soc. 2 juin 2004, 02-44015, *DS* 2004, p. 895).

Enfin, dans l'entreprise, l'interlocuteur privilégié du salarié handicapé est le médecin du travail qui se prononce sur l'aptitude du salarié à occuper son poste dans l'entreprise, sur les aménagements à y effectuer, sur son reclassement éventuel. Il est tenu par le secret professionnel quant aux informations médicales dont il pourrait avoir connaissance.

B. L'obligation d'emploi incombant aux employeurs

Les entreprises assujetties sont celles dont les effectifs dépassent le seuil de 20 salariés, calculé en application des articles L 1111-2 et suivants du Code du travail. Lorsque ce seuil est dépassé pour la première fois ou lorsque l'entreprise vient d'être créée, l'article L 5252-4 du Code du travail donne 3 ans aux entreprises pour se conformer à cette obligation.

La loi du 11 février 2005 a modifié la liste des salariés bénéficiaires de cette obligation d'emploi, dont voici les principaux concernés (C. trav., art. L 5212-13) :

- les travailleurs reconnus handicapés par la CDAPH;

- les victimes d'accidents du travail ou de maladie professionnelle ayant entraîné une incapacité permanente au moins égale à 10 % et titulaire d'une rente attribuée par la sécurité sociale ;
- les titulaires d'une pension d'invalidité à condition que l'invalidité réduise au moins de 2/3 leur capacité de travail ;
- les titulaires d'une carte d'invalidité ;
- les titulaires de l'allocation aux adultes handicapés.

Les employeurs concernés doivent recruter au moins 6 % de leurs effectifs parmi ces salariés bénéficiaires. Pour savoir s'ils respectent cette obligation, ils sont tenus de procéder tous les ans avant le 1er mars de l'année civile à une déclaration obligatoire (DOETH) portant sur cette obligation d'emploi (Voir pour les modalités pratiques : C. trav., art. L 5212-5 et R 5212-1 à 5212-4).

Le seuil de 6 % est calculé de manière spécifique (C. trav., art. L 5212-14). Chaque personne est prise en compte à due proportion de son temps de présence au cours de l'année civile, mais en précisant que

- les salariés dont la durée de travail est supérieure ou égale à la moitié de la durée légale ou conventionnelle sont comptés comme une unité complète ;
- les salariés dont la durée de travail est inférieure à la moitié de la durée légale ou conventionnelle sont décomptés comme une demi-unité.

Illustrations du calcul du nombre de bénéficiaires

Un bénéficiaire présent toute l'année à temps complet vaut 1.

Un bénéficiaire présent toute l'année mais à temps partiel de 60 % vaut 1.

Un bénéficiaire présent à temps plein du 1er janvier au 31 octobre vaut 1 x 10/12 soit 0,83.

Un bénéficiaire présent du 1er janvier au 30 juin à temps partiel de 40 % vaut 0,5 x6/12 soit 0,25.

À côté de cette embauche directe, l'employeur peut remplir cette obligation d'embauche de travailleurs handicapés par d'autres moyens, des palliatifs étant prévus :

- l'employeur peut s'acquitter partiellement de cette obligation équivalent au maximum à la moitié des 6 % en concluant des contrats de fournitures, de sous-traitance ou de prestations de services avec des entreprises adaptées ou des centres de distribution de travail à domicile ou des ESAT (C. trav., art. L 5212-13) ;
- l'employeur peut s'acquitter partiellement de cette obligation en recrutant comme stagiaires des personnes handicapées dans la limite de 2 % de ses effectifs : art. L 5212-13 ;

- il peut aussi conclure un accord de branche, de groupe, d'entreprise ou d'établissement prévoyant un plan d'embauche en milieu ordinaire et au moins 2 des 3 actions suivantes : plan d'insertion et de formation, plan d'adaptation aux mutations technologiques, plan de maintien dans l'entreprise en cas de licenciement;
- il peut enfin verser une contribution à l'Agefiph dont le montant dépend du nombre de bénéficiaires manquants et des effectifs de l'entreprise (C. trav., art. L 5212-19 et s.).

En cas de non-respect de cette obligation, l'employeur devra verser une contribution administrative augmentée par la loi du 11 février 2005 à 1500 fois le taux horaire du SMIC majoré de 25 % pour chaque emploi non pourvu (C. trav., art. L 5212-12).

II. Le statut de salarié handicapé dans l'entreprise

A. La protection du salarié handicapé

Il bénéficie tout d'abord de la règle de non-discrimination : il est un salarié qui ne doit pas être désavantagé en raison de sa situation de handicap. Ainsi, l'article L 5213-7 du Code du travail impose une égalité de salaire vis-à-vis des salariés qui occupent le même poste. La rémunération ne doit pas tenir compte d'une éventuelle baisse de rendement ou de la situation de handicap. Mais en raison de cette situation, il bénéficie de plusieurs règles protectrices :

- **des aides au recrutement** : outre l'obligation d'emploi, ces personnes peuvent avoir recours à un conseiller spécialisé dans chaque département au sein du Pôle emploi, ainsi que du réseau Cap emploi, organisme de placement spécialisé, permettant une prise en charge adaptée des travailleurs handicapés. Des associations offrent également des services d'accompagnement dans l'emploi. Ils peuvent aussi bénéficier de certains contrats aidés, comme les contrats de professionnalisation (C. trav., art. L 6325-1), les contrats d'apprentissage (C. trav., art. L 6222-37) ou encore les contrats d'avenir;
- une **surveillance médicale renforcée** permettant d'avoir des examens médicaux de la médecine du travail plus fréquents (C. trav., art. R 4624-18, 4°);
- un **accès à une formation adaptée** : l'article L 6112-3 du Code du travail indique que les travailleurs handicapés ont un égal accès à la formation professionnelle, mais des actions spécifiques doivent désormais être prévues pour leur permettre leur insertion, ou réinsertion, maintien dans l'emploi mais aussi promotion professionnelle en tenant compte de leur

handicap. Ils doivent donc pouvoir bénéficier d'une formation adaptée à leurs besoins. Mais ces mesures sont prises à condition que les charges ne soient pas disproportionnées ;

- une **durée de préavis particulière** : l'article L 5213-9 du Code du travail prévoit que la durée légale du préavis est doublée, sans qu'elle puisse excéder 3 mois.

B. Les aides accordées aux entreprises employant des salariés handicapés

Pour faciliter leur recrutement, pour inciter les employeurs à recruter des salariés en situation de handicap, les différentes réformes ont mis en place des aides destinées aux employeurs qui font l'effort d'embaucher des personnes en situation de handicap.

Tout d'abord, l'article L 5213-10 du Code du travail permet à l'employeur de demander à l'État de compenser en partie les aménagements que l'employeur a mis ou doit mettre en place pour accueillir ces personnes. Cette aide peut aller jusqu'à 80 % du coût de l'aménagement envisagé.

Ensuite, l'article L 5213-11 du Code du travail prévoit une aide destinée à compenser la lourdeur du handicap, décidée et versée par l'Agefiph. Le salarié concerné doit être informé de cette démarche et la décision fait l'objet d'un réexamen tous les 3 ans. Mais elle ne peut être cumulée avec la minoration de la contribution à l'Agefiph. L'aide est versée tous les trimestres et le montant annuel est fixé en fonction du montant des charges induites par le handicap, à 450 ou à 900 fois le taux horaire du SMIC, chargé d'un taux forfaitaire de 21.5 % pour les cotisations sociales patronales.

L'Agefiph peut également proposer des services pour accompagner l'employeur dans sa démarche de recrutement d'un salarié handicapé.

À retenir	
Définition du travailleur handicapé	• Salarié dont les possibilités d'obtenir ou de conserver un emploi sont effectivement réduites par suite de l'altération d'une ou plusieurs fonctions physique, sensorielle, mentale ou psychique. • Monopole de la CDAPH pour reconnaître la situation de travailleur handicapé. • Possibilité pour le travailleur handicapé de ne pas révéler sa situation à son employeur.

À retenir	
Obligation d'emploi incombant aux employeurs	• **Champ d'application** – Les employeurs dont les effectifs dépassent le seuil de 20 salariés ; – les salariés bénéficiaires : les travailleurs reconnus handicapés par la CDAPH, les victimes d'accidents du travail ou de maladie professionnelle ayant une incapacité permanente d'au moins 10 %, les titulaires d'une carte d'invalidité, d'une pension d'invalidité et de l'allocation aux adultes handicapés. • **Modalités de cette obligation** – Recrutement direct d'au moins 6 % de leurs effectifs parmi ces salariés bénéficiaires ; – recrutement de stagiaires handicapés ; – conclusion de contrats de fournitures, de sous-traitance ou de prestations de services avec des entreprises adaptées ou des ESAT ; – conclusion d'accord en faveur de l'emploi de personnes handicapées ; – versement d'une contribution à l'Agefiph.
Protection des travailleurs handicapés	• Aides au recrutement. • Surveillance médicale renforcée. • Accès à une formation adaptée. • Durée de préavis particulière. • Principe de non-discrimination et d'égalité des salaires.
Aides aux entreprises	• Aide compensant les aménagements réalisés. • Aide compensant la lourdeur du handicap.

Pour en savoir plus

- R. Chabrol, « Le droit à la compensation des conséquences du handicap », *DS* 2004 p. 993.
- J.P. Laborde, « Quelques réflexions à propos du projet de loi sur l'égalité des droits et des chances, la participation et citoyenneté des personnes handicapées », *DS* 2004, p. 986.
- F. Mananga, « Le statut du travailleur handicapé mental en ESAT et l'application du droit du travail », *RDT* 2008, p. 89.
- D. Stella-Barnard, « L'emploi des personnes handicapées : la nécessaire anticipation du nouveau dispositif », *JCP soc.* 2005, 1293.
- Voir les circulaires administratives : *JCP soc.* 2006, 1272, 1305, 1628 et 1957.

Pour s'entraîner

Indiquez si l'affirmation est vraie ou fausse

1) ***Un salarié handicapé peut toucher un salaire inférieur à celui perçu par un salarié non handicapé occupant le même poste en raison de son handicap.***

❑ ***vrai*** ❑ ***faux***

2) ***Un salarié handicapé ne peut pas bénéficier d'un CDI à temps plein.***

❑ ***vrai*** ❑ ***faux***

3) ***Un salarié reconnu travailleur handicapé peut être sanctionné pour manquement à l'obligation de loyauté s'il ne révèle pas cette reconnaissance à son employeur.***

❑ ***vrai*** ❑ ***faux***

4) ***Un employeur qui a 50 salariés doit recruter des personnes handicapées.***

❑ ***vrai*** ❑ ***faux***

Réponses

1) Faux, en raison du principe de l'égalité de traitement, mais une aide visant à compenser la lourdeur handicap peut être accordée à l'entreprise.

2) Faux, il peut conclure ce type de contrat comme n'importe quel salarié.

3) Faux.

4) Vrai. Le seuil à dépasser est fixé à 20 salariés. Mais des palliatifs existent.

Fiche 2

Le salarié cadre

Définition

Cadre : salarié exerçant des fonctions de commandement et disposant d'une grande autonomie dans l'organisation de son travail et d'un niveau élevé de responsabilité.

I. Définition du salarié cadre

La notion de cadre n'est pas définie de manière uniforme. Elle donne lieu à des définitions fonctionnelles qui peuvent être prévues dans le Code du travail ou dans les conventions collectives.

A. Les définitions légales et conventionnelles

Depuis la loi Aubry organisant le passage aux 35 heures, le Code du travail distingue trois catégories de cadre.

Selon l'article L 3111-2 du Code du travail, est un **cadre dirigeant** celui qui dispose d'une grande indépendance dans l'organisation de son travail, qui est habilité à prendre des décisions engageant l'entreprise et bénéficie d'une rémunération figurant parmi celles les plus élevées de l'entreprise, le juge devant vérifier les conditions réelles d'emploi (Cass. soc. 13 janvier 2009, 06-46208, *JCP soc.* 2009, 406 ; Cass. soc. 30 novembre 2011, 09-67798, *JCP soc.* 2012, 1133). Le fait de mentionner des horaires et d'accomplir des heures supplémentaires est incompatible avec le statut de cadre dirigeant (Cass. soc. 27 mars 2013, 11-19734, *JCP soc.* 2013, 1216).

Est un **cadre intégré** celui qui, de part ses fonctions, fait partie intégrante d'une équipe qu'il dirige (C. trav., art. L 3121-42).

Enfin, les **cadres intermédiaires** sont ceux pour lesquels il est impossible de prédéterminer la durée de leur travail et qui dispose d'une grande autonomie pour accomplir leur mission (C. trav., art. L 3121-43).

Cette classification permet de déterminer les règles applicables en matière de temps de travail et les possibilités de conclure ou non une convention de forfait (Voir *infra*). Ces définitions ont donc un champ d'application restreint.

Les conventions collectives déterminent également des critères et donnent une classification des cadres en fonction de leurs missions, de leur niveau de responsabilité et d'un éventuel pouvoir de commandement. Les juges doivent donc comparer ces critères avec la situation réelle du salarié en question.

B. Les critères jurisprudentiels

La jurisprudence a également défini des critères permettant à un salarié de bénéficier d'un statut de cadre. Elle retient les critères déterminants suivants :

- qualification élevée correspondant au profil du poste ;
- exercice d'un pouvoir de commandement, consistant à imposer des directives, à contrôler leur respect et à sanctionner ;
- exercice de fonctions à responsabilité ;
- autonomie dans l'exercice de ses fonctions, dans l'organisation de son travail et l'existence d'une marge d'initiative.

Le niveau de rémunération ou de classification est un indice complémentaire mais non suffisant.

Si aucune mention de ce statut de cadre n'est faite dans le contrat de travail, les juges peuvent malgré tout l'appliquer, s'ils constatent que dans les faits le salarié a occupé une fonction de cadre défini selon la classification conventionnelle ou par les critères précités (Cass. soc. 23 novembre 2010, 09-41552, *JCP soc.* 2011, 1122 ; Cass. soc. 5 octobre 2011, 10-17110, *JCP soc.* 2011, 1531). Ce sont les conditions réelles d'emploi qui priment. En revanche, lorsque l'employeur a manifesté sa volonté claire et non équivoque de lui attribuer cette qualité supérieure, peu importe les fonctions réellement exercées par le salarié. Cette volonté prime. Encore faut-il que cette volonté soit légalement établie. Il en est ainsi, par exemple, en présence de mentions sur le bulletin de paye et de correspondances (Cass. soc. 12 janvier 2010, 08-42835, *JCP soc.* 2010, 1090) ou d'une mention expresse dans le contrat de travail (Cass. soc. 6 juillet 2011, 09-43130, *JCP soc.* 2011, 1438 pour un boucher).

II. Les particularités du contrat de travail des cadres

A. L'existence de contrats de travail réservés aux cadres

Le législateur a créé des contrats de travail réservés aux personnes qui ont des compétences particulières et le plus souvent aux cadres.

Ainsi il est possible de conclure un **contrat de travail à temps partagé** entre une entreprise de travail à temps partagée, qui peut être une entreprise de travail temporaire, et un salarié qualifié qui est mis à disposition d'une entreprise cliente. La particularité de ce contrat est qu'il est conclu sous la forme d'un contrat à durée indéterminée. Par conséquent, il ne doit pas être motivé par un cas de recours, et sa durée n'est pas encadrée. Cela suppose que l'entreprise cliente ait un besoin de personnel qualifié qu'elle ne peut pas recruter elle-même en raison de sa taille ou de ses moyens. Il s'agit d'un cas de mise à disposition de personnel organisé par les articles L 1252-1 et suivants du Code du travail (V. Fiche n° 6).

Le salarié cadre peut aussi conclure **un contrat de travail à objet défini**. Il s'agit d'un contrat à durée déterminée réservé aux cadres et ingénieurs, mis en place par la loi du 25 juin 2008 à titre expérimental. Il est soumis à un régime particulier tant pour ses conditions de conclusion que pour sa rupture. Sa mise en œuvre suppose au préalable la conclusion d'un accord de branche étendu ou d'un accord d'entreprise. Sa durée est comprise entre 18 mois et 3 ans. Il doit comporter des clauses spécifiques, comme le nom du contrat, les références de l'accord collectif qui l'instaure, la description du projet et des tâches à accomplir, l'indication de la durée du contrat, le délai de prévenance en cas de rupture du contrat, la clause donnant la possibilité de rompre unilatéralement le contrat pour un motif réel et sérieux. Le contrat prend fin avec la réalisation de l'objet après un délai de prévenance de 2 mois et le versement d'une indemnité égale à 10 % de la rémunération totale brute. Par ailleurs, il peut être rompu pour un motif réel et sérieux, au bout des 18 mois et tous les ans à sa date anniversaire, à condition qu'une clause dans le contrat le prévoit. Le droit commun de la rupture du contrat à durée déterminée continue par ailleurs de s'appliquer. Le renouvellement est interdit, mais leur succession semble possible sous réserve de respecter le droit commun.

Reste enfin à signaler le **portage salarial** qui est réservé aux cadres depuis un ANI du 24 juin 2010 et qui a fait l'objet d'un arrêté d'extension le 24 mai 2013 (V. Fiche n° 7).

B. L'existence de clauses spécifiques

Différentes clauses peuvent être prévues, même si elles ne sont pas toujours réservées à ce type de salarié. Outre les clauses de mobilité, de non-concurrence, il est possible de trouver des clauses de délégation de pouvoirs, clauses de stock-option, de conventions de forfait permettant de déroger au temps de travail. Il faut signaler que même si le cadre est susceptible de parler l'anglais, tout document comportant des obligations pour le salarié ou des dispositions dont la connaissance est nécessaire pour l'exécution du travail doit être rédigé en français en vertu de l'article L 1321-6 du Code du travail. Ainsi une clause fixant des objectifs à réaliser dont dépend la rémunération rédigée en anglais est inopposable au salarié, fût-il cadre (Cass. soc. 29 juin 2011, 09-67492, *JCP soc.* 2011, 296).

Les clauses de rupture

Il peut s'agir tout d'abord **de la clause dite de «golden-parachute»** qui fixe le montant des indemnités de rupture au-delà des indemnités légales. Ces clauses sont valables qu'elles soient prévues par les accords collectifs ou par le contrat mais la Cour de cassation permet la révision du montant des clauses lorsqu'elles sont manifestement excessives sur le fondement de l'article 1152 du Code civil. Elle les analyse alors comme des clauses pénales. Cette solution a été posée dans un arrêt de principe du 7 mars 1979 (77-40633, *Bull. civ.* V, n° 210) qui a considéré qu'une clause prévoyant une indemnité correspondant à 3 ans de salaire pour un directeur commercial était manifestement excessive et pouvait donc être révisée. Depuis, il s'agit d'une jurisprudence constante (Cass. soc. 17 mars 1998, 95-43411, *Bull. civ.* V, n° 142; Cass. soc. 21 septembre 2005, 03-45827; Cass. soc. 18 novembre 2009, 08-42830, *JCP soc.* 2010, 1113; voir cependant *contra* : Cass. soc. 17 octobre 1996, 95-40503, *D.* 1996, p. 179 rejetant le qualificatif de clause pénale). Cette jurisprudence comporte cependant deux limites : ce pouvoir de révision est exclu pour les clauses conventionnelles (Cass. soc. 9 novembre 2011, 09-43528, *JCP soc.* 2012, 1123). De plus, le montant ne peut pas être révisé en dessous de l'indemnité légale ou conventionnelle. Le pouvoir d'appréciation des juges tient compte de plusieurs critères pour déterminer le caractère manifestement excessif :

- l'existence d'une atteinte au droit de résiliation de l'employeur;
- l'importance du préjudice subi par le salarié;
- la situation économique et la bonne ou mauvaise foi du débiteur de cette obligation (Cass. soc. 5 novembre 1991, 90-42388).

La Cour de cassation valide aussi les clauses permettant au salarié de rompre le contrat de travail en rendant cette rupture imputable à l'employeur en cas de changement de direction (Cass. soc. 26 janvier 2011, 09-71271, *JCP soc.* 2011, 62; Cass. soc. 10 avril 2013, 11-25841, *RDT* 2013, p. 302). Pour cela, il faut vérifier les conditions suivantes :

- qu'elle est bien justifiée par les fonctions du salarié au sein de l'entreprise, et notamment le fait de faire partie de l'équipe directionnelle et d'être cadre dirigeant;
- qu'elle est bien proportionnée et qu'elle ne fasse pas échec à la faculté de résiliation unilatérale;

- qu'elle précise les circonstances permettant au salarié de rompre le contrat en rendant cette rupture imputable à l'employeur, comme en cas de fusion-absorption de l'entreprise ;
- qu'elle prévoit une contrepartie financière proportionnée aux moyens de l'entreprise et aux objectifs.

La clause de délégation de pouvoirs

Cette clause permet de donner au salarié la possibilité d'exercer des prérogatives appartenant à l'employeur. Elle peut concerner par exemple le pouvoir de recruter ou de licencier du personnel, de présider le comité d'entreprise, de négocier les accords collectifs ou d'appliquer les règles d'hygiène et de sécurité. Pour qu'elle soit valable, il faut qu'elle remplisse les conditions suivantes relativement souples en droit du travail :

- un rapport de subordination entre le délégant et le délégataire ;
- une précision de la délégation conférée en termes de pouvoirs ;
- la délégation doit être faite à une personne qui a les compétences, le pouvoir de remplir ces fonctions.

Une délégation de pouvoirs peut être verbale, voire même tacite en raison des fonctions d'un salarié, comme celle attribuée au directeur des ressources humaines. La forme non écrite pose problème pour prouver l'existence et le contenu de la délégation. L'insertion d'une telle clause dans un contrat de travail ou sa suppression sont des modifications du contrat de travail qui supposent l'accord du salarié (Cass. soc. 26 octobre 2011, 10-19001, *JCP soc.* 2011, 1572). Enfin, la délégation de pouvoirs doit ensuite être respectée et si elle est limitée, elle n'autorise pas le salarié à exercer d'autres pouvoirs (Cass. soc. 2 mars 2011, 08-45422, *JCP soc.* 2011, 1213 : délégation limitée au pouvoir de recruter n'autorisant donc pas à licencier).

À qui un pouvoir peut-il être délégué ?

> *La Chambre sociale de la Cour de cassation est assez souple, puisqu'il faut que la personne puisse exercer réellement ce pouvoir et il s'agit en principe d'un salarié de l'entreprise, le plus souvent cadre qui a les moyens ou les compétences requises. Mais elle a également admis que pouvaient être des délégataires du pouvoir de recruter ou de licencier un intérimaire recruté comme assistant du directeur des ressources humaines (Cass. soc. 2 mars 2011, 09-67237,* JCP soc. *2011, 1213), le salarié d'une société mère d'un groupe chargé de recruter et de licencier le personnel de toutes les sociétés du groupe (Cass. soc. 23 septembre 2009, 07-44200,* JCP soc. *2009, 1535).*

Mais pour qu'elle organise un véritable transfert de la responsabilité pénale, il est nécessaire de vérifier les conditions qui ont été posées dans cinq arrêts du 11 mars 1993 de la chambre criminelle de la Cour de cassation (*Bull. crim.* n° 112) :

- le délégant doit avoir un véritable pouvoir : il doit s'agir du dirigeant de droit de l'entreprise et doit se justifier par le fait que ce dirigeant ne peut pas assumer seul cette tâche en raison de la complexité de la structure ou du nombre de salariés ;
- le délégataire doit être un préposé du délégant ;
- il doit être informé de cette délégation ;
- le délégataire doit être compétent, avoir une certaine autorité et un pouvoir. De fait, cela concerne souvent les cadres qui disposent d'une grande autonomie et un niveau de responsabilité suffisant, même si la jurisprudence admet des délégations au profit d'autres salariés.
- la délégation doit être précise et limitée : elle ne peut concerner tous les pouvoirs du chef d'entreprise.

Les clauses de stock-option

Ce sont des clauses qui permettent d'obtenir des actions de la société pour laquelle le salarié travaille à un prix fixé à l'avance et pendant un certain temps. Ce mécanisme concerne les sociétés commerciales par actions, sociétés anonymes, sociétés en commandite par actions et sociétés par actions simplifiées (C. com., art. L 225-177 et s.). L'assemblée générale extraordinaire décide de cette faculté sur rapport du conseil d'administration ou du directoire et sur un rapport spécifique du commissaire aux comptes. Elle détermine les salariés concernés, qui peuvent être identifiés de manière nominative. Dans les faits, elle est réservée aux cadres les plus importants de la société. En sont cependant exclus ceux qui ont déjà 10 % du capital social (C. com., art. L 225-182). Cet avantage, qui constitue un élément de rémunération supplémentaire distinct du salaire, doit être désormais justifié par des raisons objectives et pertinentes pour éviter le contentieux de la discrimination et de l'absence d'égalité de traitement entre les salariés (Cass. soc. 11 septembre 2012, 11-26045, *JCP soc.* 2012, 1517 donnant compétence au conseil des prud'hommes pour trancher ce contentieux). Ensuite, le salarié lève l'option dans la durée qui lui est fixée et au prix fixé à l'avance. Il s'agit pour lui d'un droit, d'une faculté et en aucun cas d'une obligation. Le plus souvent, il bénéficie donc d'un rabais et d'une plus-value d'acquisition, puisque le cours de l'action a toutes les chances d'avoir augmenté. Ce prix bénéficie d'un régime fiscal et social particulier. Pour lever l'option, une condition est parfois posée : sa présence dans l'entreprise. Cette condition de présence est valable, n'étant pas en soi une atteinte aux libertés et droits fondamentaux du salarié (Cass. soc. 20 octobre 2004, 02-41860). Mais elle ne peut pas priver le salarié de son droit de lever l'option en raison d'un comportement fautif, il s'agirait alors d'une sanction pécuniaire prohibée (Cass. soc. 21 octobre 2009, 08-42026, *D.* 2009, 2613). Cette condition est opposable au salarié dès lors qu'il en a eu connaissance (Cass. soc. 9 mai 2001, 98-42615). En cas de licenciement, il perd donc la possibilité de lever l'option. Si le licenciement est sans cause réelle et sérieuse, la Cour de cassation considère qu'il doit être indemnisé car il subit nécessairement un préjudice du fait de l'impossibilité qu'il a eu de lever l'option alors que son licenciement n'était pas justifié (Cass. soc. 29 janvier 2013, 11-24406). Mais il ne peut pas en demander l'exécution en nature (Cass. soc. 2 février 2006, 03-47180, *Bull. civ.* V, n° 55). Avec cette levée d'option, il devient actionnaire de sa société et à ce titre, il en exerce tous les attributs. Il faut cependant préciser que le plus souvent il ne peut céder librement ses actions pendant une durée maximale de 3 ans, durée de conservation des titres. Passé ce délai, il réalise là encore très souvent une plus-value de cession.

III. Le statut de cadre dans l'entreprise

Ce statut peut être particulier dans les relations individuelles mais aussi dans les relations collectives.

A. Le statut individuel du salarié cadre

Les obligations des cadres

Ce statut lui donne un certain pouvoir hiérarchique notamment sur les autres salariés de l'entreprise. Il doit donc avoir les qualités d'ordre et de direction suffisantes (Cass. soc. 2 février 1978, *Bull. civ.* V n° 85). À ce titre, il dispose, dans certaines circonstances, d'une obligation de loyauté, de discrétion et de sécurité particulière, appréciée parfois de manière spécifique par les juges car ces salariés doivent donner l'exemple.

Illustration de la prise en compte de son statut pour apprécier la gravité de la faute

> *Les employeurs n'hésitent pas à mentionner ce statut particulier pour apprécier la gravité de la faute et la Cour de cassation valide parfois cette démarche. Ainsi le fait pour un chef de chantier de refuser de manière réitérée de porter un casque de chantier caractérise un manquement grave à son obligation de sécurité consistant à prendre soin de la sienne mais aussi celle des autres salariés qui sont sous sa direction (Cass. soc. 23 mars 2005, 03-42404,* Bull. civ. V, *n° 99). De même caractérise un manquement à son obligation de loyauté spécifique en raison du niveau élevé de ses fonctions la dissimulation d'un conflit d'intérêts lors d'une opération financière (Cass. soc. 23 mars 2011, 09-43507).*

En revanche, leur statut ne les interdit pas de faire grève, ni même d'être syndiqué ou de créer un syndicat ou de diffuser des tracts (Cass. soc. 3 juillet 2012, 11-10793, *JCP soc.* 2012, 357), ni d'user de leur liberté d'expression sous réserve de ne pas tenir de propos injurieux, diffamatoires ou excessifs comme n'importe quel autre salarié (Cass. soc. 27 mars 2013, 11-19734, *DS* 2013, p. 453 où la faute n'a pas été reconnue alors que le cadre dirigeant avait envoyait un courrier aux actionnaires de la société mère pour dénoncer certains faits critiquant le président de sa société).

Le temps de travail des cadres

Leur temps de travail fait également l'objet de dispositions particulières dans la mesure où il est très difficile de mesurer leur temps de travail effectif compte tenu de leur autonomie. La loi distingue trois sortes de cadres.

Ainsi les **cadres dirigeants** sont totalement exclus des 35 heures et de la réglementation du temps de travail, sauf disposition conventionnelle plus favorable (Cass. soc. 6 avril 2011, 07-42935, *JCP soc.* 2011, 1254 : en l'espèce la convention nationale des services de l'automobile prévoyait l'application des règles du forfait). Ils sont donc responsables de leur temps de travail (Cass. soc. 30 novembre 2011, 09-67798, *JCP soc.* 2011, 492) et ne peuvent réclamer les compensations financières pour travail le dimanche ou heures supplémentaires (Cass. soc. 27 juin 2012, 10-28649, *JCP soc.* 2012, 1369).

Les cadres intégrés, au contraire, sont intégralement soumis à cette réglementation comme les salariés qu'ils dirigent.

Reste le problème des **cadres intermédiaires** qui peuvent être soumis à des systèmes de forfait en heures ou en jours qui ont été réformés avec la loi du 20 août 2008. Depuis cette réforme, les forfaits infra annuels ne sont plus conditionnés à la mise en place d'un accord collectif et sont utilisables pour tous les salariés de l'entreprise. La seule condition réside dans l'accord écrit du salarié, comme l'avait posé la Cour de cassation (Cass. soc. 26 mars 2008, 06-45990, *RDT* 2008, p. 462, *JCP soc.* 2008, 1375). Quant aux forfaits annuels, les règles de mise en place sont désormais les suivantes.

Un accord d'entreprise, ou à défaut un accord de branche doit les instaurer et un accord écrit du salarié est nécessaire. Le simple fait de renvoyer à l'accord d'entreprise ne suffit pas (Cass. soc. 31 janvier 2012, 10-17593, *JCP soc.* 2012, 1121). Ces accords déterminent les catégories de salariés concernés par ces forfaits, réservés cependant aux cadres et les non cadres qui ont une réelle autonomie dans l'organisation de leur emploi du temps. Les accords collectifs n'ont plus à prévoir les modalités précises, mais seulement les caractéristiques principales des conventions. Il reviendra donc à l'employeur d'en préciser, avec l'accord du salarié, les modalités concrètes. Le comité d'entreprise devra être consulté au moins une fois par an sur la mise en place de ces conventions et un entretien individuel annuel obligatoire avec les salariés devra être instauré. Pour les forfaits en heures, l'accord collectif fixe la durée annuelle, les règles de décompte des heures supplémentaires. Pour le forfait en jours, la loi fixe un maximum de 218 jours par an. Mais elle autorise, à certaines conditions, que le salarié renonce à une partie de ses jours de repos. Il faut pour cela l'accord écrit du salarié, le respect des temps de repos, la majoration de salaire d'un montant minimum de 10 % et le respect d'un plafond fixé à 235 jours par an travaillés. Les jours travaillés en plus du forfait doivent être rémunérés ou être compensés par des jours de repos supplémentaires (Cass. soc. 7 décembre 2010, 09-42626, *JCP soc.* 2011, 1060). La Cour de cassation fait supporter la charge de la preuve de ce dépassement à la fois sur le salarié et l'employeur, qui doit fournir des éléments de nature à justifier les jours effectivement travaillés par le salarié. Elle applique donc par analogie l'article L 3171-4 du Code du travail (Cass. soc. 23 septembre 2009, 08-41377, *RDT* 2010, p. 113).

La validité de ce régime au regard des normes internationales doit être invoquée, notamment suite à une décision du comité européen des droits sociaux rendue le 23 juin 2010 (*RDT* 2011, p. 233). La Cour de cassation l'a validé mais elle l'a encadré au nom de la protection de la santé et de la sécurité des travailleurs : elle exige que les temps de repos et les durées maximales de travail soient respectés, que soit prévu et mis en œuvre un système de suivi. À défaut, la convention est privée d'effet, permettant au salarié de demander le paiement des heures supplémentaires (Cass. soc. 29 juin 2011, 09-71107, *JCP soc.* 2011, 1332 et 1333, numéro spécial *RDT* 2011, p. 474; Cass. soc. 31 janvier 2012, 10-19807, *JCP soc.* 2012, 1120).

Les autres conséquences

La plupart des délais prévus dans le Code du travail sont différents pour les cadres. Ainsi la durée de la période d'essai est de 4 mois renouvelable une fois, alors qu'elle est de 3 mois pour les techniciens et de 2 mois pour les ouvriers (C. trav., art. L 1221-19). De même, la durée pour notifier un licenciement économique individuel ou inclus dans un licenciement concernant moins de 10 salariés est de 15 jours ouvrables au lieu de 7 à compter de la date prévue de l'entretien (C. trav., art. L 1233-15). Les durées des préavis prévues par les conventions collectives sont également plus longues pour les cadres.

B. Le statut collectif des cadres

Les avantages catégoriels

Les accords collectifs qui leur accordent des avantages catégoriels sont particulièrement surveillés aujourd'hui par la Cour de cassation. Ces avantages sont de plus en plus souvent considérés comme discriminatoires ou portant atteinte à l'égalité de traitement, le statut de cadre n'étant plus jugé désormais comme un critère pertinent permettant une différence de traitement. Ainsi le fait d'être cadre ne suffit pas pour justifier par exemple l'octroi de jours de congés supplémentaires (Cass. soc. 1er juillet 2009, 07-42675, *JCP soc.* 2009, 1451) ou bien encore une prime d'ancienneté ou une indemnité de licenciement (Cass. soc. 8 juin 2011, 2 arrêts, 10-14725 et 10-11933, *JCP soc.* 2011, 1321). Les employeurs doivent expliquer les spécificités dans leurs conditions d'exercice, l'évolution de leurs carrières ou les modalités de leur rémunération pour valider ces avantages. Cependant, la catégorie-socio professionnelle ne fait pas partie de la liste des motifs discriminants et cette jurisprudence peut remettre en cause l'équilibre général des conventions collectives.

La représentation des cadres dans l'entreprise

Les cadres peuvent être syndiqués auprès de **syndicats catégoriels**, tel que la CGC-CFE. L'article L 2122-2 du Code du travail prévoit une règle particulière concernant la mesure de la représentativité de ce type de syndicat. Ainsi la mesure des 10 % aux résultats des élections professionnelles s'apprécie uniquement au sein du collège concerné par ce syndicat et non pour l'ensemble des collèges. Selon un arrêt du Conseil constitutionnel du 7 octobre 2010 (QPC, n° 2010-42), cette règle ne porte pas atteinte à l'égalité de traitement. Par conséquent, le syndicat catégoriel n'est représentatif que pour ce collège et il ne peut signer d'accords collectifs que pour cette catégorie particulière de personnel. Le syndicat peut étendre sa représentativité à tous les collèges, à condition que cela soit conforme à ses statuts et qu'il soit affilié à une confédération catégorielle interprofessionnelle nationale (Cass. soc. 28 septembre 2011, 10-26693, *D.* 2011, p. 2406 et Cass. soc. 31 janvier 2012, 11-60135, *DS* 2012, p. 373).

Lorsque l'entreprise a au moins 500 salariés, chaque syndicat représentatif peut désigner un délégué supplémentaire pour les cadres, appelé **délégué syndical catégoriel**. Plusieurs conditions doivent être réunies :

- l'entreprise doit avoir au moins 500 salariés. Lorsque l'entreprise est divisée en plusieurs établissements distincts, cette possibilité suppose que l'effectif de l'établissement et non celui de l'entreprise dépasse 500 salariés (Cass. soc. 14 janvier 2009, 08-60449, *RDT* 2009, 247) ;
- le syndicat doit avoir obtenu aux dernières élections du comité d'entreprise au moins un élu dans le collège ouvriers-employé et un élu dans le collège cadre.

Lorsque plusieurs syndicats ont présenté une liste commune, seul un délégué supplémentaire catégoriel peut être désigné d'un commun accord (Cass. soc. 18 novembre 2008, 08-60397, *JCP soc.* 2009, 1109).

Il faut noter également qu'ils bénéficient d'une représentation particulière dans les entreprises. Lorsqu'il faut élire des délégués du personnel ou un comité d'entreprise, en principe les salariés sont répartis en deux collèges distincts :

un pour les ouvriers et employés, l'autre pour les ingénieurs, techniciens, chefs de services, agents de maîtrise et les cadres (C. trav., art. L 2314-8 et L 2324-11). Cette règle n'est écartée que lorsque dans l'entreprise seul un délégué du personnel doit être élu en raison d'un effectif compris entre 11 et 25 salariés. De plus, un accord collectif même unanime ne peut déroger à cette règle d'ordre public (Cass. soc. 13 octobre 2004, 03-60275). Cette représentation des cadres peut en revanche être améliorée par la création d'un troisième collège soit par accord collectif unanime en raison de la spécificité de certains cadres, comme ceux navigant dans une entreprise de transport aérien ou quand les cadres représentent au moins 25 salariés. Dans le CHSCT, il faut également prévoir au moins un siège de cadre parmi les membres.

Élection	Effectif de l'entreprise	Représentation des cadres
DP	≤ 25	Collège unique : aucune représentation spécifique des cadres
	> 25	Représentation spécifique par la mise en place de 2 collèges distincts : – 1 pour les ouvriers et employés – 1 pour les techniciens, ingénieurs, agents de maîtrise, cadres, chefs de service
CE	Si les cadres sont ≥ à 25	Représentation spécifique par la mise en place de 3 collèges : – 1 collège pour les ouvriers et employés – 1 collège pour les techniciens et agents de maîtrise – 1 collège pour les ingénieurs, cadres et chefs de service
	Si les cadres sont < à 25	Représentation assurée par 2 collèges distincts seulement Si l'entreprise a un effectif d'au moins 500 salariés, il faut réserver un siège de titulaire aux cadres dans le 2e collège
CHSCT	50 à 199	1 siège doit être réservé aux cadres sur les 3
	200 à 499	1 siège doit être réservé aux cadres sur les 4
	500 à 1499	2 sièges doivent être réservés aux cadres sur les 6
	1500 et plus	9 sièges doivent être réservés aux cadres sur les 9

Il faut noter que sont exclus de l'électorat et donc des candidats les salariés qui exercent des fonctions patronales en vertu d'une délégation de pouvoirs écrite leur permettant d'être assimilés au chef d'entreprise ou quand ils représentent effectivement l'employeur devant les institutions représentatives du personnel (Cass. soc. 26 septembre 2002, 01-60670, *DS* 2002, p. 1080).

Enfin au sein du conseil des prud'hommes est mise en place une section réservée aux salariés exerçant des fonctions d'encadrement et cela quelle que soit l'activité de l'employeur (V. Fiche n° 19). Elle concerne non seulement les cadres mais aussi les ingénieurs même s'ils n'ont aucun pouvoir de commandement, les agents de maîtrise qui ont une délégation écrite de commandement qui est durable, effective et personnelle.

À retenir	
Définitions du cadre	• La loi Aubry distingue 3 catégories de cadres : le cadre dirigeant, le cadre intégré et le cadre intermédiaire. • La jurisprudence utilise un faisceau d'indices pour caractériser le cadre : – qualification élevée ; – exercice d'un pouvoir de commandement ; – exercice de fonctions à responsabilité ; – autonomie dans l'organisation ; – niveau de rémunération élevé.
Particularités du contrat de travail des cadres	• Existence de contrats de cadres réservés aux cadres : – contrat de travail à temps partagé ; – contrat de travail à objet défini ; – le portage salarial. • Existence de clauses particulières : – clauses de golden-parachute qui peuvent être réduites par le juge en cas de montant excessif sur le fondement de l'article 1152 du Code civil ; – clauses de délégation de pouvoirs : qui supposent un rapport de subordination entre le délégant et le délégataire, faite à une personne qui a les compétences de remplir ses fonctions. Si elles organisent un transfert de responsabilité pénale, il faut vérifier les conditions posées dans des arrêts du 11 mars 1993 ; – clauses de stock-option.

À retenir	
Statut de cadre dans l'entreprise	• Statut individuel particulier : – obligations de loyauté, de discrétion et de sécurité particulières ; – règles spécifiques pour leur temps de travail, les cadres dirigeants étant exclus des 35 heures, les cadres intermédiaires pouvant bénéficier des forfaits jours ou forfaits heures ; – les durées de la période d'essai et du préavis sont spécifiques. • Statut collectif particulier : – remise en cause aujourd'hui des avantages catégoriels prévus par les conventions collectives : cass. soc. 1er juillet 2009 : le statut de cadre n'est plus un critère pertinent suffisant pour justifier l'octroi d'avantages particuliers ; – représentation particulière par les syndicats catégoriels, la possibilité de désigner un délégué syndical catégoriel quand l'entreprise a au moins 500 salariés, collège parfois particulier pour les élections des délégués du personnel, du comité d'entreprise et siège réservé au sein du CHCST.

Pour en savoir plus

- G. Auzero, « Licéité des clauses de présence dans les plans de stock-options : évolutions et perspectives », *RDT* 2010, p. 28.
- G. Bélier et A. Cormier, « Stock-options et droit du travail », *DS* 2000, p. 838.
- F. Bousez, « Vers une spécificité du contrat de travail des cadres ? », *JCP soc.* 2011, 1210.
- J.F. Cesaro, « Le statut des cadres à l'épreuve du principe d'égalité », *JCP soc.* 2011, 1206.
- F. Collin, « Le droit social du dirigeant de l'entreprise. La problématique du contrat de travail du dirigeant social », *Droit des sociétés* 2005, étude 7.
- V. Cottereau, « Le temps de travail des cadres en 7 questions », *JCP soc.* 2011, 1208.
- S. Ducamp et J. Martinez, « De l'obligation d'user de la langue française dans les relations de travail », *JCP soc.* 2007, 1849.
- F. Favennec-Héry, « Les cadres, renforcement ou recul de leurs spécificités ? », *JCP soc.* 2011, 1205.
- P. Lokiec, « Le contrat de salarié-actionnaire », *RDT* 2014, p. 16.
- A. Martinon, « La négociation catégorielle », *JCP soc.* 2011, 1207.

- S. Pèreira, « Jurisprudence sur les avantages catégoriels : vers la fin de la négociation collective ? », *JCP soc*. 2011, 1436.
- P.Y. Verkindt, « Modestes variations sur la rémunération des cadres », *JCP soc.* 2011, 1209.

Pour s'entraîner

Indiquez si l'affirmation est vraie ou fausse

1) ***Il n'existe qu'une seule définition du cadre.***

❑ ***vrai*** ❑ ***faux***

2) ***Le contrat de travail d'un cadre peut être rédigé en anglais.***

❑ ***vrai*** ❑ ***faux***

3) ***Les clauses de golden-parachute d'un contrat de travail d'un montant trop élevé ne peuvent pas être révisées par le juge.***

❑ ***vrai*** ❑ ***faux***

4) ***Une clause de stock-option peut conditionner la levée de l'option d'achat d'actions à la présence du salarié dans l'entreprise.***

❑ ***vrai*** ❑ ***faux***

5) ***Un cadre ne peut pas être syndiqué ni exercer un mandat représentatif dans l'entreprise.***

❑ ***vrai*** ❑ ***faux***

6) ***Les cadres peuvent bénéficier d'un régime de forfait jours évitant d'appliquer la réglementation des 35 heures.***

❑ ***vrai*** ❑ ***faux***

Réponses

1) Faux, cette notion varie en fonction de la norme à appliquer. De plus, il existe plusieurs catégories de cadre. Malgré cette diversité de définition, il est possible de dégager un certain nombre de critères communs à ces définitions : autonomie, responsabilité, fonctions supposant un niveau de qualification élevé, salaire important, pouvoir de commandement.

2) Faux, l'article L 1321-6 du Code du travail et la jurisprudence imposent que toute clause nécessaire pour l'exécution du travail doit être rédigée en français, même si le salarié est cadre.

3) Faux, elles peuvent être révisées sur le fondement de l'article 1152 du Code civil. Cette impossibilité ne concerne que les clauses conventionnelles.

4) Vrai.

5) Faux en principe. Il faut cependant noter une exception particulière pour les salariés qui exercent des fonctions patronales en vertu d'une délégation de pouvoirs leur permettant d'être assimilés au chef d'entreprise.

6) Vrai.

Fiche 3

Le salarié étranger

Définition

Détachement : mission effectuée dans un autre état par un salarié d'une courte durée et de caractère temporaire.

I. Le recrutement d'un salarié étranger

Il faut tout d'abord rappeler que la nationalité ou l'appartenance vraie ou supposée à une ethnie, ou à une race ainsi que l'origine de la personne font partie des critères discriminants prohibés par l'article L 1132-1 du Code du travail (Voir pour des exemples de discrimination à l'embauche pour de tels motifs : Cass. soc. 15 décembre 2011, 10-15873, *JCP soc.* 2012, 1118; Cass. soc. 18 janvier 2012, 10-16926, *JCP soc.* 2012, 1119). Le droit de l'Union européenne garantit une libre circulation des travailleurs communautaires au sein de l'Union. Leur recrutement est donc facilité et les démarches administratives sont très souples, à la différence des salariés étrangers extra-communautaires.

A. Le recrutement d'un salarié communautaire

Le principe de la liberté de circulation des travailleurs

Tout citoyen de l'Union européenne bénéficie de la liberté de circulation garantie depuis le traité de Rome au sein des états membres de l'Union. Elle concerne aussi les citoyens de l'Islande, du Liechtenstein, de la Norvège et de la Suisse.

Cette liberté de circulation connaît cependant quelques limites :

- pour des raisons de trouble à l'ordre public ou à la santé publique;
- pour les emplois de la fonction publique. Ne bénéficient pas de cette liberté les travailleurs occupant des fonctions qui ne sont pas séparables de l'exercice de la souveraineté et comportent une participation directe ou indirecte à l'exercice de prérogatives de puissances publiques;

- pour ceux qui ne disposent pas d'un emploi, ils doivent pouvoir subvenir à leurs besoins ;
- pour les ressortissants de nouveaux pays entrants dans l'Union des dispositions transitoires sont mises en place. Ainsi, les Roumains et les Bulgares, jusqu'au 31 décembre 2013, devaient avoir une autorisation de travail, mais la procédure était simplifiée si cela concernait un métier figurant parmi la liste de 291 secteurs fixée par un arrêté du 1er octobre 2013. De même, les Croates sont soumis au même régime depuis le 1er juillet 2013 (arrêté du 28 juin 2013, *JO* du 30/7/2013, p. 12755). Cette procédure de demande d'autorisation ne s'applique pas lorsque le salarié est recruté dans son pays d'origine.

Cette liberté bénéficie à tout travailleur, défini comme étant celui qui accomplit pendant un certain temps, en faveur et sous la direction d'une autre personne des prestations en contrepartie desquelles elle touche une rémunération. De plus, cette activité doit avoir une nature économique, ce qui est le cas par exemple des sportifs professionnels ou semi-professionnelles (arrêt Bosman 15 décembre 1995).

Les conséquences de cette liberté de circulation

Le recrutement de ces salariés n'est soumis à aucune condition particulière : seule une carte d'identité en cours de validité ou un passeport suffit, sans qu'il soit nécessaire d'obtenir une autorisation de travail. L'employeur doit la demander pour vérifier la nationalité du salarié.

Cela donne droit de postuler à une offre d'emploi, de travailler en France, de circuler sans demande de visa et de résider en France notamment avec sa famille. Mais depuis le 30 avril 2006, dès lors que le séjour est supérieur à 3 mois, le pays d'accueil peut exiger une procédure d'enregistrement avec une pièce d'identité et une promesse d'embauche ou la preuve d'une recherche active d'emploi. Dans les 3 mois qui suivent leur entrée dans le pays, ils doivent faire une déclaration en préfecture pour obtenir une carte de séjour valable 10 ans en produisant une attestation de leur employeur.

Cette liberté ne peut être entravée. L'employeur ne pourrait pas exiger un titre autorisant le travail à de tel ressortissant et le sanctionner pour non présentation de ce titre (Cass. soc. 12 juin 2007, *JCP soc.* 2007, 1879).

Illustration d'une entrave à la liberté de circulation en raison d'une indemnité due au titre d'une clause de dédit-formation

> *Dans le cadre du sport professionnel, il est fréquent de rencontrer des clauses de dédit-formation par lesquelles le club s'engage à former le joueur et ce dernier à rembourser le club des frais de formation s'il décide de quitter le club qui l'a formé. La Cour de justice a ainsi jugé que cette indemnité était en soi une entrave à la liberté de circulation quelle que soit la nationalité du*

joueur ou du club, mais elle peut être légitime s'il s'agit de maintenir l'équilibre des clubs, de recruter et former des jeunes joueurs. Mais cette atteinte doit rester proportionnée, notamment compte tenu du montant demandé. Dans cette affaire, le montant a été considéré comme excessif (CJUE 16 mars 2010, Olympique Lyonnais c./ Olivier Bernard, RDT *2011, p. 71).*

B. Le recrutement d'un salarié extra-communautaire

À la différence des salariés communautaires, le principe de liberté de circulation ne les concerne pas. Leur recrutement relève ainsi des politiques migratoires et fait l'objet d'une réglementation très précise. Ils doivent notamment avoir un titre les autorisant à travailler sur le sol français (C. trav., art. L 5221-1). La procédure diffère selon que le salarié se trouve ou non sur le territoire français.

L'embauche d'un salarié étranger présent sur le sol français

Cette embauche suppose **la vérification par l'employeur d'un titre l'autorisant à travailler en France, en plus de la carte d'identité ou du passeport accompagné d'un visa**. Ce titre est délivré par la préfecture. Plusieurs titres sont susceptibles d'être utilisés (C. trav., art. R 5221-3) :

- la carte de résident valable 10 ans qui donne accès à toute activité professionnelle sur l'ensemble du territoire. Elle est renouvelable de plein droit sauf en cas de polygamie ;
- la carte de séjour qui peut porter plusieurs mentions :
  - « travailleur temporaire » d'une période inférieure à 1 an.
  - « carte bleue européenne » pour une durée égale ou supérieure à un an, pour un emploi dont la rémunération brute annuelle est d'une fois et demi le salaire moyen (environ 35 168 euros) et dont le titulaire a une formation d'au moins bac+3. La situation de l'emploi ne peut leur être opposée.
  - « salarié » pour les périodes supérieures à un an. L'autorisation de travail est limitée à des zones géographiques déterminées caractérisées par des difficultés particulières de recrutement et à des métiers précis fixés par les préfets de région après consultation des organisations syndicales.
  - « saisonnier » qui permet de travailler pendant 6 mois en France pour repartir ensuite dans son pays et revenir en France pour les saisons suivantes pendant 3 ans. Le salarié étranger doit donc s'engager à maintenir une résidence habituelle hors de France.
  - « scientifique chercheur ».
  - « profession artistique et culturelle ».

- « compétences et talents » accordé pour 3 ans, renouvelable en fonction d'un projet précis ayant un apport pour la France dans le domaine économique, scientifique, culturel ou sportif.

Il doit aussi justifier d'un certificat médical, remis au cours d'une visite médicale auprès de l'OFII, à laquelle ils se soumettent au plus tard dans les 3 mois qui suivent la délivrance de leur autorisation de travail. À défaut, leur autorisation de travail peut leur être retirée.

L'autorisation de travailler est accordée de droit à tout étranger autorisé à séjourner en France pour la conclusion d'un contrat d'apprentissage ou de professionnalisation.

L'employeur **doit s'assurer de ce titre** en adressant une demande par lettre recommandée avec accusé de réception au préfet du lieu d'embauche au moins 2 jours ouvrables avant la date d'effet de l'embauche. Ces démarches peuvent être effectuées par un mandataire sous réserve de respecter une circulaire du 1er février 2011 (*JCP soc.* 2011, act. 72). La réponse doit être faite dans les 2 jours ouvrables à compter de la réception de la demande, le silence permettant de présumer que l'employeur a respecté son obligation. Lorsqu'il s'agit d'un salarié qui est chargé d'effectuer ce recrutement, la non vérification des titres peut justifier son licenciement, mais ce manquement n'est pas nécessairement une faute grave (Cass. soc. 14 septembre 2010, 09-41142, *JCP soc.* 2010, 452). Une procédure de régularisation est également possible auprès de la préfecture.

Une copie du titre valant autorisation de travail doit être annexée au registre unique du personnel.

Une directive du 13 décembre 2011 (2011/98/UE, *JO* du 23/12/2011, L 343/1) qui devait être transposée avant le 25 décembre 2013 prévoit la mise en place d'une procédure unique en vue de la délivrance d'un permis de résidence et de travail pour les ressortissants des pays tiers à l'Union européenne ainsi qu'une égalité de traitement renforcée. Cette directive, non transposée pour l'instant, ne concerne pas le Royaume-Uni, l'Irlande et le Danemark. En sont aussi exclus les saisonniers, les salariés étrangers détachés et les résidents de longue durée.

L'embauche d'un salarié étranger se trouvant à l'étranger

Il faut alors aussi respecter la **procédure d'introduction** assurée par l'Office Français de l'immigration et de l'intégration (OFII) dont l'objectif est d'éviter les filières de passage clandestin. L'employeur qui désire recruter un salarié ne se trouvant pas en France doit respecter cette procédure décrite à l'article R 5221-16 du Code du travail. Il doit :

- déposer une offre d'emploi auprès du Pôle emploi du lieu de travail ou auprès d'un autre organisme de placement ainsi qu'un dossier de demande d'introduction précisant le contrat de travail proposé, l'engagement de payer une redevance auprès de l'OFII, un imprimé sur les conditions de logement;

- transmettre son dossier auprès de la Direccte du lieu de travail pour instruction conformément aux critères de l'article R 5221-20 du Code du travail, à savoir la situation de l'emploi, l'adéquation entre le candidat et le poste.

Si la Direccte donne un avis favorable, elle communique le dossier au poste consulaire et à l'OFII qui va se charger d'acheminer l'étranger en France, de lui faire passer la visite médicale qui doit être faite au plus tard dans les 3 mois de l'arrivée en France. Elle ne se confond pas avec la visite médicale d'embauche.

Dans le mois qui suit l'entrée du salarié étranger sur le territoire, l'employeur doit régler une redevance forfaitaire qui dépend du salaire et de la durée du contrat à l'OFII. En aucun cas, il ne peut se faire rembourser (C. trav., art. L 5222-2).

Le non-respect de ces obligations est lourdement sanctionné pour les employeurs. Ainsi,

- il encourt des sanctions pénales puisqu'il s'agit d'un délit sanctionné de 5 ans et de 15 000 euros d'amende, due pour chaque salarié étranger embauché sans titre. Les peines sont portées à 10 ans et 100 000 euros lorsque ces infractions sont commises en bandes organisées. L'infraction existe dès qu'il ne vérifie pas la nationalité du salarié et son titre de travail. La personne morale peut être poursuivie ;
- il doit également verser une contribution spéciale à l'OFII dont le montant a été révisé par un décret du 4 juin 2013 entré en vigueur le 7 juin, variable en fonction de l'infraction (C. trav., art. R 8253-2). Cette contribution s'élève en principe à 5 000 fois le taux horaire minimum garanti soit 3,49 euros au 1er janvier 2013 (17 450 euros). Le décret du 4 juin 2013 prévoit désormais des taux minorés à 2000 fois le taux horaire lorsque l'employeur a spontanément versé les salaires et indemnités dus au salarié ou quand il n'a pas commis d'autre infraction que celle de l'emploi d'un étranger sans titre de travail. Le taux est réduit à 1 000 fois lorsque l'employeur n'a commis que cette infraction et que cela ne concerne qu'un seul salarié.

II. Le statut de salarié étranger dans l'entreprise

A. Le statut du salarié étranger recruté légalement

Quelle que soit leur nationalité, le salarié étranger a le même statut et ne doit pas être victime de discrimination dans l'entreprise (C. trav., art. L 1132-1 ; Voir par exemple pour une discrimination reconnue dans l'évolution de la carrière : Cass. soc. 7 février 2013, 10-19505, *JCP soc.* 2012, 1150). Ils sont ainsi électeurs et éligibles aux fonctions de représentants du personnel, mais non à celle de conseiller prud'homal.

Il faut cependant noter qu'il peut obtenir un aménagement de ces congés payés qui en principe ne peuvent pas excéder 24 jours ouvrables. En vertu de l'article L 3141-17, une dérogation peut être accordée individuellement aux salariés qui justifient de contraintes géographiques particulières.

De plus, le salarié entrant en France doit désormais passer un test de connaissances orales et écrites en français auprès de l'OFII dans le cadre de son contrat d'accueil et d'intégration. En fonction de ces résultats, il doit éventuellement suivre un apprentissage et s'engager à apprendre le français dans les 2 ans qui suivent son arrivée en France.

B. Le statut du salarié étranger recruté illégalement

Lorsque le salarié travaille en France de manière illégale, son contrat de travail est nul. Il s'agit d'un cas de nullité d'ordre public (C. trav., art. L 8252-1 et s.). Mais cette nullité ne produit aucun effet rétroactif. De plus, certaines dispositions protectrices s'appliquent malgré cette nullité, comme les règles relatives à l'hygiène, la sécurité, le salarié minimum et la prise en compte de la période d'emploi illicite pour le calcul de l'ancienneté. Il s'agit de mesures de protection des travailleurs clandestins, mise en place par un arrêt du 1er mars 1961 et consacrée par une loi du 17 octobre 1981.

Le défaut de titre de travail valable constitue une cause objective et légale de rupture du contrat du travail, sans qu'il soit nécessaire d'appliquer les règles du licenciement. Par conséquent, le salarié ne peut prétendre aux indemnités de licenciement (Cass. soc. 13 novembre 2008, 07-40689, *Bull. civ.* V, n° 221), ni pour défaut de cause réelle et sérieuse, ni pour non-respect de la procédure (Cass. soc. 25 mars 2009, 07-44751; Cass. soc. 8 décembre 2009, 08-42100, *JCP soc.* 2010, 1173). En principe, l'employeur n'a pas non plus à respecter la procédure disciplinaire (Cass. soc. 8 décembre 2009, 08-42100, *JCP soc.* 2010, 1173), sauf s'il invoque une faute distincte, étrangère à la non production d'un titre l'autorisant à travailler (Cass. soc. 4 juillet 2012, 11-18840, *Bull. civ.* V, n° 209). Il ne pourrait pas non plus se prévaloir des règles relatives au statut de salarié protégé, au titre d'un mandat (CE 13 avril 1988; Cass. soc. 5 novembre 2009, 08-40923). En revanche, il a droit à une indemnité forfaitaire de rupture de son contrat correspondant à 3 mois de salaire depuis la loi du 16 juin 2011 ou aux indemnités de rupture si elles sont plus favorables, les deux ne pouvant se cumuler. De plus, il a droit à une indemnité de préavis même si ce dernier ne peut pas être exécuté faute d'autorisation de travail (Cass. soc. 12 mars 2002, 99-44316, *Bull. civ.* V, n° 90).

III. Le détachement de salariés étrangers en France

A. Les cas de détachement

Il s'agit d'un phénomène de plus en plus important dans le cadre de l'Union européenne.

Le Code du travail permet à des employeurs régulièrement établis hors de France de confier à des salariés une mission précise à effectuer sur le territoire français (C. trav., art. L 1261-1 et s.). Une fois leur mission réalisée, ces salariés retournent dans leur pays d'origine. Cela peut intervenir dans 4 cas particuliers :

- à l'occasion d'une prestation de services dans le cadre d'un contrat conclu entre le bénéficiaire de cette prestation située en France et un prestataire établi à l'étranger moyennant le paiement d'un prix ;
- dans le cadre d'une mobilité au sein d'un groupe international permettant la mise à disposition à titre gratuit de salariés ;
- par une entreprise de travail temporaire établie hors de France : elle peut recruter du personnel au profit d'une entreprise utilisatrice située en France ;
- à l'occasion d'une prestation réalisée pour son propre compte.

Cela suppose de vérifier que l'entreprise étrangère a une activité stable et habituelle à l'étranger. Si l'activité de l'entreprise est stable en France, c'est alors tout le droit français qui devra être respecté, car ce ne sera plus du détachement. De plus, la prestation effectuée en France reste temporaire. La durée du détachement n'est pas indiquée, ce qui compte c'est l'idée de retour. Il faut également que le salarié conserve un lien de subordination avec son employeur initial.

B. Les conséquences du détachement

Avant le début de la prestation, l'employeur régulièrement établi hors de France doit envoyer une déclaration préalable de détachement en français par lettre recommandée avec accusé de réception ou transmission électronique auprès de la Direccte du lieu où la prestation va être effectuée. Elle doit préciser l'identité de l'employeur, du salarié détaché, les caractéristiques de la mission et éventuellement l'adresse du lieu d'hébergement (C. trav., art. R 1263-3 et 4). Le non-respect de cette règle est puni par une contravention de 4e classe (C. trav., art. R 1264-1), soit 750 euros d'amende maximum. Les opérations de cabotage routier ou fluvial, qui sont des prestations de transport de marchandises ou de personnes entre deux points du territoire national, de moins de 8 jours ne doivent plus faire l'objet d'une déclaration de détachement (décret du 19 avril 2010, n° 2010-389). Lorsqu'il s'agit d'employeur établi dans un état tiers à l'Union européenne ou à l'Espace économique européen, cet employeur doit demander une autorisation de travail pour la durée de la mission effectuée en France.

Dans le cadre de l'Union européenne, la directive détachement 96/71/CE du 16 décembre 1996 prévoit l'application d'un noyau dur de dispositions aux salariés détachés dans le cadre d'une prestation transnationale. La transposition française va plus loin car l'application de ce noyau dur concerne tous les salariés étrangers quel que soit leur pays d'origine. Peu importe également la loi applicable à leur contrat de travail. Cette liste de dispositions est fixée de manière limitative à l'article L 1262-4 du Code du travail :

- les libertés individuelles et collectives ;
- le droit de grève ;
- la protection de la maternité, la paternité et les congés pour événements familiaux ;
- la durée du travail ;
- le salaire minimum y compris les majorations des heures supplémentaires ;
- les règles relatives à la santé, la sécurité au travail et la protection des enfants ;
- le travail illégal.

Il faut noter que c'est alors l'ensemble des normes qui sont applicables : la loi, les règlements et arrêtés, mais aussi les sources professionnelles comme les accords collectifs.

En revanche, ces employeurs appliquent leur droit local ou la loi choisie par les parties s'il s'agit d'un contrat international en ce qui concerne la formation ou la rupture du contrat de travail (Voir par exemple : Cass. soc. 18 janvier 2011, 09-43190, *Bull. civ.* V, n° 22), les institutions représentatives du personnel, la formation professionnelle et la prévoyance. Il faut également préciser qu'en fonction de la durée de détachement certaines règles ne sont pas applicables. Ainsi si le détachement dure moins de 1 mois, ne sont pas applicables les dispositions relatives aux absences pour maladie ou accident (C. trav., art. R 1262-1), ni celles concernant la mensualisation du salaire (C. trav., art. R 1262-7), ni celles fixant le chômage des jours fériés (C. trav., art. R 1262-4). Enfin, il n'est pas nécessaire de faire passer les visites médicales s'il est établi que le salarié a pu bénéficier d'un régime similaire dans son pays d'origine.

Le salarié détaché peut saisir le conseil des prud'hommes pour faire valoir ses droits alors même qu'il pourrait agir dans son pays d'origine (C. trav., art. R 1412-5).

Cette directive fait l'objet actuellement de discussions et une proposition de directive de la part du Parlement et du Conseil est en cours de discussion pour la rendre plus efficace, supprimer les différences d'application entre les états, lutter contre la fraude en donnant des critères plus précis à la localisation effective de l'employeur (Com/2012/0131 - 2012/0061 du 21 mars 2012 ; *JCP E* 2013, act. 938 ; proposition du 9 décembre 2013, *RDT* 2014, p. 134).

À retenir	
Le recrutement d'un salarié étranger	**Le recrutement d'un salarié communautaire** • Principe de libre circulation des travailleurs dans l'Union européenne ; • par conséquent, seule une carte d'identité en cours de validité ou un passeport suffit sans demander une autorisation de travail. Cette liberté permet de postuler à une offre d'emploi, de résider en France avec sa famille. **Le recrutement d'un salarié extra-communautaire** • Aucune liberté de circulation : il faut un titre l'autorisant à travailler en France et à résider. – **Embauche d'un salarié étranger présent sur le sol français :** • vérification par l'employeur d'un titre de travail : carte de résident, de séjour avec la mention travailleur temporaire, salarié, saisonnier, etc. ; • une copie du titre doit être annexée au registre unique du personnel. – **Embauche d'un salarié étranger se trouvant à l'étranger :** • obligation de respecter la procédure d'introduction auprès de l'OFII : dépôt de l'offre auprès du pôle emploi, dépôt d'un dossier de demande d'introduction auprès de la Direccte, paiement d'une redevance auprès de l'OFII qui achemine le salarié en France, lui fait passer une visite médicale particulière ; • sanctions encourues : délit de 5 ans et 15 000 euros d'amende et versement d'une contribution spéciale à l'OFII.

À retenir	
Le statut du salarié étranger dans l'entreprise	• **Statut du salarié étranger recruté légalement** – Principe de non-discrimination en raison de sa nationalité ; – électeurs et éligibles aux fonctions de représentants du personnel ; – aménagement possible de ses congés payés ; – tests de connaissances orales et écrites en français auprès de l'OFII. • **Statut du salarié étranger recruté illégalement** – Contrat de travail nul, mais aucun effet rétroactif et application de certaines dispositions protectrices. – Le défaut de titre de travail valable constitue une cause objective de licenciement sans appliquer les règles du licenciement.
Le détachement de salariés étrangers en France	• **Cas de détachement en France** Un employeur régulièrement établi hors de France peut confier à ses salariés une mission précise à effectuer sur le territoire français : – à l'occasion d'une prestation de services pour le compte d'un client ou son propre compte ; – dans le cadre d'une mobilité intra-groupe. • **Conséquences d'un détachement en France** – L'employeur doit envoyer une déclaration préalable de détachement auprès de la Direccte. – L'employeur doit respecter un noyau dur de dispositions françaises telles que le salaire minimum, la maternité, les libertés individuelles, le temps de travail, les règles de la santé, la sécurité et l'hygiène.

Pour en savoir plus

- Controverse « Le travailleur sans papier peut-il se prévaloir des règles sur le licenciement ? », *RDT* 2011, p. 221.
- J. Cavallini, « Le droit de séjour des citoyens de l'Union et des membres de leur famille sur le territoire des états membres », *JCP soc.* 2006, 153.

- J. Cavallini, « Le détachement des salariés au sein de l'Union européenne ou la prééminence du juge », *JCP soc.* 2007, 1741.
- A. Gardin et A.L. Zabel, « Les discriminations raciales au travail », *RJS* 2003, 87.
- G. Jazottes et M.C. Amauger-Lattes, « Libre prestation de services et circulation des travailleurs entre concurrence et droit social », *RJS* 2007, p. 911.
- J.P. Lhernould, « La loi du 2 août 2005 et le détachement transnational des travailleurs », *DS* 2005 p. 1191.
- J.P. Lhernould, « Droit du travail est communautarismes », *RJS* 2008, 9.
- C. Néau-Leduc, « Le détachement transnational des travailleurs, passager clandestin de la loi PME du 2 août 2005 », *JCP soc.* 2005, 1292.
- E. Pataut, « Détachement et fraude à la loi ; Retour sur le détachement des travailleurs salariés en Europe », *RDT* 2014, p. 23.

Pour s'entraîner

Indiquez si l'affirmation est vraie ou fausse

1) ***Il est plus facile de recruter un salarié communautaire qu'un ressortissant d'un pays tiers à l'Union européenne.***

❑ *vrai* ❑ *faux*

2) ***Un salarié communautaire doit justifier d'un titre l'autorisant à travailler sur le sol français.***

❑ *vrai* ❑ *faux*

3) ***Les salariés étrangers ne sont pas électeurs ni éligibles aux fonctions de représentant du personnel.***

❑ *vrai* ❑ *faux*

4) ***L'employeur peut rompre le contrat de travail d'un salarié étranger qui n'a pas ou plus de titre l'autorisant à travailler en France sans avoir à respecter la procédure de licenciement.***

❑ *vrai* ❑ *faux*

5) ***Un employeur établi à l'étranger peut envoyer ses salariés pour faire une prestation de travail sans avoir à les rémunérer au SMIC.***

❑ *vrai* ❑ *faux*

Réponses

1) Vrai, en raison du principe de liberté de circulation qui n'existe que dans le cadre de l'Union européenne.

2) Faux, cette condition n'est exigée que pour les salariés extra-communautaires.

3) Faux.

4) Vrai.

5) Faux, en application de l'article L 1262-4 du Code du travail.

Le salarié partant travailler à l'étranger

Fiche 4

Définition

Contrat de travail international : contrat de travail comportant un élément d'extranéité, notamment un lieu d'exécution à l'étranger.

Détachement : mission effectuée dans un autre état par un salarié d'une courte durée et de caractère temporaire.

Expatriation : mission effectuée dans un autre état par un salarié d'une durée longue.

I. Présentation générale de la mobilité internationale

A. Les démarches à effectuer en cas de mobilité internationale

Le salarié qui part travailler à l'étranger est soumis aux mêmes règles qu'un salarié étranger qui décide de venir travailler en France. Lorsque cette mobilité a lieu au sein de l'Union européenne, il bénéficie de la libre circulation. Lorsque cette mobilité a lieu en dehors de l'Union européenne, ce principe de libre circulation ne s'applique pas et des contraintes particulières sont alors à respecter en fonction du pays d'accueil. Le salarié qui décide donc de chercher du travail ou un employeur qui souhaite faire travailler l'un de ses salariés dans un tel pays doivent donc se renseigner sur les conditions d'entrée, de séjour et de travail dans ce pays d'accueil.

Lorsque cette mobilité est à l'initiative de l'employeur, il s'agit d'une modification du lieu de travail voire d'employeur, si ce salarié est mis à disposition d'une société étrangère. Il faut donc se demander s'il s'agit ou non d'une modification du contrat de travail, supposant l'accord du salarié. Le contrat de travail initial peut comporter une clause de mobilité internationale qui est valable si elle précise les zones géographiques dans lesquelles les mutations sont envisagées (CA

Versailles, 2 février 1990, n° 09/01632) et si elle a été expressément acceptée par le salarié (Cass. soc. 7 juillet 1998, 95-42242). Il faut également souligner que la clause de mobilité intra-groupe n'est pas valable (Cass. soc. 23 septembre 2009, 07-44200, *RDT* 2009, 647). Sa mise en œuvre ne doit pas être abusive, ou porter atteinte à la vie privée et familiale du salarié (Cass. soc. 1er février 2011, 09-40121). Dans ce cas, elle doit être justifiée par la tâche à accomplir et proportionnée au but recherché (Cass. soc. 13 janvier 2009, 06-45562, *RDT* 2009, 300, *DS* 2009, p. 614 et *JCP soc.* 2009, 11162). Parfois, le contrat peut contenir une clause de mission dont les conditions de validité sont beaucoup plus souples, puisque le salarié de par ses fonctions particulières sera amené à se déplacer à l'étranger régulièrement sans pour autant être muté (Cass. soc. 11 juillet 2012, 10-30219, *Bull. civ.* V, n° 217, *JCP soc.* 2012, 1506). Il faut également noter que si le contrat est dès le départ international, par nature il emporte l'existence de plusieurs lieux de travail et la nomination du salarié à un endroit précis n'est pas analysé comme étant une modification du contrat (Cass. soc. 20 octobre 1998, 96-40692, *Bull. civ.* V, n° 432). Enfin, en l'absence de clause de mobilité internationale, le fait de demander au salarié de partir travailler à l'étranger est sans contestation possible une modification de son contrat de travail, puisque le lieu sera en dehors du secteur géographique et la langue, le montant de sa rémunération et les fonctions seront nécessairement différentes en raison de ce contexte. Il conviendra alors de faire un avenant au contrat de travail précisant les caractéristiques de cette nouvelle affectation, sa durée prévue, sans que cela constitue une garantie d'emploi (Cass. soc. 29 octobre 2003, 01-43970), les conditions du départ du salarié et éventuellement de sa famille, les modalités du rapatriement et de son reclassement dans l'entreprise à son retour, la monnaie de paiement du salaire, etc. Ce formalisme prévu par la directive du 14 octobre 1991 est cependant écarté en cas de détachement inférieur à 1 mois.

B. Le contrat de travail international

Lorsqu'il existe un élément d'extranéité, le contrat devient international. Le fait d'avoir un lieu d'exécution différent du lieu de formation du contrat de travail suffit pour rendre ce contrat international, ce critère étant présenté par la doctrine comme étant un critère déterminant (Cass. soc. 6 novembre 1985, 83-42317, *Bull. civ.* V, n° 504). D'autres éléments d'extranéité peuvent exister, comme la différence de nationalité entre les parties contractantes, un lieu de résidence dans des pays différents. Plusieurs hypothèses sont possibles, comme un salarié recruté en France pour ensuite travailler à l'étranger, le salarié changeant sans cesse de lieu de travail ou le salarié mis à disposition d'autres sociétés dans un groupe international.

Se pose alors la question de savoir quel est le droit du travail et de la sécurité sociale applicable à ce contrat de travail international. Il faut également se demander quelle est la juridiction compétente (V. Fiche n° 21).

II. Le droit du travail applicable en cas de mobilité internationale

Pour déterminer le droit du travail applicable à un contrat de travail international, il est indispensable de se demander quelle est la date de conclusion du contrat. Si elle est antérieure au 1er avril 1991, les solutions ont été posées par la Cour de cassation. Le principe est celui de la loi d'autonomie, les parties pouvant choisir la loi applicable à condition que cette loi soit plus avantageuse pour le salarié que la loi du lieu d'exécution. Si le contrat a été conclu après le 1er avril 1991, c'est la convention de Rome du 19 juin 1980 qui donne la règle de conflit de lois.

Illustration : Cass. soc. 26 septembre 2007, 06-44169, JCP soc. 2008, 1063

> *Il s'agissait d'un salarié belge domicilié en Belgique ayant conclu un contrat avec une société établie en Suisse pour être exécuté en partie en France auprès d'une société française. Les parties avaient choisi le droit suisse pour régir leur relation de travail. Les juges du fond avaient retenu la date de rupture du contrat pour appliquer la convention de Rome et non la date de la conclusion du contrat, en février 1988. La décision est cassée par la Cour de cassation, la convention de Rome étant inapplicable en l'espèce.*

Enfin pour un contrat conclu après le 17 décembre 2009, c'est le règlement de Rome I CE n° 593/2008 du 17 juin 2008 qui pose les solutions, reprenant pour l'essentiel les dispositions de la convention de Rome avec quelques nuances.

A. Principe du libre choix de la loi applicable au contrat de travail international

Les formes du choix de la loi applicable

Les parties peuvent choisir toute loi pour régir leur contrat de travail international. Ce principe d'autonomie est affirmé dans les articles 3 et 6 de la convention de Rome et 3 et 8 du règlement de Rome I. Ce choix doit être fait lorsque le contrat est véritablement international : le choix effectué alors que le contrat ne comportait aucun élément d'extranéité est inopérant (Cass. soc. 15 décembre 2004, 02-43489 : écarte le droit iranien choisi par les parties avant le détachement en France pour appliquer la loi française, loi du lieu d'exécution habituelle ; Cass. soc. 8 novembre 2005, 03-46970). Le fait que l'entreprise soit soumise à une procédure d'insolvabilité n'affecte pas ce choix de loi qui va donc régir les problèmes de formation, d'exécution ou de rupture du contrat (Circulaire 17 mars 2003, *JO* 30 juillet).

Cette loi peut être choisie de manière expresse par une clause spécifique dans le contrat ou de manière implicite. Le choix de la juridiction compétente est désormais admis comme un indice par le considérant n° 12 du règlement de Rome I.

Illustration d'un choix implicite : Cass. soc. 21 janvier 2004, 01-45182, Bull. civ. V, n° 21

> *En 1983, un contrat de travail est conclu avec la société Majorette pour diriger la filiale de Singapour dans le but d'assurer les ventes des produits de la marque dans le pays. Le contrat est rompu en 1997. Pour le salarié, le contrat était régi par le droit français en raison de la nationalité française de l'employeur. La Cour de cassation comme la Cour d'appel ont au contraire estimé que c'était la loi de Singapour qui régissait cette relation, en raison d'un choix implicite révélé par les indices suivants : lieu d'embauche, lieu effectif de la prestation, paiement du salaire dans la devise locale et aucune disposition de droit français n'avait été appliquée.*

Le choix peut porter **sur toutes lois**, y compris celle d'un état qui n'est pas membre de l'Union européenne. Il peut également porter sur une loi qui *a priori* n'a aucun lien avec la relation de travail, sous réserve cependant des exceptions étudiées dans le paragraphe suivant. Le dépeçage du contrat est également possible, permettant de choisir plusieurs systèmes juridiques applicables à un même contrat de travail.

Une fois la loi choisie, c'est l'ensemble des règles de droit applicables à la relation de travail qui s'appliquent, y compris la jurisprudence, les décrets, les sources professionnelles. La question s'est en revanche posée pour les conventions collectives qui pendant longtemps n'étaient pas soumises à cette règle de conflit de lois. Il a fallu attendre un arrêt Masson du 5 novembre 1991 (90-40163, *Bull. civ.* V, n° 293) pour que la Cour de cassation indique clairement que l'application du droit français emporte celle des conventions collectives qui en font partie, sous réserve de disposition excluant son application aux salariés travaillant à l'étranger (Voir aussi Cass. soc. 29 septembre 2010, 09-68851). Il faut donc vérifier le champ d'application territorial de la convention. De plus, même en présence d'une telle réserve, les parties peuvent décider d'une application volontaire ou contractualiser la convention. Dans ce cas, la dénonciation de la convention collective par les partenaires sociaux n'a aucune conséquence pour ce salarié. Il est également possible que la convention étrangère entre en conflit avec la convention française, le juge devra alors rechercher celle qui est plus favorable.

La loi applicable à défaut de choix

À défaut de choix exprès ou implicite, l'article 6.2 de la Convention de Rome et l'article 8 du règlement de Rome prévoit des critères de rattachement subsidiaires :

- c'est la loi du pays dans lequel **le salarié exécute habituellement sa prestation de travail**, même en cas de détachement temporaire dans un autre pays. Les juridictions retiennent la même définition que celle retenue pour déterminer quelle est la juridiction compétente (CJUE 15 mars 2011, aff. C 29/10 Heiko Koetzsch c./ État du Grand-Duché du Luxembourg, *JCP soc.* 2011, 1241 ; Cass. soc. 25 avril 2007, 05-43392 ; V. Fiche n° 21) : celui dans lequel ou à partir duquel le travailleur exerce effectivement ses activités professionnelles et en l'absence de centre d'affaires, du lieu où il accomplit la majeure partie de ses activités. Les juges retiennent alors un faisceau d'indices comme le temps passé dans un pays, où il reçoit ses instructions, où il reste après son travail, etc. ;
- à défaut de déterminer un tel lieu qui est interprété très largement, c'est la **loi du lieu d'embauche du salarié** ;
- il est également possible d'écarter la loi du lieu d'exécution habituelle si le contrat présente des **liens plus étroits** avec la loi d'un autre état. Il s'agit de la clause d'exception. C'est alors à celui qui invoque ce critère de rattachement de prouver ces liens les plus étroits (Cass. soc. 29 septembre 2010, 09-68851).

Illustration de liens plus étroits : Cass. soc. 14 mars 2006, 04-43119, Bull. civ. V, n° 98

Un salarié français travaillait en Arabie Saoudite, mais sans avoir choisi de loi applicable. Les juges ont écarté la loi d'Arabie Saoudite, pourtant loi du lieu d'exécution habituelle en soutenant que le contrat présentait des liens plus étroits avec le droit français. En l'espèce, ils ont pris en compte la nationalité française des deux parties, le paiement en francs du salaire, le versement de cotisations sociales françaises, l'application et la référence à une convention collective française, le lieu de conclusion du contrat en France.

B. Les limites à ce principe de libre choix

Ce principe du libre choix connaît cependant des limites importantes dans un souci de protection du salarié, considéré comme la partie faible au contrat de travail en raison du lien de subordination.

- Ce choix ne doit pas avoir pour effet de priver le salarié de la protection que lui assurent les dispositions impératives de la loi qui serait applicable à défaut de choix, soit la *lex loci executionis* en principe. L'arrêt Dame Briand (Cass. soc. 12 novembre 2002, 99-45821, *Bull. civ.* V, n° 339) précise cette exception. Dans cette affaire, une salariée embauchée travaille pour le ministère autrichien des affaires étrangères en France et le droit applicable choisi était le droit autrichien. Suite à son licenciement, la salariée revendique l'application du droit français, loi du lieu d'exécution, qui selon elle comportait des dispositions impératives plus favorables pour l'existence d'un entretien préalable, les conventions de conversion, les indemnités pour défaut de cause réelle et sérieuse et un usage qui obligeait à attendre la fin du mois de mai pour licencier dans ce domaine. La Cour de cassation précise qu'est **une disposition impérative** une règle à laquelle la loi ne permet pas de déroger par contrat et qui est donc d'ordre public, comme toutes les mesures relatives au licenciement. Mais ne sont concernées que **les dispositions légales**, c'est-à-dire les lois adoptées par le Parlement. Un usage ne peut être invoqué à ce titre. Enfin, pour apprécier **le caractère plus favorable**, il faut retenir une appréciation globale des dispositions de cette loi ayant le même objet ou se rapportant à la même cause. En l'espèce, le droit autrichien prévoyait une indemnité de licenciement de 9 mois de salaire et un préavis de 5 mois, mais aucune indemnité pour défaut de cause réelle et sérieuse. Pour la Cour de cassation, il faut donc appliquer le droit autrichien pour l'indemnité de licenciement et de préavis, car le droit français, applicable à défaut de choix, est moins favorable que la loi choisie. Mais il faut aussi retenir le droit français pour l'indemnité de cause réelle et sérieuse, en raison de l'absence de disposition équivalente dans la loi choisie.

- Ce choix est aussi limité par **les lois de police du for**, directement applicables sans qu'il soit nécessaire d'appliquer la règle de conflits de lois (art. 7 de la Convention de Rome et art. 9 du règlement de Rome). Il en est ainsi par exemple sur la mise en place des représentants du personnel ou de leur licenciement (Ass. plén. 10 juillet 1992, Air Afrique, 88-440673 et 88-40672, *DS* 1993, p. 67).
- L'**ordre public international** : sont écartées les lois issues de la règle de conflits de lois lorsqu'elles sont contraires à l'ordre public international tel qu'il est conçu par le juge. Il en a été ainsi pour un contrat conclu au Nigéria par une employée de maison pour être exécuté en grande partie dans ce pays avec un employeur britannique dans des conditions d'esclavage moderne. Mais suite à son licenciement survenu en France, la Cour de cassation a reconnu que la loi nigériane applicable en raison du lieu d'exécution habituelle portait atteinte à l'ordre public international interdisant le travail forcé (Cass. soc. 10 mai 2006, 03-46593, *JCP* 2006, éd. G, II, 10121). En revanche la loi sud-africaine interdisant la grève n'est pas contraire à notre ordre public international (Cass. soc. 16 juin 1983, 81-40092, *Bull. civ.* V, n° 339).
- C'est la loi des parties qui détermine la capacité des parties à contracter et donc à conclure un contrat de travail.

C. Le cas particulier du détachement à l'étranger d'un salarié français

Un employeur établi régulièrement en France peut détacher un ou plusieurs salariés à l'étranger pour effectuer une prestation de travail. Le détachement suppose donc un maintien du lien de subordination avec l'employeur établi régulièrement en France. Il s'agit d'une mission temporaire qui n'est pas définitive, sans que la durée soit encadrée (Cass. soc. 9 octobre 2001, 00-41452, *DS* 2002, p. 121). Un critère subjectif est donc pris en compte et les juges recherchent s'il y a ou non une volonté de retour. **Le principe est que le salarié reste soumis au droit français, applicable à son contrat de travail.** Cependant lorsque ce détachement s'effectue au sein de l'Union européenne pour effectuer une prestation de service, la directive 96/71/CE du 16 décembre 1996 régit cette situation (V. Fiche n° 3), même si les transpositions peuvent laisser une marge de manœuvre aux états membres. Pendant son détachement, il sera soumis à un socle de règles minimales issues du pays d'accueil, relatives notamment au temps de travail, à l'hygiène et la sécurité, au salaire minimum, les états pouvant l'écarter pour les détachements d'une durée inférieure à 1 mois. Des dérogations étant possibles, il est indispensable que l'employeur se renseigne auprès du pays d'accueil sur les normes à respecter en fonction de la durée du détachement ainsi que sur les formalités à accomplir. Un avenant au contrat de travail ou une lettre de mission devra préciser les caractéristiques de ce détachement à l'étranger. La convention collective reste également applicable alors même que la convention prévoit un champ d'application limité au territoire français (Cass. soc. 11 octobre 1984, 83-12686, *DS* 1985, p. 555).

Lorsque le salarié est mis à disposition d'une autre société dans un groupe devront être respectées les règles relatives à l'interdiction du prêt de main d'œuvre (V. Fiche n° 6). Il faut également signaler l'existence d'un texte particulier : l'article L 1231-5 du Code du travail prévoit une obligation de rapatriement et de réintégration incombant à la société mère française, si les conditions suivantes sont réunies :

- le droit français doit régir le contrat de travail maintenu avec la société mère pendant le détachement soit par choix exprès soit en raison du lieu d'exécution habituelle ;
- la mise à disposition doit avoir lieu à l'étranger, et non dans les DOM-TOM (Cass. soc. 15 juin 1978, *Bull. civ.* V, n° 479) ;
- le salarié doit travailler pour une société mère qui le met ensuite à la disposition d'une filiale à l'étranger. Mais il n'est pas nécessaire que cette société détienne plus de 50 % du capital de la filiale, il suffit que dans les faits elle exerce un contrôle effectif (Cass. soc. 27 juin 1990, 86-43483, *CSB* 1990, p. 226) ;

- le salarié devait conserver un lien de subordination avec la société mère. Cette condition a été écartée cependant par la jurisprudence la plus récente de la Cour de cassation (Cass. soc. 13 novembre 2008, 07-41700, *JCP soc.* 2009, 1018). Peu importe que le contrat conclu avec la filiale soit soumis au droit étranger (Cass. soc. 30 mars 2011, 09-70306, *Bull. civ.* V, n° 82, *DS* 2012, 266, *JCP soc.* 2011, 1257).

Si les conditions de ce texte ne sont pas réunies, cette obligation n'existe pas, sauf si le contrat ou un avenant ou la lettre de mission prévoit précisément cette obligation.

Si toutes les conditions sont remplies, le salarié licencié par la filiale doit être rapatrié par la société mère qui doit prendre en charge les frais de son rapatriement ainsi que ceux de sa famille. Elle a également une obligation de réintégration dans son poste ou un poste équivalent, que le salarié peut refuser. La société mère peut également proposer un poste d'un niveau inférieur par la voie de la modification du contrat de travail (Cass. soc. 19 décembre 2000, 98-42919, *Bull. civ.* V, n° 435). La question qui se pose est de savoir si cela concerne toutes les ruptures du contrat de travail par la filiale. Certaines solutions vont dans ce sens (Cass. soc. 2 avril 1992, *TPS* 1992, comm. 302 pour une démission ; Cass. soc. 13 novembre 2008, 06-42583, *JCP soc.* 2009, 1055 : rupture suite à la cession du fonds de commerce appartenant à la filiale). Cette obligation de reclassement s'impose également lorsque le salarié n'a occupé aucun poste dans la société mère avant son détachement : il faudra alors tenir compte de ses compétences (Cass. soc. 7 décembre 2011, 09-67367, *DS* 2012, 266 et *JCP soc.* 2012, 1066). Si aucune offre de reclassement sérieuse et compatible avec ses fonctions ou compétences n'est proposée, la prise d'acte par le salarié sera justifiée (Cass. soc. 21 novembre 2012, 10-17978, *JCP soc.* 2013, 1113).

La société mère peut ensuite licencier le salarié en cas de refus du reclassement par le salarié ou en raison d'une impossibilité de reclasser (CA Lyon, 9 juillet 2010, *JCP soc.* 2011, 55) ou en raison d'une faute grave. Il faut que la cause réelle et sérieuse soit relative à la société mère (Cass. soc. 18 mai 1999, 98-42919, *Bull. civ.* V, n° 216, *DS* 1999, 1110). Les indemnités sont calculées en tenant compte du temps passé auprès de la filiale (Cass. soc. 4 mai 2011, 09-42979, *JCP soc.* 2011, 1494).

III. Le droit de la sécurité sociale applicable en cas de mobilité internationale

Le Code de la sécurité sociale fait une distinction selon que le salarié est détaché ou expatrié.

A. Le droit de la sécurité sociale applicable en cas de détachement

Le détachement en dehors de l'Union européenne

Le salarié détaché par principe reste soumis au régime de la sécurité sociale française, sauf si l'employeur décide de le soumettre au régime de l'expatriation. Cette règle est une exception au principe de territorialité qui gouverne le régime de la sécurité sociale.

En dehors de l'Union européenne, pour bénéficier de ce détachement, il faut vérifier plusieurs conditions :

- l'entreprise doit avoir son siège social en France ;
- le salarié est envoyé à l'étranger pour une durée déterminée fixée soit dans les conventions internationales bilatérales soit à défaut à 3 ans renouvelable une fois ;
- le salarié doit continuer à être rémunéré par l'employeur.

Peu importe le lieu de résidence du salarié.

L'employeur verse alors l'intégralité des cotisations aux caisses de sécurité sociale françaises et le salarié bénéficie de l'intégralité des prestations de sécurité sociale française. Lorsque le pays dans lequel est détaché le salarié n'est pas lié à la France par une convention bilatérale, l'employeur doit aussi cotiser au régime local, entraînant un doublement des cotisations, sans que le salarié puisse bénéficier parfois des prestations. Il faut également indiquer les différentes formalités. Lorsque le détachement est d'une durée inférieure à 3 mois, il suffit d'informer la CPAM au moment du départ à l'aide d'un formulaire pré-rempli. Pour les détachements plus longs, il faut nécessairement et préalablement au départ du salarié un certificat attestant qu'il reste soumis au régime français. Lorsque les détachements sont répétés, une déclaration trimestrielle des salariés détachés est organisée.

Le détachement dans l'Union européenne

Dans l'Union européenne, l'Espace économique européen et la Suisse, des règlements du 16 septembre 2009 (n° 987/2009 et 288/2009, *JCP soc.* 2010, 1325) applicables depuis le 1er mai 2010 indiquent le régime juridique du détachement et remplacent les précédents datant du 14 juin 1971 et du 21 mars 1972. Là encore, **le principe est que le salarié détaché reste soumis au droit de la sécurité sociale française**. Pour en bénéficier, les conditions sont un peu différentes que celles vues en dehors de l'Union européenne :

- le travailleur doit effectuer un travail pour le compte de son employeur, sans qu'il soit désormais nécessaire de maintenir un lien organique avec l'employeur ;

- la durée du détachement ne peut pas excéder 24 mois sans faculté de prolongation ;
- le salarié détaché ne doit pas être remplacé au terme de son détachement;
- il doit exercer habituellement ses fonctions sur le territoire d'un état membre ;
- l'employeur doit également exercer ses activités principales dans le pays d'origine.

Pour une durée inférieure à 3 mois, il suffit d'avertir la CPAM de manière simplifiée et il est possible de faire des déclarations préalables et trimestrielles de l'ensemble des salariés concernés. Pour les détachements d'une durée plus longue, il faut demander par écrit une autorisation préalable. En cas d'urgence, l'employeur avise la caisse qui prononce à titre provisoire le maintien du travailleur à la législation française sous réserve de régularisation de la demande dans les 3 mois. Le salarié peut également utiliser la carte européenne d'assurance maladie valable 1 an au sein de l'Union.

L'employeur continue de verser les cotisations en France même si le salaire est versé en tout ou partie à l'étranger, sans aucun abattement. Certaines prestations peuvent être versées par les caisses du lieu de séjour, comme les prestations en nature de maladie et maternité, accidents du travail.

B. Le droit de la sécurité sociale applicable en cas d'expatriation

Ce régime s'applique s'il est choisi par l'employeur alors que les conditions du détachement sont réunies, ou lorsque les conditions ne sont pas remplies, durée trop longue par exemple ou lorsque le déplacement à l'étranger est prévu sans fixation de durée initiale ou enfin lorsqu'un salarié français est embauché par une société étrangère pour effectuer sa prestation à l'étranger.

La règle de conflit en matière de sécurité sociale et de protection sociale, connue sous le nom de principe de territorialité est celle du lieu d'activité, peu importe la nationalité de l'employeur, du salarié et leur lieu de résidence. Cette règle est également celle prévue dans le règlement du 16 septembre 2009 applicable dans l'Union européenne, l'EEE et la Suisse. Il existe cependant des exceptions en présence de conventions internationales bilatérales contraires, pour les transports routiers par exemple ou en cas de pluriactivité dans plusieurs états.

Le salarié est alors soumis à la loi du lieu d'activité. Dans l'Union européenne, il ne peut y avoir qu'une seule loi applicable en vertu du règlement du 16 septembre 2009. L'employeur doit donc inscrire ses salariés expatriés au régime local, cotiser et les salariés bénéficient des prestations offertes par ces caisses au même titre et dans les mêmes conditions que les ressortissants de cet état. Les salariés français peuvent souscrire une assurance complémentaire privée ou auprès de la Caisse des français de l'étranger, pour les risques de maladie, invalidité, maternité, accidents du travail et vieillesse. L'employeur peut prendre en charge tout ou partie des cotisations, calculées d'une manière spécifique.

À retenir

Les principales règles de la mobilité internationale	
Formalités à accomplir	• Principe de libre circulation des travailleurs dans l'Union européenne, inexistant en dehors : vérification des conditions de travail à l'étranger, des titres exigés. • Modification le plus souvent du contrat de travail supposant de demander l'accord du salarié sauf s'il s'agit d'un contrat comportant une clause de mobilité internationale ou d'un contrat international dès le départ. • Rédaction d'un avenant précisant les caractéristiques essentielles de la mission à l'étranger et notamment la loi applicable, la devise de paiement du salaire, les conditions de départ, de rapatriement, de reclassement. • S'il s'agit d'un détachement : – inférieur à 3 mois : information de la CPAM ; – supérieur à 3 mois : demande d'autorisation préalable.
Droit du travail applicable au contrat de travail international	• **Principe du libre choix de la loi applicable** au contrat de travail international, ce choix pouvant être exprès ou implicite et qui peut porter sur toute loi, même celle qui *a priori* n'a aucun lien avec le contrat. Une fois la loi choisie, c'est l'ensemble des règles de droit applicables qui s'appliquent, y compris les conventions collectives en principe. • **Loi applicable à défaut de choix** : plusieurs critères de rattachement subsidiaires existent : – loi du lieu d'exécution habituelle de la prestation de travail ; – à défaut, le lieu d'embauche ; – clause d'exception : loi présentant des liens plus étroits avec le contrat de travail.

À retenir	
Droit du travail applicable au contrat de travail international	• **Exceptions ou limites à ce libre choix :** – dispositions impératives de loi applicable à défaut de choix et étant plus favorables au salarié ; – les lois de police du for ; – l'ordre public international. • **Cas particulier du détachement** : continue d'appliquer le droit français par principe. • Remarques : – quand il s'agit d'un détachement dans l'Union européenne pour effectuer une prestation de travail, la directive du 16 décembre 1996 impose de respecter un socle de règles minimum issues du pays d'accueil ; – lorsque dans le cadre d'un détachement il est mis à disposition d'une société filiale étrangère, il existe une obligation de rapatriement et de reclassement incombant à la société mère française (C. trav., art. L 1231-5).
Le droit de la sécurité sociale applicable	• **En cas de détachement** – Déplacement à l'étranger d'une durée courte fixée par convention bilatérale, ou à 3 ans renouvelable une fois en dehors de l'Union européenne et à 24 mois dans l'Union européenne. – Le salarié détaché reste soumis au régime de la sécurité sociale française. • **En cas d'expatriation** – Hypothèse de déplacement à l'étranger qui ne remplit pas les conditions du détachement. – Le salarié expatrié est soumis au droit local de la sécurité sociale. Possibilité de souscrire une assurance privée complémentaire ou auprès de la Caisse des français de l'étranger.

Pour en savoir plus

- J.F. Cesaro, « La sécurité juridique et l'identification de la loi applicable », *DS* 2006, 734.
- Ph. Coursier, « Le conflit de lois en matière de contrat de travail (Étude de droit international privé) », 1993, LGDJ, T. 230.

- Ph. Coursier, « L'obligation de rapatriement et de reclassement du salarié mis à la disposition d'une filiale à l'étranger », *DS* 1994, p. 19.
- S. Guedes da Costa, « Mobilité internationale des salariés et loi applicable au contrat de travail », *RDT* 2007, 571.
- F. Jault-Seseke, « L'adoption du règlement 593/2008 (Rome I) sur la loi applicable aux obligations contractuelles : le choix de la continuité pour le contrat de travail », *RDT* 2008, 679.
- A. Lyon-Caen, « Le travail dans le cadre de la prestation internationale de service », *DS* 2005, p. 503.
- A. Lyon-Caen, « La négociation collective dans ses dimensions internationales », *DS* 1997, p. 354.
- A. Martinon, « L'organisation de la mobilité dans les groupes », *JCP soc.* 2013, 1079.
- E. Pataut, « La grève dans les rapports internationaux de travail : questions de qualification », *DS* 2005, p. 303.
- N. Nord, « La protection du salarié en droit international privé : approximations et artifices », *JCP soc.* 2006, 11.
- G. Jazottes et M.C. Amauger-Lattes, « Libre prestation de services et circulation des travailleurs entre concurrence et droit social », *RJS* 2007, p. 911.
- J.P. Lhernould, « La loi du 2 août 2005 et le détachement transnational des travailleurs », *DS* 2005 p. 1191.
- S. Robin-Olivier, « La mobilité internationale du salarié », *DS* 2005, 495.
- S. Robin-Olivier, « La mobilité internationale des salariés », *DS* 2011, 897.

Pour s'entraîner

Indiquez si l'affirmation est vraie ou fausse

1) ***Le fait que le salarié soit de nationalité étrangère suffit à qualifier le contrat de travail de contrat international.***

   ❑ *vrai* ❑ *faux*

2) ***Le choix de la loi applicable à un contrat de travail international peut porter sur n'importe quelle loi.***

   ❑ *vrai* ❑ *faux*

3) ***La loi choisie emporte l'application des conventions collectives.***

   ❑ *vrai* ❑ *faux*

4) ***À défaut de choix exprès ou implicite, c'est la loi du lieu d'embauche qui régit le contrat.***

   ❑ *vrai* ❑ *faux*

5) ***En cas de détachement temporaire, le salarié recruté en France pour exercer sa prestation à l'étranger reste soumis au droit français et à la sécurité sociale française.***

❑ *vrai* ❑ *faux*

Réponses

1) Faux, il s'agit d'un critère insuffisant en lui-même, l'élément pertinent étant le lieu d'exécution de la prestation de travail.

2) Vrai en principe, mais il existe des limites importantes, comme le fait que ce choix ne doit pas priver le salarié des dispositions impératives légales de la loi applicable à défaut de choix et qui lui sont plus favorables.

3) Vrai, sauf si la convention collective exclut de son champ d'application les salariés travaillant à l'étranger.

4) Faux, ce critère n'intervient que s'il n'y a pas de lieu d'exécution habituelle.

5) Vrai. Il faut cependant préciser que si ce détachement s'effectue dans le cadre d'une prestation de service au sein de l'Union européenne, l'employeur devra également respecter un socle de règles minimales du pays d'accueil. De plus, l'employeur peut opter pour le système de l'expatriation et donc le soumettre au droit de la sécurité sociale de cet état.

Le salarié travaillant à domicile

Fiche 5

Définition

Salarié à domicile : il s'agit d'un salarié qui va exécuter sa prestation de travail pour le compte d'un donneur d'ouvrage à son domicile.

Télétravail : forme d'organisation du travail effectué par un salarié hors des locaux de l'entreprise de façon régulière et volontaire en utilisant les technologies de l'information et de la communication.

I. La réglementation du travailleur à domicile

Cette réglementation est fixée aux articles L 7412-1 et suivants du Code du travail. La loi a mis en place une présomption de salariat au profit de ces salariés et quelques règles de droit spécifiques.

A. L'existence d'une présomption de salariat

Il faut que la personne effectue une prestation, quel que soit sa nature ou son objet (Cass. soc. 24 mai 1972, 71-10700, *Bull. civ.* V, n° 380) dans les conditions suivantes (C. trav., art. L 7412-1) :

- pour le compte d'un ou plusieurs établissements. Cette pluralité de donneurs d'ouvrage même concurrents n'est pas un obstacle à la reconnaissance de ce statut (C. trav., art. L 7412-1, Cass. soc. 5 janvier 1995, 91-41174, *Bull. civ.* V, n° 16). En revanche, le fait d'avoir une clientèle privée est incompatible avec ce statut de travailleur à domicile. La qualité du donneur d'ouvrage importe peu et peut être par exemple une profession libérale (Cass. soc. 6 mai 1981, 80-10855, *Bull. civ.* V, n° 378);
- à son domicile ou hors de l'établissement du donneur d'ouvrage. Il n'est pas nécessaire en revanche qu'il s'agisse de son lieu d'habitation principal au sens de l'article 102 du Code civil pour avoir ce statut;
- en contrepartie d'une rémunération forfaitaire, dont les bases sont fixées et connues à l'avance;
- seul ou avec l'aide du conjoint, partenaire d'un PACS, concubin ou des enfants à charge. Il s'agit d'une particularité du travailleur à domicile,

puisque les autres salariés ne peuvent sous-traiter ou se faire aider dans la réalisation de leur prestation. La liste des personnes susceptibles d'apporter de l'aide n'est cependant pas limitative (C. trav., art. L 7412-1 ; voir par exemple : Cass. soc. 5 janvier 1995, 91-41174, *Bull. civ.* V, n° 16).

Si ces conditions sont réunies, il n'est pas nécessaire d'établir un lien de subordination pour caractériser le contrat de travail (Cass. soc. 14 décembre 1983, 82-15519, *Bull. civ.* V, n° 620 ; Cass. soc. 29 octobre 2003, 01-45570). Ces conditions sont nécessaires et suffisantes. Si elles ne sont pas remplies, il peut bénéficier de la présomption de non-salariat instaurée par l'article L 8221-6 du Code du travail.

B. L'existence de règles particulières

Dès lors que l'existence du contrat de travail est reconnue, il convient d'appliquer les règles du droit du travail à cette relation. Mais le fait de travailler en dehors des locaux de l'entreprise a une incidence sur son statut.

Les dispositions relatives à la relation individuelle de travail

Comme n'importe quel salarié, il peut conclure un contrat à durée indéterminée ou déterminée, un contrat à temps partiel ou à temps complet. Leur sont également applicables les règles relatives à la rupture de ces contrats. Il bénéficie, comme les autres, des règles relatives à la suspension de leur contrat de travail. Depuis la loi du 20 juillet 2011, qui a abrogé les articles L 7214-1 et L 7214-4 du Code du travail, les travailleurs à domicile sont soumis au même suivi médical. L'employeur a la même obligation de sécurité de résultat.

Mais il faut noter plusieurs points particuliers.

- Le travail s'effectuant le plus souvent au **domicile** du salarié, certaines règles se sont dégagées au nom du respect de la vie privée du salarié. Ainsi, le salarié n'est pas tenu ni d'accepter de travailler à son domicile ni d'y installer des dossiers ou instruments de travail (Cass. soc. 2 octobre 2001, 99-42727, *DS* 2001, 1039). Le salarié doit donc donner son accord explicite au travail à domicile. Mais une fois cet accord donné, l'employeur ne peut plus ensuite lui imposer de revenir travailler dans les locaux de l'entreprise : il s'agirait d'une modification de son contrat de travail (Cass. soc. 31 mai 2006, 04-43592, *DS* 2006, 924 ; Cass. soc. 13 février 2013, 11-22360). La jurisprudence a également imposé que l'utilisation du domicile à des fins professionnelles devait donner lieu à une indemnisation de la part de l'employeur pour compenser l'immixtion dans la vie privée du salarié, en plus des frais d'occupation (Cass. soc. 7 avril 2010, 08-44865, *RDT* 2010, 517, *JCP soc.* 2010, 1218). La Cour admet cette indemnisation même lorsque c'est le salarié qui de son propre chef travaille chez lui, sans demande de son employeur (Cass. soc. 12 décembre

2012, 11-20502, *DS* 2013, 353), dès lors qu'il ne dispose d'aucun local professionnel mis à sa disposition par l'employeur.

- L'**obligation de fournir du travail** est une obligation incombant à l'employeur. Par conséquent, le donneur d'ouvrage doit la respecter et ne peut donc inopinément cesser de le faire sans être responsable de la rupture (Cass. soc. 21 juin 1994, 93-40143). Il doit lui fournir une solution de remplacement (Cass. soc. 12 décembre 2001, 99-44693). À défaut, la rupture est imputable à l'employeur et il peut être condamné à réparer le préjudice subi par le travailleur à domicile (Cass. soc. 27 juin 1997, 95-43124). Si le principe est qu'il n'a pas l'obligation de fournir de manière constante la même quantité de travail, sauf clause expresse contraire, il ne peut pas modifier unilatéralement et sans justification objective la quantité de travail (Cass. soc. 5 avril 2006, 03-45888, *JCP soc.* 2006, 1471 ; Cass. soc. 26 septembre 2007, 06-41495, *JCP soc.* 2008, 1078).
- Le salarié peut travailleur pour plusieurs donneurs d'ouvrage. Les textes interdisent seulement le fait d'avoir une clientèle privée. Mais il peut s'engager à ne travailler que pour le donneur d'ouvrage en vertu **d'une clause d'exclusivité**. Pour être valable, elle doit être indispensable à la protection des intérêts légitimes de l'entreprise, justifiée par la nature de la tâche à accomplir et proportionnée au but recherché (Cass. soc. 11 juillet 2000, 98-43240, *DS* 2000, p. 1141).
- Les travailleurs à domicile sont **exclus des dispositions relatives à la mensualisation** (C. trav., art. L 3242-1 alinéa 4). Cela a pour conséquence d'être rémunéré en fonction du travail fourni à ces salariés, qui peut varier d'une période à une autre. Leur salaire résulte du taux horaire multiplié par le nombre d'heures nécessaires à l'exécution des travaux. Ce taux horaire comme ce temps nécessaire à l'exécution des travaux sont fixés par les conventions collectives étendues et à défaut par décision préfectorale voire même par le ministre chargé du travail (C. trav., art. L 7422-2 et L 7422-3). En tout état de cause, le taux horaire ne peut être inférieur au SMIC (Cass. soc. 10 mai 2007, 05-44313, *JCP soc.* 2007, 571). Le contrat de travail peut également fixer la durée d'exécution qui peut être spécifique en fonction des difficultés rencontrées ou de la tâche à réaliser. À ce salaire s'ajoutent les frais d'ateliers (C. trav., art. L 7422-11) qui comprennent le loyer, le chauffage, l'éclairage du local et autres frais qui incombent normalement à l'employeur. Il peut s'agir aussi du papier, des consommables informatiques, aucune liste limitative n'étant établie dans ce texte. Le montant est évalué soit par les conventions collectives, soit par décision administrative, soit par accord des parties, soit par le juge. Ces frais doivent être individualisés sur le bulletin de paye.

- **Concernant le temps de travail**, il faut noter les particularités suivantes. Tout d'abord, ce n'est pas la semaine qui est prise en compte pour déterminer le seuil de déclenchement des heures supplémentaires, mais la journée de travail (C. trav., art. L 7422-9 dérogeant à l'article L 3121-20). Sont considérées comme telles les heures effectuées au-delà de 8 heures par jours ouvrables, les 2 premières donnant lieu à une majoration de 25 % puis de 50 %. Ensuite, étant exclu de la mensualisation, il ne peut percevoir une rémunération particulière pour un jour férié chômé ou pour un jour férié travaillé, sauf dispositions conventionnelles plus favorables. Enfin, se pose la question des cumuls d'emplois, puisqu'il peut par hypothèse travailler pour plusieurs donneurs d'ouvrage. Dans ce cas, il doit respecter les durées maximales (C. trav., art. L 8261-1). Le donneur d'ouvrage doit également veiller à ce respect, sa responsabilité pouvant être engagée à côté de celle du salarié, ce dépassement étant puni par une contravention de 5e classe (C. trav., art. R 8262-1 et R 8262-2). Il existe cependant des exceptions prévues à l'article L 8261-3, comme les travaux scientifiques, artistiques et littéraires.
- **Le délai de prescription** relatif aux actions en paiement de salaire et de frais d'ateliers n'a pas été modifié par la loi du 14 juin 2013. L'article L 7423-1 du Code du travail prévoit un délai de 5 ans à compter de leur paiement.
- Des formalités particulières doivent être respectées. L'employeur doit faire **une déclaration administrative d'emploi** auprès de l'inspection du travail au moment où il commence à faire effectuer ce travail à domicile et à la fin (C. trav., art. L 7413-3), en plus de son inscription sur le registre du personnel comme n'importe quelle embauche (C. trav., art. L 1221-13). Lors de la remise des travaux à exécuter, il doit également établir, en deux exemplaires, **un bulletin ou carnet** sur lequel sont mentionnés les éléments permettant d'identifier l'établissement donneur d'ouvrage, la nature du travail à réaliser, les temps d'exécution, les salaires applicables, les fournitures imposées au salarié, les frais d'ateliers et accessoires (C. trav., art. R 7421-1). Lors de la remise du travail effectué, il doit mentionner sur ce bulletin ou carnet les sommes versées au salarié, la date de livraison (C. trav., art. R 7421-2). Le salarié et l'employeur détiennent chacun un exemplaire que l'inspecteur du travail peut contrôler lors de ses visites d'entreprise. Le fait de méconnaître ces dispositions est sanctionné par une contravention de 3e classe prononcée autant de fois qu'il y a de personnes concernées (C. trav., art. R 7421-4). En outre, l'employeur doit tenir **un registre des matières premières et fournitures** données aux travailleurs à domicile (C. trav., art. R 7413-1). Enfin, l'employeur

doit afficher dans ses locaux les informations relatives au salaire horaire et au temps d'exécution.

Les dispositions relatives aux relations collectives

Comme n'importe quel salarié, ils sont pris en compte dans le calcul des effectifs de l'établissement donneur d'ouvrage en fonction des caractéristiques de leur contrat de travail en vertu des articles L 1111-2 et suivants du Code du travail. Ils peuvent invoquer les règles relatives à la liberté syndicale. Ils sont électeurs et éligibles aux fonctions représentatives du personnel, comme les autres salariés de l'entreprise. Mais lors de l'organisation des élections, il peut être utile voire nécessaire de mettre en place un vote par correspondance, modalité qui n'est pas jugée contraire aux principes généraux du droit électoral et qui aujourd'hui n'a plus besoin d'être justifiée, par exemple par l'existence de salariés absents (Cass. soc. 13 février 2013, 11-25696, *RDT* 2013, p. 155, *DS* 2013, p. 372).

Ils bénéficient des conventions collectives applicables dans l'entreprise donneuse d'ouvrage, comme le prévoit expressément l'article L 7413-2 du Code du travail (Voir par exemple Cass. soc. 6 mai 1998, 96-41442 : application de la convention collective de la couture parisienne applicable quel que soit le lieu de la prestation réalisée par le travailleur à domicile qui habitait en dehors de la région parisienne). Mais la convention peut exclure expressément de son champ d'application ces salariés particuliers (Cass. soc. 2 mai 2006, 04-46418, *Bull. civ.* V, n° 157). De plus, travaillant en dehors des locaux, se pose alors le problème de la connaissance par ces salariés de ces textes, condition exigée pour que les accords collectifs puissent imposer des obligations. Pour les salariés travaillant dans les locaux, cette information est assurée par l'affichage dans les locaux des textes conventionnels. Pour les travailleurs à domicile, il est indispensable que l'employeur délivre un document reprenant les informations contenues dans cet affichage pour leur rendre opposables les textes conventionnels.

II. La réglementation du télétravail

C'est la loi du 22 mars 2012 relative à la simplification du droit qui introduit pour la première fois des dispositions relatives au télétravail dans le Code du travail. Elle reprend en partie les dispositions d'un Accord national interprofessionnel du 19 juillet 2005, étendu par un arrêté du 15 juin 2006. Cet accord s'est fortement inspiré d'un accord-cadre européen du 16 juillet 2002. Il faut signaler également qu'un certain nombre d'entreprises ont signé des accords d'entreprise pour réglementer cette modalité particulière d'exécution de la prestation de travail. Ils doivent alors respecter l'ANI du 19 juillet 2005 qui n'a pas été abrogé. Cette conclusion d'accord n'est pas obligatoire mais permet d'améliorer le régime légal qui reste embryonnaire (voir par exemple l'accord Renault : *JCP soc.* 2007, 1531).

A. La notion et la mise en place du télétravail

L'article L 1222-9 du Code du travail définit le télétravail comme étant une forme d'organisation du travail effectué par un salarié hors des locaux de l'entreprise de façon régulière et volontaire en utilisant les technologies de l'information et de la communication.

Plusieurs conditions doivent donc être réunies pour que ce statut soit reconnu :

- utilisation des technologies de l'information et de la communication. C'est l'élément qui permet de faire la distinction avec le travail à domicile, cette condition n'étant pas requise ;
- un travail que le salarié pouvait effectuer dans les locaux de l'entreprise mais qu'il va réaliser en dehors de façon régulière. Si cela n'est que ponctuel, il ne s'agit pas de télétravail.

Il s'agit d'un mode d'organisation volontaire pour le salarié.

Il peut être prévu dès l'embauche du salarié. Son contrat de travail doit être écrit. L'absence d'écrit ne semble pas être un obstacle pour la Cour de cassation qui reconnaît le statut de télétravailleur à un salarié qui peut apporter la preuve de la réunion de ces conditions de fond (Cass. soc. 29 novembre 2007, 06-43524, *JCP soc.* 2008, 1150). Il doit alors prévoir une clause de retour à un emploi sans télétravail appelée clause de réversibilité (C. trav., art. L 1222-9, al. 4), mais aussi selon l'ANI de 2005 les conditions d'exécution du télétravail, comme le rattachement hiérarchique, le coût des installations, les modalités des comptes rendus, les modalités de l'évaluation, les plages horaires pendant lesquelles l'employeur peut contacter le salarié, etc.

Il peut aussi être envisagé en cours d'exécution du contrat. Il s'agit alors d'une modification de son contrat, que le salarié est en droit de refuser. Son refus ne peut justifier alors son licenciement, à la différence des autres cas de refus de modification du contrat de travail (C. trav., art. L 1222-9, al. 3). L'article L 1222-11 du Code du travail prévoit cependant une exception : l'accord du salarié n'est pas nécessaire en présence de circonstance exceptionnelle pour permettre la continuité de l'activité de l'entreprise, telle qu'une pandémie de grippe, des conditions climatiques difficiles. Un avenant écrit au contrat de travail doit alors être signé par les parties et mentionner les caractéristiques de ce télétravail, la clause de retour à un emploi sans télétravail.

Les accords d'entreprise comme l'ANI de 2005 prévoient une période d'adaptation permettant un retour à un emploi sans télétravail correspondant à sa qualification et ses compétences.

À la différence de l'ANI de 2005, la loi de 2012 n'a pas prévu de manière expresse la consultation du CHSCT et du comité d'entreprise avant de procéder à la mise en place de télétravail dans une entreprise. Cependant les compétences générales de ces deux institutions représentatives du personnel invitent à les consulter lorsque le télétravail est susceptible de concerner un nombre non négligeable de salariés, modifiant alors les conditions d'emploi. Par ailleurs, lorsque l'employeur met en place des mécanismes de contrôle des télétravailleurs par le biais par exemple de webcams ou de géolocalisation, il doit faire une déclaration auprès de la CNIL.

B. Le statut de télétravailleur

Comme tout salarié, le télétravailleur doit pouvoir bénéficier de l'ensemble des dispositions du Code du travail, sans discrimination et en respectant le principe d'égalité de traitement vis-à-vis des salariés qui effectuent leur prestation dans les locaux de l'entreprise. Cependant en raison de cette forme particulière de travail, il faut noter les règles suivantes :

- mise en place d'un entretien annuel obligatoire portant sur les conditions de travail du télétravailleur ;
- utilisation possible pour ces salariés des forfaits jours, en raison de leur autonomie dans l'organisation de leur travail ;
- fixation obligatoire en concertation avec le télétravailleur de plages horaires durant lesquelles l'employeur peut contacter le salarié (C. trav., art. L 1222-10) ;
- prise en charge des coûts découlant du télétravail par l'employeur (C. trav., art. L 1222-10). L'ANI de 2005 a également prévu la prise en charge de tous les frais liés à l'utilisation par le salarié de son domicile. Cette obligation découle aussi de la jurisprudence sur le travail à domicile vue dans la section précédente ;
- obligation de formation par l'employeur du télétravailleur en termes d'organisation du travail et d'utilisation des outils mis à sa disposition sur le fondement de l'article L 6321-1 du Code du travail ;
- obligation de confidentialité incombant au télétravailleur qui peut être rappelée dans le contrat de travail ou dans les accords d'entreprise.

À retenir

La réglementation du travailleur à domicile	
Existence d'une présomption de salariat	• Présomption posée à l'article L 7412-1 : – prestation de toute nature effectuée par un salarié pour le compte d'un ou plusieurs établissements ; – prestation effectuée au domicile du travailleur ou hors de l'établissement du donneur d'ouvrage ; – prestation effectuée en contrepartie d'une rémunération forfaitaire ; – prestation effectuée seul ou avec l'aide de parent proche. • Si toutes ces conditions sont réunies, le contrat de travail est reconnu sans qu'il soit nécessaire de caractériser le lien de subordination
Existence de règles particulières	• **Les dispositions relatives à la relation individuelle de travail :** – protection du domicile : le salarié doit donner son accord pour travailler à domicile et une indemnisation doit être prévue en plus des frais d'occupation ; – travail possible par le salarié auprès de différentes donneurs d'ouvrage, sauf clause d'exclusivité expressément prévue dans le contrat ; – inapplication des dispositions relatives à la mensualisation et règle particulière de fixation du salaire en fonction du temps nécessaire à la prestation et du taux horaire, éléments fixés par convention, arrêté préfectoral ou du ministre. Versement des frais d'atelier en plus du salaire ; – règle spécifique pour le temps de travail et notamment pour les heures supplémentaires calculées dans la journée de travail et non dans la semaine ; – délai de prescription : 5 ans, non modifié avec la loi du 14 juin 2013 ; – formalités particulières à respecter : déclaration administrative d'emploi, rédaction de bulletin ou de carnet pour chaque prestation effectuée, registre des matières premières et fournitures.

<table>
<tr><th colspan="2">À retenir</th></tr>
<tr><td>Existence de règles particulières</td><td>• Les dispositions relatives aux relations collectives
• Application des règles de la convention collective du donneur d'ouvrage, sauf clause expresse les excluant.</td></tr>
<tr><td colspan="2">La réglementation du télétravail</td></tr>
<tr><td>Notion et mise en place du télétravail</td><td>• Notion de télétravail :
Définition donnée à l'article L 1222-9 du Code du travail : mode d'organisation du travail effectué par un salarié hors des locaux de l'entreprise de façon régulière et volontaire en utilisant les technologies de l'information et de la communication.
• Mise en place du télétravail :
– suppose nécessairement le consentement du salarié au moment de l'embauche ou en cas de modification du contrat de travail, le refus ne pouvant justifier un licenciement. Cette forme de travail peut être imposée au salarié en cas de circonstance exceptionnelle ;
– rédaction d'un écrit ou d'un avenant écrit mentionnant une clause de réversibilité, les conditions d'exécution et les plages horaires pendant lesquelles l'employeur peut contacter le salarié ;
– consultation préalable du CHSCT et du comité d'entreprise au titre de leur compétence générale.</td></tr>
<tr><td>Statut du télétravailleur</td><td>• Mise en place d'un entretien annuel obligatoire.
• Utilisation possible des forfaits jours.
• Prise en charge des coûts découlant du télétravail par l'employeur.
• Obligation de formation par l'employeur du télétravailleur en termes d'organisation du travail et d'utilisation des outils mis à disposition.
• Obligation de confidentialité à préciser incombant au télétravailleur.</td></tr>
</table>

Pour en savoir plus

- Controverse « Loi sur le télétravail : une avancée ? », *RDT* 2013, p. 9.
- L. Flament, « Télétravail : un jeu croisé d'obligations », *JCP soc.* 2011, 1073.
- B. Fournier et H. Guyot, « Le télétravail », *JCP soc.* 2011, 1072.

- H. Guyot, « Le télétravail codifié - Pratique », *JCP soc.* 2012, 1204.
- H. Guyot, « Le télétravail, état des lieux », *JCP soc.* 2013, 1382.
- H. Guyot, « Lieu d'exécution du travail : du domicile à l'entreprise », *JCP soc.* 2013, 1193.
- I. Laurent-Merle, « Le travail à domicile en Europe : mythe et réalité », *JCP soc.* 2005, 1396.
- G. Loiseau, « L'occupation du domicile à des fins professionnelles, une immixtion dans la vie privée », *JCP soc.* 2010, 1218.
- A. Probst, « Télétravail au domicile », *DS* 2006, p. 1109.
- J. E. Ray, « Le droit du travail à l'épreuve du télétravail », *DS* 1996, p. 121 et p. 351.
- J.E. Ray, « Légaliser le télétravail : une bonne idée ? », *DS* 2012, p. 443.
- S. Tournaux, « Un pas vers l'indemnisation généralisée au titre de l'utilisation du domicile à des fins professionnelles », *DS* 2013, p. 353.

Pour s'entraîner

Indiquez si l'affirmation est vraie ou fausse

1) ***Le fait de travailler à domicile suffit pour reconnaître le statut de salarié à domicile.***

❏ ***vrai*** ❏ ***faux***

2) ***L'employeur peut modifier la quantité de travail à fournir au travailleur à domicile unilatéralement et sans justification objective.***

❏ ***vrai*** ❏ ***faux***

3) ***Le travailleur à domicile ne peut pas toucher un salaire moindre que le SMIC.***

❏ ***vrai*** ❏ ***faux***

4) ***Un télétravailleur ou un travailleur à domicile ne peuvent exercer un mandat de délégué du personnel ou de délégué syndical.***

❏ ***vrai*** ❏ ***faux***

5) ***Le télétravail et le travail à domicile peuvent être imposés au salarié.***

❏ ***vrai*** ❏ ***faux***

Réponses

1) Faux, car la personne qui travaille à domicile peut avoir plusieurs statuts : indépendant, commerçant ou salarié. Pour que le statut de travailleur à domicile salarié soit reconnu, il faut aussi établir que la prestation est réalisée pour le compte d'un ou plusieurs établissements, en contrepartie d'une rémunération forfaitaire.

2) Faux.

3) Vrai.

4) Faux.

5) Faux.

Le salarié prêté

Fiche 6

Définition

Salarié prêté : il s'agit d'un salarié qui va exécuter sa prestation de travail pour une autre entreprise que celle qui l'a recruté.

I. Les conditions du prêt de main d'œuvre licite

A. Les conditions de fond

Le prêt de main d'œuvre ne peut être valable que s'il est conclu dans un but non lucratif. La loi du 28 juillet 2011, reprenant en partie un accord national interprofessionnel conclu le 8 juillet 2009 sur la gestion des conséquences sociales de la crise intègre un alinéa à l'article L 8241-1 du Code du travail définissant le prêt de main d'œuvre autorisé. L'entreprise prêteuse ne peut pas réaliser de profit en raison de ce prêt de main d'œuvre et ne peut donc facturer à l'entreprise emprunteuse que le salaire, les charges sociales y afférentes et éventuellement les frais professionnels versés au salarié. Elle ne se place que du côté de l'entreprise prêteuse, alors que la Cour de cassation, sous l'empire du droit antérieur qui ne précisait pas ce profit, avait également reconnu l'existence d'un profit du côté de l'entreprise emprunteuse, qui grâce à ce prêt n'avait aucun salarié propre et donc aucun frais de gestion de personnel, ce qui lui permettait de faire un profit, d'augmenter sa flexibilité tout en faisant des économies (Cass. soc. 18 mai 2011, 09-69175, *JCP soc.* 2011, 1502).

B. Les conditions de forme et de procédure

Tout d'abord, une convention doit être conclue entre les deux entreprises précisant la durée de la mise à disposition, la qualification du salarié, sa mission pendant le prêt et les modalités de calcul de l'indemnisation reversée à l'entreprise prêteuse pour éviter la condamnation au titre du prêt de main d'œuvre illicite.

Ensuite, quelle que soit la durée de la mise à disposition, un avenant au contrat de travail doit être conclu précisant les fonctions, le lieu, les horaires, les caractéristiques particulières de cette mission. Une période probatoire peut être prévue en cas de changement de ses fonctions et elle est même obligatoire lorsque ce prêt entraîne une modification importante du contrat de travail. Il s'agit donc d'une modification de son contrat et son refus ne peut donner lieu à aucune sanction. Il ne peut pas non plus être licencié ni faire l'objet de mesure discriminatoire.

Il faut également préciser que dans l'entreprise prêteuse, il faut consulter le comité d'entreprise ou à défaut les délégués du personnel avant la mise en œuvre d'un prêt de main d'œuvre et il doit être informé des différents contrats de mise à disposition conclus. Son avis peut donc être demandé après la conclusion des contrats entre les différentes parties. Son CHSCT est également informé lorsque le poste occupé figure parmi ceux qui présentent un risque particulier en termes de santé et de sécurité.

Dans l'entreprise utilisatrice, il faut également informer et consulter le comité d'entreprise et le CHSCT, et à défaut les délégués du personnel avant l'accueil des salariés prêtés.

C. Les sanctions encourues

Les articles L 8231-1 et L 8241-1 et 2 du Code du travail interdisent les opérations de fourniture de main-d'œuvre à but lucratif et les punissent d'une peine de 2 ans d'emprisonnement et/ou 30 000 euros d'amende. Dans les deux textes, il faut caractériser le caractère lucratif et une opération de prêt de main-d'œuvre, c'est-à-dire que l'opération permet de fournir du travail mais également de transférer le pouvoir de direction à l'emprunteur. Cependant, malgré ces points communs, ces deux dispositions, souvent citées ensemble, prévoient des infractions différentes.

L'article L 8231-1, sanctionnant le délit de marchandage, interdit toute opération à but lucratif de fourniture de main-d'œuvre qui a pour objet ou pour effet de causer un préjudice au salarié ou d'éluder l'application des dispositions de la loi ou d'un accord collectif. Le contrat de mise à disposition est nul.

Les articles L 8241-1 et 8241-2 prohibent toute opération à but lucratif ayant pour objet exclusif le prêt de main-d'œuvre lorsqu'elle n'est pas effectuée dans le cadre des dispositions relatives au travail temporaire. Dans cette deuxième infraction, il faut établir le caractère exclusif de l'opération. Mais, en revanche, il n'est pas exigé de prouver le préjudice subi par le salarié ou la fraude à l'application des normes légales ou conventionnelles.

Il faut noter que certains prêts de main d'œuvre à but lucratif sont autorisés comme l'intérim ou le portage salarial (V. Fiche n° 8).

II. Les conséquences du prêt de main d'œuvre licite

A. Le salarié prêté, salarié de l'entreprise prêteuse

La loi a prévu que **le salarié reste salarié de l'entreprise prêteuse** et qu'il continue donc à bénéficier des dispositions conventionnelles de cette entreprise. Pendant cette mise à disposition, son contrat de travail n'est ni suspendu ni interrompu. Ils sont pris en compte dans l'entreprise qui les emploie de manière classique. De même, s'il dispose d'un mandat représentatif, il continue de bénéficier du statut protecteur et on peut penser que son mandat n'est pas non plus suspendu : il continue alors d'exercer ses fonctions représentatives. À la fin de la mission, il doit retrouver son poste initial, sans qu'il puisse être pénalisé par ce prêt d'une manière directe ou indirecte. La loi n'a pas prévu qu'il puisse retrouver un poste équivalent si son poste n'est plus disponible. Il est donc possible d'en déduire que son poste doit rester disponible. Ce prêt de main d'œuvre doit être accepté par le salarié, car il s'agit de la modification de son contrat de travail.

B. Le salarié prêté, intégré partiellement dans l'entreprise d'accueil

Mais en acceptant cette mission, il entre au service d'une autre entreprise. Par conséquent, le salarié prêté doit respecter les règles d'hygiène et de sécurité dans l'entreprise d'accueil. La loi de 2011 ne précise pas en revanche qui exerce le pouvoir disciplinaire pendant cette mise à disposition, à la différence de l'ANI du 8 juillet 2009 qui avait distingué le pouvoir de direction exercé par l'entreprise utilisatrice et le pouvoir disciplinaire non transmis par l'entreprise prêteuse. Une incertitude demeure donc sur l'éventuel transfert du pouvoir de direction à l'entreprise d'accueil.

Il s'agit aussi de se demander dans quelle mesure ce salarié prêté est pris en compte dans le calcul des effectifs dans l'entreprise d'accueil, s'il peut ou non y être électeur et éligible.

La prise en compte des salariés mis à disposition dans le **calcul des effectifs** a suscité un contentieux important en raison de leur particularité (voir pour les principales étapes jurisprudentielles : Cass. soc. 13 mars 1985, *Bull. civ.* V, n° 172 ; Cass. soc. 28 mars 2000, 98-60440, *Bull. civ.* V, n° 133 ; arrêt Renault, Cass. soc. 26 mai 2004, 03-60125, *Bull. civ.* V, n° 140). Suite à une décision du Conseil Constitutionnel du 28 décembre 2006, la Cour de cassation conditionne leur prise en compte à leur intégration de façon permanente et étroite à la communauté de travailleurs, indépendamment de leurs fonctions (Cass. soc. 28 février 2007, arrêt Peugeot, 06-60171, *JCP soc.* 2007, 1272). La loi du 20 août 2008 modifie cette solution en précisant cette notion d'intégration permanente et étroite à la communauté de travailleurs. Ils sont intégrés à l'effectif de l'entreprise utilisatrice en fonction de leur temps de présence au cours des 12 derniers mois seulement si deux conditions cumulatives sont remplies : ils doivent être présents dans l'entreprise et y avoir travaillé au moins 12 mois. Peu importe que certains d'entre eux aient choisi d'être électeurs dans l'entreprise qui les emploie, en application de l'article L 2314-18-1 du Code du travail (Cass. soc. 19 janvier 2011, 10-60296, *JCP soc.* 2011, 1172).

Les salariés mis à disposition par une autre entreprise peuvent-ils être **électeurs** dans l'entreprise dans laquelle ils effectuent leur prestation de travail ? Après plusieurs hésitations jurisprudentielles, la Cour de cassation leur a reconnu cette qualité pour les élections des délégués du personnel et du comité d'entreprise quand ils sont intégrés de façon permanente et étroite à la communauté de travail (Cass. soc. 28 février 2007, 06-60171, *JCP soc.* 2007, 1272). La loi du 20 août 2008 vient préciser la règle (C. trav., art. L 2314-18-1 pour les délégués du personnel et art. L 2324-17-1 pour le comité d'entreprise) : les salariés mis à disposition sont électeurs s'ils sont pris en compte dans les effectifs de l'entreprise utilisatrice et s'ils sont présents dans l'entreprise depuis au moins 12 mois. Ils doivent alors choisir dans quelle entreprise ils exercent leur droit de vote, sans que les modalités de choix soient indiquées. Un arrêt du 26 mai 2010 (09-60400, *JCP soc.* 2010, 1346) précise que ce sont les entreprises utilisatrices qui vérifient les conditions, contrairement à ce qu'avait prévu une circulaire du 13 novembre 2008, et que les salariés mis à disposition font ce choix au moment de l'élection dans l'entreprise utilisatrice, même s'ils ont déjà voté dans leur entreprise. Le fait d'être élu en qualité de délégué du personnel dans l'entreprise utilisatrice ne l'empêche pas d'être électeur et éligible pour le comité d'entreprise dans son entreprise d'origine (Cass. soc. 28 septembre 2011, 10-27374, *JCP soc.* 2011, 1550).

Enfin, la loi du 20 août 2008 vient préciser les conditions dans lesquelles les salariés mis à disposition peuvent être candidats aux élections des représentants du personnel. Elle fait ici une distinction entre les élections de délégué du personnel et celles au comité d'entreprise. En effet, ils ne sont jamais **éligibles** au comité d'entreprise, en raison de la confidentialité des informations qui pourraient être communiquées. En revanche, ils peuvent exercer les fonctions des délégués du personnel à condition d'être comptés dans les effectifs de l'entreprise utilisatrice et d'y être présents depuis au moins 24 mois continus et d'exercer le choix d'y être éligible. S'ils remplissent ces conditions, ils peuvent aussi être candidats à la délégation unique du personnel (Cass. soc. 5 décembre 2012, *JCP soc.* 2013, 1049). La Cour de cassation a également précisé à quelles conditions ils pouvaient être désignés comme représentant de la section syndicale ainsi que délégué syndical dans l'entreprise utilisatrice : ils peuvent exercer un tel mandat lorsqu'ils sont intégrés dans les effectifs sans qu'aucune autre condition ne soit requise (Cass. soc. 29 février 2012, 11-10904, *DS* 2012, p. 534 : pour un mandat de représentant de la section syndicale mais la solution est transposable au délégué syndical).

Que devient leur mandat exercé dans l'entreprise utilisatrice au moment de la fin de la mise à disposition ? L'article L 2314-18-1 ne prévoit pas cette hypothèse. On peut penser qu'il s'agisse d'une cause d'expiration du mandat au même titre que la rupture du contrat de travail.

À retenir

Les conditions du prêt de main d'œuvre licite	
Condition de fond	• Absence de but lucratif : l'entreprise prêteuse ne peut facturer à l'entreprise utilisatrice que le salaire, les charges sociales y afférentes et les éventuels frais professionnels : art. L 8241-1 du Code du travail.
Conditions de forme et de procédure	• Rédaction nécessaire d'une convention entre les 2 entreprises. • Rédaction d'un avenant au contrat de travail pouvant prévoir une période probatoire. • Consultation préalable à la mise en œuvre dans l'entreprise prêteuse et dans l'entreprise utilisatrice du comité d'entreprise ou à défaut des délégués du personnel.
Sanctions	• Délit pénal : 2 ans d'emprisonnement et/ou 30 000 euros d'amende. • Art. L 8231-1 : sanctionne le délit de marchandage et interdit les opérations à but lucratif causant un préjudice au salarié. • Art. L 8241-1 : prohibe le prêt de main d'œuvre illicite qui suppose de caractériser le caractère exclusif de l'opération.
Les conséquences pour le salarié prêté d'un prêt de main-d'œuvre licite	
Principe : il reste salarié de l'entreprise prêteuse	• Il continue de bénéficier de son éventuel statut protecteur, des dispositions conventionnelles de l'entreprise prêteuse. • Il est pris en compte dans les effectifs de cette entreprise. • À la fin du prêt, il doit retrouver son poste initial.

À retenir	
Intégration limitée dans l'entreprise d'accueil	• Il doit respecter les règles d'hygiène, de sécurité de l'entreprise d'accueil. • Il peut être pris en compte dans les effectifs de l'entreprise d'accueil s'il est présent dans cette entreprise et que sa mission a duré au moins 12 mois. • Il peut aussi y être électeur aux élections de délégué du personnel et du comité d'entreprise s'il est pris en compte dans les effectifs et qu'il a décidé d'exercer leur vote dans cette entreprise. • Il peut y être nommé délégué syndical, représentant de la section syndicale s'il est pris en compte dans les effectifs. • Il peut être éligible aux seules fonctions des délégués du personnel depuis la loi du 20 août 2008 : il doit être présent au moins depuis 24 mois et choisir d'y être éligible.

Pour en savoir plus

- G. Auzuro, « Le but lucratif dans les opérations de main d'œuvre », *DS* 2012, 115.
- A.M. Dupuy et P. Safar, « Travailleurs mis à disposition, les apports de la loi du 20 août 2008 », *JCP soc.* 2008, 1462.
- H. Duval, « La situation des salariés mis à disposition, regards croisés du législateur et du juge », *JCP soc.* 2008, 1504.
- F. Favennec-Héry, « Prêt de main d'œuvre à but non lucratif : un texte décevant », *DS* 2011, 1200.
- F. Pelletier, « Le prêt de main d'œuvre exclusif », *JCP soc.* 2011, 1397.
- R. Vatinet, « La mise à disposition de salarié », *DS* 2011, p. 656.

Pour s'entraîner

Indiquez si l'affirmation est vraie ou fausse

1) ***Un salarié prêté peut refuser cette mise à disposition.***

❑ ***vrai*** ❑ ***faux***

2) ***Pendant la mise à disposition, il reste salarié de l'entreprise prêteuse.***

❑ ***vrai*** ❑ ***faux***

3) ***Seul le prêt de main d'œuvre à but non lucratif est autorisé.***

❑ ***vrai*** ❑ ***faux***

4) ***Un salarié prêté peut exercer un mandat de membre élu au comité d'entreprise de l'entreprise d'accueil.***

❑ ***vrai*** ❑ ***faux***

Réponses

1) Vrai, il s'agit d'une modification de son contrat de travail.

2) Vrai.

3) Vrai. Il faut cependant rappeler qu'il existe une exception légale importante : le travail temporaire.

4) Faux, même s'il peut être pris en compte dans les effectifs, ce mandat ne lui est pas autorisé par la loi du 20 août 2008.

Fiche 7

Le salarié d'un groupement d'employeurs

Définition

Groupement d'employeurs : structure juridique qui emploie des salariés pour les mettre à disposition de ces membres adhérents au groupement.

I. Présentation générale du groupement d'employeurs

Un groupement d'employeurs est constitué dans le but de mettre à disposition de ses membres des salariés que le groupement a lui-même recrutés en principe en contrat à durée indéterminée. Il s'agit donc d'une forme de prêt de main d'œuvre à but non lucratif uniquement (V. Fiche n° 6). L'idée est que le groupement embauche une personne soit pour qu'elle cumule plusieurs temps partiels auprès des adhérents soit pour qu'elle effectue des missions successives dans l'année, soit aussi depuis la loi du 24 novembre 2009 pour remplacer une personne partie en formation. Cette forme particulière d'emploi salarié est assez fréquente dans le domaine agricole et ces groupements embauchent environ 15 000 personnes.

Elle présente plusieurs **avantages** : c'est le groupement qui est employeur et non l'entreprise bénéficiaire de la prestation de travail. Étant autorisé par la loi, les adhérents du groupement ne peuvent être poursuivis pour prêt de main d'œuvre illicite. De plus, cela donne une certaine flexibilité aux employeurs qui ont des besoins de main d'œuvre particuliers à certains moments de l'année. Enfin, les charges sociales dues par les adhérents sont proportionnées aux mises à disposition dont ils bénéficient. Pour le salarié également, le système peut être bénéfique dans la mesure où il est salarié en principe en contrat à durée indéterminée et donc à l'abri d'une certaine précarité. De plus, il n'a qu'un seul employeur.

Cependant, il existe de nombreux **freins à leur utilisation**, notamment la responsabilité solidaire des membres du groupement et un statut des salariés peu réglementé. La loi du 28 juillet 2011 (*JCP soc.* 2011, 1383) a voulu supprimer une partie de ces obstacles et faciliter leur recours. Elle avait prévu la conclusion possible d'un accord national interprofessionnel dérogatoire avant le 1er novembre 2011, date d'entrée en vigueur de la loi, mais cette faculté n'a pas été utilisée.

II. Les relations entre les membres du groupement et le groupement d'employeurs

A. La mise en place du groupement

Le groupement ne peut être qu'une association ou une société coopérative en application de l'article L 1253-2 du Code du travail. Toute personne physique ou morale peut y adhérer, peu importe leur activité et leur forme juridique. Cela concerne également les collectivités territoriales, à condition cependant de ne pas dépasser plus de 50 % des membres du groupement. Pour les entreprises de plus de 300 salariés, il fallait un accord d'entreprise ou d'établissement définissant les garanties des salariés du groupement. Cette condition préalable a été supprimée par la loi du 28 juillet 2011.

En principe, seules des entreprises soumises à la même convention collective de branche peuvent adhérer à un groupement. À défaut, il faut que le groupement détermine la convention collective de branche applicable à ses salariés et doit en informer la Direccte, qui a un droit d'opposition. Le problème est que bien souvent, celle qui est choisie ne tient pas compte de la mobilité fonctionnelle et/ou géographique des salariés. Un syndicat nouvellement créé l'UGEF (Union des groupements d'employeurs de France) voudrait négocier un accord de branche spécifique à ces groupements, pour l'instant inexistant.

Après la création du groupement, il faut informer la Direccte qui a un mois pour contrôler les déclarations faites. Tant que ce mois n'est pas écoulé, le groupement ne peut pas exercer son activité. Le directeur départemental du travail peut s'opposer à l'activité du groupement en lui notifiant par lettre recommandée avec accusé de réception si les conditions légales ne sont pas remplies.

B. Le fonctionnement du groupement

Quand une entreprise adhère à un groupement, elle doit informer les institutions représentatives du personnel présentes dans l'entreprise. Jusqu'à la loi de juillet 2011, elle ne pouvait adhérer qu'à deux groupements différents maximum. Cette limite a également été supprimée par cette loi. Il faut également signaler que lorsqu'un groupe de sociétés existe, chaque société peut adhérer à un groupement. Il en est de même pour les différents établissements d'une société, alors même qu'ils n'ont pas la personnalité morale.

Les règles de fonctionnement sont établies par les statuts avec une grande liberté contractuelle. Les membres du groupement sont responsables solidairement des dettes à l'égard du salarié et des organismes de cotisations obligatoires. Ainsi chaque membre peut être contraint à payer la totalité des dettes du groupement et le paiement libère les autres. Depuis la loi du 28 juillet 2011, il est possible d'aménager cette solidarité qui constitue un frein à l'adhésion des entreprises, en pondérant de manière expresse dans les statuts cette responsabilité en fonction de critères objectifs. De plus, des règles particulières peuvent être prévues pour les collectivités locales. Pour autant, l'AGS ne peut invoquer cette solidarité pour refuser de garantir les dettes en cas de procédure collective ouverte à l'encontre du groupement (Cass. soc. 9 mars 2004, 02-41851, *Act. proc. coll.* 2004, n° 124).

III. Les relations entre le salarié et le groupement

A. La conclusion d'un contrat de travail

C'est le groupement qui est l'employeur direct et unique des salariés mis à disposition des entreprises adhérentes. Un contrat de travail écrit doit être établi indiquant :

- les conditions d'emploi ;
- la rémunération ;
- la qualification ;
- la liste des utilisateurs potentiels ;
- les lieux d'exécution des différentes missions possibles. Cela suppose pour le salarié une certaine souplesse dans l'emploi et dans la mobilité géographique, en fonction des besoins des membres du groupement.

La forme de contrat préconisée dans une circulaire du 20 mai 1994 est le contrat à durée indéterminée, car l'idée est de lutter précisément contre le travail précaire. Il est parfois difficile de prévoir les différentes missions et de les prédéterminer à l'avance. De plus, une rédaction trop précise peut manquer de souplesse et de flexibilité.

Il peut aussi s'agir d'un contrat à durée déterminée. Les conditions de validité, comme le cas de recours, sont appréciées dans le cadre du groupement d'employeurs. Enfin depuis la loi de juillet 2011, le groupement peut également conclure des contrats d'apprentissage.

B. Le statut collectif applicable

Ils sont soumis à la convention collective applicable dans le groupement et non à celle des entreprises utilisatrices. Jusqu'à la loi de 2011, des accords collectifs pouvaient être conclus avec les syndicats représentatifs groupement employeurs et salariés mais seulement dans 3 domaines particuliers, à savoir la polyvalence, la mobilité et le travail à temps partagé. Désormais, toutes les conditions de travail peuvent faire l'objet d'accords collectifs au sein du groupement.

C. Les règles relatives à la rémunération

Un des problèmes soulevés est celui du maintien ou non de la rémunération entre deux missions. La difficulté vient du fait que l'entreprise qui verse le salaire n'est pas celle qui fournit le travail. Le contrat peut prévoir le maintien du salaire, mais il ne s'agit pas d'une obligation. Il faut souligner également la faible assise financière de ces groupements qui n'ont pas vocation à faire des bénéfices en raison de leur statut.

La loi du 30 décembre 2006 incite les groupements à mettre en place des dispositifs d'épargne salariale, alors qu'ils ne sont pas censés faire des bénéfices en raison de leur statut. Il est donc désormais possible de prendre en compte les résultats des entreprises membres du groupement pour calculer l'intéressement. Le législateur a transposé une solution rendue par la Cour de cassation en matière de GIE. Par ailleurs, depuis plusieurs lois dont celle du 3 décembre 2008, à défaut d'avoir un accord de participation ou d'intéressement dans le groupement, les salariés peuvent demander à bénéficier de celui applicable dans l'entreprise utilisatrice auprès de laquelle il est mis à disposition, pendant une durée totale d'au moins 60 jours.

Enfin, il faut signaler que jusqu'en 2011, le principe de non-discrimination et d'égalité de traitement ne s'appliquait qu'entre les salariés du groupement. Depuis, ces règles valent aussi vis-à-vis des salariés des entreprises membres du groupement en ce qui concerne la rémunération, la participation, l'intéressement et le plan d'épargne entreprise.

Certaines dispositions du Code du travail sont difficilement applicables à ce type de relations, comme le chômage partiel (V. Fiche n° 9) qui doit avoir un aspect collectif et ne peut concerner un seul salarié.

IV. Les relations entre le salarié et les membres du groupement

Chaque entreprise utilisatrice est responsable des conditions d'exécution de travail, c'est-à-dire :

- la durée du travail;
- travail de nuit;
- le repos hebdomadaire;
- les jours fériés;
- l'hygiène et la sécurité;
- travail des femmes et des enfants.

Ils sont pris en compte dans les effectifs de l'entreprise utilisatrice sauf pour ce qui concerne la formation professionnelle continue et la tarification des accidents du travail. L'effectif est calculé en ajoutant au nombre de salariés permanents le nombre moyen par jour ouvrable de salariés mis à disposition au cours de l'exercice.

Lorsque l'activité nécessite une surveillance médicale particulière, elle incombe à l'entreprise utilisatrice.

Cependant des limites existent : car il n'existe aucune disposition légale réglementant la durée de cette mise à disposition dans une entreprise, interdisant leur recours par exemple pour des emplois dangereux ou pour pourvoir à un emploi permanent dans l'entreprise utilisatrice.

À retenir	
Relations entre les membres du GE et le GE	• Le groupement d'employeurs (GE) ne peut être qu'une association ou une société coopérative. • La mise en place du GE suppose une déclaration auprès de la Direccte qui a un mois pour contrôler le contenu. • Les membres du GE : – toute personne physique; – toute personne morale y compris les collectivités territoriales. • Les règles de fonctionnement sont établies par les statuts. • Principe de la responsabilité solidaire des dettes du GE vis-à-vis des salariés et des organismes de cotisations obligatoires, pouvant désormais être pondéré par une clause des statuts. • Aucune sanction au titre du prêt de main d'œuvre illicite.

À retenir	
Relations entre le GE et les salariés	• C'est le GE qui est l'employeur des salariés, mis à disposition des différents membres du GE. • Nécessité de rédiger un contrat de travail écrit précisant les conditions d'emploi, les différentes missions possibles, la qualification, la rémunération. • Application de l'accord collectif applicable au GE. • Règles particulières concernant l'intéressement et la participation.
Relations entre les salariés et les membres du GE	• Chaque membre du groupement est responsable des conditions d'exécution du travail. • Les salariés sont pris en compte dans les effectifs du membre du groupement en fonction de leur mise à disposition effective.

Pour en savoir plus

- O. Pouey, « Groupements d'employeurs : les difficultés des relations triangulaires », *JCP soc.* 2007, 1807.
- O. Pouey, « Groupements d'employeurs : outils contre la précarité », *JCP soc.* 2010, 1054.

Pour s'entraîner

Indiquez si l'affirmation est vraie ou fausse

1) ***Les charges sociales dues par les adhérents au groupement sont proportionnées aux mises à disposition dont ils bénéficient.***

❑ *vrai* ❑ *faux*

2) ***Pour adhérer à un groupement d'employeurs, l'entreprise de plus de 300 salariés doit avoir conclu un accord d'entreprise prévoyant les garanties de ces salariés.***

❑ *vrai* ❑ *faux*

3) ***Seules des entreprises soumises à la même convention collective de branche peuvent adhérer à un groupement d'employeurs.***

❑ *vrai* ❑ *faux*

4) ***L'AGS peut invoquer la solidarité des membres du groupement pour écarter sa garantie en cas de faillite du groupement.***

❑ *vrai* ❑ *faux*

5) ***Il est interdit de recourir à des salariés d'un groupement pour occuper un emploi dangereux.***

❑ *vrai* ❑ *faux*

Réponses

1) Vrai, ce qui constitue un avantage pour les membres du groupement.

2) Faux, cette condition ayant été supprimée par la loi du 28 juillet 2011.

3) Vrai, mais il existe une exception : lorsque les entreprises sont soumises à des conventions de branche différentes, elles doivent choisir la même convention applicable et en informer la Direccte.

4) Faux (Cass. soc. 9 mars 2004).

5) Faux, il n'existe à ce jour aucune interdiction. Le salarié devra être formé de manière spécifique par l'entreprise adhérente au groupement.

Le portage salarial

Fiche 8

Définition

Portage salarial : il s'agit d'un ensemble de relations contractuelles entre une entreprise de portage, un salarié porté et des entreprises clientes dans laquelle le salarié porté va effectuer sa prestation de travail.

I. Les enjeux du portage salarial

A. Présentation générale

Il s'agit d'une forme d'extériorisation de la main d'œuvre qui s'est créée avec la pratique. En effet, il s'agit du montage suivant : le porté, professionnel autonome va rechercher des clients, déterminer les conditions de sa mission avec une entreprise cliente et une fois le client trouvé, il va contacter une entreprise de portage pour faire exécuter la mission prévue. C'est l'entreprise de portage qui va gérer le recouvrement des honoraires. Il contacte cette entreprise de portage pour avoir le statut de salarié. Sa définition est désormais inscrite à l'article L 1251-64 du Code du travail : « le portage salarial est un ensemble de relations contractuelles organisées entre une entreprise de portage, une personne portée et des entreprises clientes, comportant pour la personne portée le régime du salariat et la rémunération de sa prestation chez le client par l'entreprise de portage ». Ce texte instaure une présomption légale de salariat.

Cela a été créé en 1985 et un syndicat national des entreprises de portage salarial (SNEPS) a été reconnu en 1998. Le but était de réinsérer des cadres qui étaient au chômage. D'autres syndicats existent aujourd'hui : la FNEPS (Fédération nationale des entreprises de portage salarial) et l'UNEPS qui ont des visions différentes de cette activité. On constate une augmentation du chiffre d'affaires et du nombre de portés. Les sociétés d'intérim voudraient également récupérer le marché et avaient réussi à obtenir le droit de négocier l'accord de branche, mais finalement l'idée n'a pas été retenue dans la loi du 25 juin 2008 qui reprend en partie sur ce point l'ANI du 11 janvier 2008.

B. Avantages

Pour l'entreprise cliente, l'avantage est avant tout économique car ce n'est pas elle qui procède au recrutement, qui se charge de la gestion de ce personnel, qui est de surcroît qualifié, autonome et disponible pour une mission temporaire.

Le porté y trouve également un avantage car il a le statut de salarié en droit du travail et pour les prestations sociales, tout en conservant son autonomie.

C. Inconvénients

Le porté a souvent un faible taux de travail, et il s'agit très fréquemment d'une solution d'appoint. De plus, jusqu'en 2007, il n'existait aucune convention de branche et peu d'entreprises avaient conclu des accords d'entreprise. La convention collective de branche a été conclue le 15 novembre 2007 par une partie des syndicats. Un ANI en date du 24 juin 2010 a également été conclu (*JCP soc.* act. 348, 97, 1147) et a été étendu par un arrêté du 24 mai 2013 publié au journal officiel du 8 juin 2013, à l'exception du paragraphe 2.1.1 de l'article 2 prévoyant un contrat à durée déterminée *sui généris*. Cette extension s'est effectuée contre un avis de l'IGAS rendu le 4 octobre 2011. Une période transitoire de 2 ans a été prévue à compter du 8 juin 2013 permettant aux entreprises de portage salarial créées avant le 25 juin 2008 de se mettre aux normes, notamment pour les salariés non cadres qui seront donc désormais exclus de ce dispositif.

Ce système est source de contentieux sur plusieurs points, malgré la loi du 25 juin 2008 qui vise à légaliser ce système. Si cette loi en a donné la définition et en a fait une nouvelle exception à l'interdiction du prêt de main d'œuvre illicite à but lucratif (V. Fiche n° 6), elle n'en détermine pas le régime juridique. Elle a renvoyé à la négociation collective de branche pour en préciser les détails. Pourtant, certains auteurs comme le professeur Patrick Morvan doutent de la réelle validité du système car il est toujours possible d'avoir une incrimination pour travail dissimulé voire de délit de marchandage.

II. Le fonctionnement du portage salarial

A. Une relation ambiguë entre l'entreprise de portage et le porté

Existe-t-il réellement un contrat de travail et un lien de subordination ? Plusieurs obstacles à la reconnaissance d'un tel contrat existent :

- c'est le porté qui apporte son travail et non l'entreprise de portage. Or l'employeur n'est-il pas celui qui fournit du travail ? Cette obligation avait d'ailleurs été écartée par l'ANI, mais non dans la loi du 25 juin 2008. La Cour de cassation dans un arrêt du 10 février 2010, (08-45298, *JCP soc.*

2010 1147), indique que le contrat de portage est un contrat de travail qui emporte l'obligation pour l'employeur de fournir du travail au porté. Par conséquent, il ne peut le licencier au motif qu'il n'avait pas suffisamment fait de marge et de bénéfice. Son licenciement est sans cause réelle et sérieuse. Cette solution n'est-elle pas alors contradictoire avec le statut même du portage ? La Chambre criminelle a une conception plus large et admet que l'entreprise de portage puisse se contenter d'apporter seulement les divers moyens de travail, sans fournir la prestation (Cass. crim., 17 janvier 2012, 11-81669, *JCP soc.* 2012, 1282) ;

- parfois, le porté travaille en toute autonomie et les contraintes de lieu ou d'horaire sont fixées par l'entreprise cliente et non par l'entreprise de portage ;
- la fourniture de matériel : la pratique révèle des formes très variables, car le matériel et les fournitures peuvent être apportés par l'entreprise de portage mais aussi par le client ou le porté ;
- le porté reste indépendant dans sa mission, pouvant remettre en cause l'existence d'un lien de subordination.

La Cour de cassation a reconnu le lien de subordination dans un arrêt du 16 décembre 2009, (n° 08-17852, *JCP soc.* 2010, 1147) dans un litige opposant un salarié porté à l'ASSEDIC qui refusait le chômage faute de contrat de travail. La Cour de cassation indique que la société de portage s'était réservée la faculté d'accepter ou de refuser un client apporté par le porté, qui devait lui rendre des comptes rendus d'activité pour lui permettre de suivre l'exécution de sa mission. De plus, elle exigeait la communication de la correspondance entre le porté et le client et enfin l'avait licencié car il n'avait pas apporté de nouvelles missions. Par conséquent, les juges du fond avaient pu en déduire l'existence d'un lien de subordination entre la société de portage et le porté.

De même, l'accord signé le 24 juin 2010 reconnaît aussi l'existence d'un contrat de travail, mais il le réserve aux seuls cadres percevant une rémunération brute mensuelle de 2 900 euros. En sont donc exclus les autres catégories de salariés, qui ont une compétence manuelle spécifique comme des tailleurs de pierres.

Ce contrat peut ensuite être un contrat à durée indéterminée ou à durée déterminée. L'ANI voulait limiter sa durée à 3 ans, mais là encore la loi ne donne aucune limitation. L'accord signé le 24 juin 2010 permet de conclure un CDD à objet défini, de droit commun ou un CDI. L'arrêté d'extension du 24 mai 2013 exclut de son champ d'application précisément la possibilité de conclure un CDD particulier : il ne peut donc s'agir que d'un CDI ou d'un CDD de droit commun.

L'Unédic leur accorde également les allocations chômage mais seulement s'ils remplissent les conditions prévues par l'accord du 24 juin 2010 (circ. n° 2011-33 du 7 nov. 2011, *JCP soc.* 2011, 477), à savoir :

- seulement pour les portés cadres touchant au moins 2 900 euros ;
- seulement pour les portés embauchés par des entreprises de portage dont c'est l'activité exclusive, qui s'acquittent de leurs obligations sociales, de leur garantie financière et assurent le suivi social des portés.

Pendant la période transitoire de 2 ans, l'indemnisation pourra bénéficier aux salariés portés non cadres touchant une rémunération brute de 1 700 euros entre le 8 juin 2013 et 7 juin 2014 puis 1 800 euros jusqu'au 7 juin 2015.

B. Relations entre la société de portage et l'entreprise cliente

C'est un contrat de mise à disposition ou de prêt de main d'œuvre à but lucratif, puisque l'entreprise de portage prélève un montant de 10 % environ sur les sommes versées par le client aux portés pour ses frais. L'accord signé le 24 juin 2010 prévoit qu'il s'agit d'un contrat de prestation de service. Jusqu'en 2008, des poursuites pénales étaient possibles sur 3 fondements différents : le prêt illicite de main d'œuvre, le délit de marchandage et le travail dissimulé. Depuis 2008, il s'agit d'une nouvelle exception à l'interdiction du prêt de main d'œuvre illicite. Mais seule cette infraction a été écartée formellement. La Cour de cassation applique cette loi pénale plus douce de manière rétroactive à des conventions de portage conclues avant son entrée en vigueur et a également écarté le délit de marchandage (Cass. crim. 17 janvier 2012, *JCP soc.* 2012, 1282).

Enfin, il y a un risque d'annulation pour cause illicite.

C. Relations entre l'entreprise cliente et le porté

La loi prévoit désormais un droit à une indemnité de clientèle sans pour autant déterminer les modalités de calcul.

Le risque de contentieux reste possible sur la qualification même de contrat de travail et sur d'éventuelles poursuites au titre de travail dissimulé.

Illustrations de contentieux :

> *Le montage a été déclaré illicite dans les deux cas suivants : La Cour d'appel de Rennes, le 15 janvier 2009 (2009-001404) a requalifié avec responsabilité solidaire de l'entreprise de portage qui connaissait depuis le début les conditions de travail. La Cour d'appel de Dijon, le 23 septembre 2008 (2008-370813) a exigé le caractère ponctuel pour reconnaître la validité du montage, caractère inexistant en l'espèce. Par ailleurs, elle constate l'absence d'autonomie du porté et au contraire le pouvoir de direction, disciplinaire, des contraintes d'horaire et de lieu de travail effectuées par l'entreprise cliente, qualifiée d'employeur. Les juges du fond ont parfois reconnu la validité de ces montages, par exemple pour un chercheur patrimoine architectural (Lyon, 13 octobre 2006, 2006-324595)*

ou pour un tailleur de pierre recruté par une entreprise de portage spécialisée dans le bâtiment (Montpellier, 20 juin 2007, 2007-352564).

Certains réclament la mise en place d'une réglementation spécifique pour tenir compte d'une situation qui est de plus en plus fréquente aujourd'hui alors que les juges sont dépassés par cette nouvelle forme de travail. Cela suppose un rapprochement entre travail subordonné et travail indépendant. Le législateur est resté trop timide en 2008 et n'a pas résolu tous les problèmes. En témoigne le problème de la réglementation du temps partiel : par hypothèse, la société de portage ne connaît pas par avance le volume horaire puisque c'est le porté qui apporte les missions. Pourtant la Cour de cassation, dans un autre arrêt du 17 février 2010 (08-40671, *JCP soc.* 2010, 1147), a également indiqué que ce contrat doit respecter les règles d'ordre public du Code du travail. Par conséquent, il ne peut déroger aux règles relatives au contrat de travail à temps partiel et doit donc indiquer le volume horaire risquant d'être requalifié de contrat à temps complet en cas d'omission, comme en l'espèce.

À retenir	
Relations entre le porté et l'entreprise de portage	• En principe le porté est le salarié de l'entreprise de portage, mais l'existence d'un contrat de travail pose difficultés, en raison de l'autonomie du porté dans l'exécution de sa prestation, du fait que c'est le porté le plus souvent qui apporte son travail à l'entreprise de portage.
Relations entre l'entreprise de portage et l'entreprise cliente	• Les deux entreprises signent une convention de mise à disposition ou de prêt de main d'œuvre à but lucratif, autorisé par la loi de 2008.
Relations entre le porté et l'entreprise cliente	• Le porté doit toucher une indemnité de clientèle à la fin de sa mission.

Pour en savoir plus

- « Travailler par mission : qui et comment ? », *DS* 2007, p. 53.
- « Précisions de l'Unédic sur l'indemnisation des demandeurs d'emploi ayant exercé une activité de portage salarial », *JCP soc.* 2013, 349.
- A. Bruder, « Plaidoyer en faveur de la reconnaissance juridique du portage salarial », *JCP soc.* 2007, 1312.

- L. Casaux-Labrunée, « Le portage salarial : travail salarié ou travail indépendant ? », *DS* 2007, p. 59.
- N. Côte, « Le portage salarial : entre innovation et dérives », *JCP éd. E*, 2002, 1599.
- J.Y. Kerbouc'h, « Le portage salarial : prestation de services ou prêt de main d'œuvre illicite ? », *DS* 2007, p 74.
- E. Lederlin, « Portage salarial : où en sommes-nous vraiment ? État des lieux d'un dispositif juridique toujours incertain », *JCP soc.* 2013, 1333.
- P. Morvan, « Le portage salarial face à son destin », *JCP soc.* 2008, 1363.

Pour s'entraîner

Indiquez si l'affirmation est vraie ou fausse

1) ***Le porté peut conclure un CDD ou un CDI avec l'entreprise de portage, à temps complet ou à temps partiel.***

❑ *vrai* ❑ *faux*

2) ***Seuls les cadres percevant une rémunération brute mensuelle de 2 900 euros sont susceptibles d'être salariés d'une entreprise de portage.***

❑ *vrai* ❑ *faux*

3) ***Le portage salarial ne peut plus être sanctionné au titre du délit de prêt de main d'œuvre illicite.***

❑ *vrai* ❑ *faux*

Réponses

1) Vrai, l'entreprise de portage devant alors respecter toute la réglementation applicable.

2) Vrai désormais.

3) Vrai, puisqu'il s'agit d'une nouvelle exception prévue depuis 2008. Cependant, les autres infractions comme le délit de marchandage et de travail dissimulé restent envisageables.

La mise en activité partielle

Fiche 9

Définition

Mise en activité partielle : forme de suspension du contrat de travail à l'initiative de l'employeur avec maintien partiel du salaire ayant un caractère temporaire et collectif.

I. Les conditions de mise en activité partielle

La mise en activité partielle remplace depuis la loi du 14 juin 2013 le chômage partiel. Cette forme de suspension est soumise à des conditions de fond et de procédure prévues aux articles L 5122-1 et suivants du Code du travail et qui ont été précisées par un décret du 26 juin 2013, n° 2013-551.

A. Les conditions de fond

Les salariés sont placés en activité partielle lorsqu'ils subissent une perte de rémunération imputable soit à une fermeture temporaire d'activité soit à une réduction temporaire des horaires pratiqués dans l'entreprise. Cette réduction d'activité n'est possible que pour les causes limitativement énumérées à l'article R 5122-1 du Code du travail :

- conjoncture économique ;
- difficultés d'approvisionnement ;
- intempéries et sinistre comme un incendie ;
- transformation, restructuration ou modernisation de l'entreprise ;
- toute autre circonstance exceptionnelle qui n'est plus nécessairement imprévisible.

Cette mesure doit présenter un caractère temporaire et doit concerner un groupe de salariés identifiés, comme les salariés d'un service. Cette mesure a donc une dimension collective.

En principe, l'employeur n'a pas à rechercher les autres mesures alternatives, comme obliger les salariés à prendre leurs congés payés, sauf les RTT si leur attribution relève du pouvoir de direction de l'employeur.

B. Les conditions de forme et de procédure

L'employeur doit consulter le comité d'entreprise, ou à défaut les délégués du personnel en leur communiquant au préalable les raisons de ce recours, les salariés concernés, la durée prévisible de mise en activité partielle et depuis la loi de 2013 les actions de formation qui pourront être proposées pendant cette durée. En leur absence, l'employeur doit informer les salariés.

Il doit ensuite faire une demande d'activité partielle au préfet du département au titre de l'aide publique avant le recours effectif au chômage partiel, sauf en cas d'intempérie ou de sinistre, la demande devant être présentée dans les 30 jours qui suivent. Cette demande est faite auprès de la Direccte dont dépend l'établissement concerné au moyen d'un formulaire spécifique mentionnent la raison, le nombre de salariés concernés, la durée de cette mise en activité partielle et doit être accompagnée de l'avis préalable du comité d'entreprise ou des délégués du personnel. Lorsque l'entreprise a déjà été placée en activité partielle au cours des 3 années précédentes, il doit mentionner dans sa demande d'autorisation les engagements pris vis-à-vis des salariés en terme de garantie d'emploi, d'actions spécifiques de formation, en matière de GPEC ou visant à rétablir la situation de l'entreprise.

La Direccte a 15 jours pour notifier sa réponse et le silence vaut acceptation implicite de la demande depuis la loi du 14 juin 2013. La décision peut faire l'objet d'un recours gracieux ou hiérarchique auprès du Ministre. L'autorisation est accordée pour 6 mois, renouvelable.

La Direccte peut fixer des engagements dans la décision d'autorisation, vus comme des contreparties en termes d'emploi, de formation en tenant compte de la situation de l'entreprise, d'un accord collectif d'entreprise éventuel. Elle contrôle aussi désormais le respect des engagements et peut demander le remboursement des sommes versées sauf si cela est incompatible avec la situation de l'entreprise. Le décret du 26 juin 2013 a supprimé l'obligation de l'employeur de conserver le personnel pendant une période égale au double de la durée de prise en charge, cette obligation étant souvent une des raisons du non-recours au chômage partiel.

Une fois l'accord obtenu, l'employeur peut adresser à la Direccte une demande d'indemnisation au titre de l'allocation spécifique. Après la réponse indiquant la durée et le nombre d'heures indemnisées, l'employeur doit afficher les nouveaux horaires dans l'entreprise et adresser une copie à l'inspection du travail.

➤ Attention

Depuis l'arrêt Gury de 1996 (Cass. soc. 18 juin 1996, 94-44653, DS *1996, p. 978), il ne s'agit plus d'une modification du contrat de travail. Cette décision leur est donc imposée, sans qu'ils puissent s'y opposer. Seuls les représentants du personnels doivent donner leur accord lorsqu'ils sont concernés (Cass. soc. 18 décembre 2012, 11-13813,* JCP soc. *2013, 28, Bull. civ. V, n° 340).*

II. Les conséquences de la mise en activité partielle

A. Les salariés concernés

En principe, tous les salariés affectés par la diminution d'activité ou par la fermeture de l'entreprise sont concernés par cette mise en activité partielle, y compris les contrats à durée déterminée ou à temps partiel. Certains, cependant, ne peuvent en bénéficier :

- les salariés dont la rupture est envisagée pour motif économique;
- les salariés pour lesquels une rupture conventionnelle est en cours d'homologation;
- les salariés bénéficiant d'un forfait-jour sauf si la mesure consiste dans la fermeture de l'entreprise;
- les mandataires sociaux;
- les travailleurs saisonniers.

B. Le versement d'une allocation spécifique

Les salariés concernés sont donc indemnisés au titre **d'une allocation spécifique** à la charge de l'état que l'employeur avance et se fait rembourser tous les mois auprès de la Direccte et **d'une indemnité conventionnelle** prévue par les accords collectifs complétant cette prise en charge de l'état.

Le montant **de l'allocation spécifique** a été revalorisé avec la loi du 14 juin 2013 et dépend des effectifs de l'entreprise :

- pour les entreprises de moins de 250 salariés : 7,74 euros;
- pour les entreprises de 250 salariés et plus : 7,23 euros.

Le nombre d'heures est limité à un contingent qui a été fixé depuis 2010 à 1000 heures par an et par salarié pour l'ensemble des branches professionnelles. Cette prise en charge ne peut en principe dépasser 6 semaines maximum consécutives en cas d'arrêt total.

Depuis la loi de juin 2013, **le montant de l'allocation conventionnelle** a été porté à 70 % de la rémunération brute horaire et elle ne peut être inférieure à 6,84 euros. Elle est même fixée à 100 % de cette rémunération en cas d'action de formation prévue par l'employeur. L'état peut prendre en charge partiellement le paiement de cette allocation conventionnelle notamment en cas de menace de licenciement pour motif économique. Une convention est alors signée entre la

Direccte et l'employeur par laquelle il s'engage à maintenir les emplois pendant la durée égale au double de celle de prise en charge.

La diminution des horaires n'as pas de conséquence sur le nombre de congés payés, mais cela aura des conséquences sur le calcul de l'indemnité, car si l'entreprise ferme, cette période n'est pas assimilée à du temps de travail effectif.

À retenir	
Conditions de la mise en activité partielle	• **Conditions de fond** Il faut une fermeture temporaire de l'entreprise ou une diminution des horaires en raison de : – conjoncture économique ; – difficultés d'approvisionnement ; – intempéries ou sinistre ; – transformation, restructuration ou modernisation de l'entreprise ; – toute autre circonstance exceptionnelle. • **Conditions de forme et de procédure** – Aucun accord des salariés concernés n'est à demander. – Consultation préalable du comité d'entreprise ou à défaut des délégués du personnel. – Demande d'autorisation auprès de la Direccte qui a 15 jours pour donner sa réponse, son silence valant acceptation. La Direccte peut fixer des contreparties à cette mise en activité partielle.
Conséquences de la mise en activité partielle	• Tous les salariés sont concernés par cette mise en activité partielle, sauf ceux dont la rupture du contrat est envisagée pour motif économique ou dont la procédure d'homologation de la rupture conventionnelle est en cours, ainsi que les travailleurs saisonniers.

À retenir

- Remboursement par la Direccte tous les mois d'une partie des salaires par le versement de l'allocation spécifique revalorisée par la loi du 14 juin 2013 :
  - 7,74 euros pour les entreprises de moins de 250 salariés ;
  - 7,23 euros pour les entreprises de 250 salariés et plus.
- L'état peut également prendre en charge le montant de l'allocation conventionnelle portée à 70 % de la rémunération et pouvant aller jusqu'à 100 % en cas d'action de formation.

Pour en savoir plus

- J. Daniel, « Le recours au chômage partiel », *JCP soc.* 2009, 1121.
- J. Daniel, « L'indemnisation du chômage partiel », *JCP soc.* 2009, 1132.
- C. Wilmann, « Chômage partiel et APLD, un ensemble complexe, très réformé et perfectible », *DS* janvier 2013, p. 57.

Pour s'entraîner

Indiquez si l'affirmation est vraie ou fausse

1) ***La mise en activité partielle s'impose aux salariés.***

❑ ***vrai*** ❑ ***faux***

2) ***Les salariés mis en activité partielle bénéficient d'une garantie d'emploi.***

❑ ***vrai*** ❑ ***faux***

3) ***Les salariés mis en activité partielle ne touchent aucun salaire pendant cette période limitée dans le temps.***

❑ ***vrai*** ❑ ***faux***

Réponses

1) Vrai, sauf pour les représentants du personnel.

2) Faux, ce n'est plus une condition d'octroi automatique de ce régime depuis la loi du 14 juin 2013. Mais la Direccte peut l'imposer comme contrepartie au même titre que des engagements en termes de formation.

3) Faux, ils bénéficient d'un maintien partiel voire total de leur rémunération pris en charge par l'état.

Fiche
10

Le représentant des salariés, organe de la procédure collective

Définition

Représentant des salariés : organe de la procédure collective choisi parmi les salariés de l'entreprise et chargé de représenter les intérêts financiers de ces salariés.

I. Présentation générale du représentant des salariés

Le représentant des salariés est un organe de la procédure collective choisi parmi les salariés de l'entreprise et chargé de représenter les intérêts financiers des salariés. Il a été instauré par la loi du 25 janvier 1985 pour le redressement et la liquidation judiciaire et sa désignation a été étendue à la sauvegarde par la loi du 26 juillet 2005. L'ordonnance de 2008 n'a apporté que des modifications très ponctuelles à son statut et ses fonctions.

La nature de ce salarié particulier n'a pas été précisée par la loi de 1985. C'est donc la jurisprudence qui a affirmé qu'il ne s'agissait pas d'une institution représentative du personnel en raison de la limitation de ses fonctions, qui n'existent que dans le cadre de la procédure collective ouverte à l'encontre de l'employeur (Cass. soc. 27 juin 2002, 00-41893, *DS* 2002, p. 1079 ; Cass. soc. 4 février 2003, 00-45820, *Act. proc. coll.* 2003, comm. n° 109). Il faut également préciser qu'il ne remplace pas les institutions présentes dans l'entreprise, comme le comité d'entreprise. Sa mission leur est complémentaire.

En revanche, il s'agit d'un organe particulier de la procédure collective chargé de défendre l'intérêt collectif des salariés et de vérifier le passif social. Il intervient à côté des autres organes désignés tel que le mandataire judiciaire ou l'administrateur ou le liquidateur. Mais il présente des particularités, dans la mesure où il n'est pas désigné directement par le tribunal de commerce ouvrant la procédure, mais par les salariés de l'entreprise. De plus, il est choisi parmi les salariés : il n'est donc pas membre d'une profession réglementée ni extérieur à l'entreprise.

Il est aussi un salarié protégé contre le licenciement, protection proche de celle applicable aux délégués du personnel.

II. Désignation du représentant des salariés

A. Les modalités de désignation

Lors du jugement d'ouverture d'une procédure de sauvegarde (C. com., art. L 621-4 à L 621-7), de redressement (C. com., art. L 631-9) ou de liquidation judiciaires (C. com., art. L 641-1, II), le tribunal de commerce invite le comité d'entreprise, ou à défaut les délégués du personnel, ou à défaut les salariés, à désigner dans les 10 jours qui suivent, **un seul** représentant des salariés, quel que soit l'effectif de l'entreprise. Les modalités du vote sont peu précises et un renvoi au Code du travail est opéré (C. com., art. R 621-14). Il faut cependant préciser, qu'à la différence des délégués du personnel ou du comité d'entreprise, les syndicats représentatifs ou semi-représentatifs ne sont pas invités à négocier un protocole d'accord préélectoral et n'ont aucun rôle dans la désignation des candidats. L'élection par les salariés n'est que subsidiaire et n'intervient qu'à défaut d'institutions représentatives présentes. L'élection a alors lieu par un vote secret au scrutin uninominal à un tour.

À la fin des opérations de vote, un procès-verbal est établi pour indiquer soit le nom du salarié désigné soit la carence. Ce procès-verbal est ensuite déposé au secrétariat-greffe du tribunal de commerce sans aucune information particulière transmise à l'inspection du travail.

B. Les conditions pour être désigné représentant des salariés

Les conditions sont prévues aux articles L 621-5 et L 621-6 du Code de commerce, applicables aussi en redressement et à la liquidation judiciaire de manière explicite depuis l'ordonnance de 2008.

Seul un salarié de l'entreprise peut être désigné représentant des salariés, ce qui impose de vérifier parfois l'existence d'un véritable contrat de travail (Cass. soc. 30 novembre 2004, 02-43515, *Act. proc. coll.* 2005, comm. 32). Un salarié mis à disposition de l'entreprise en procédure collective ne devrait donc pas pouvoir être désigné comme représentant des salariés, alors qu'il peut avoir un mandat de délégué du personnel sous certaines conditions (C. trav., art. L 2314-18-1 ; V. Fiche n° 6). En revanche, le fait qu'il soit dans sa période de préavis n'est pas un obstacle à sa désignation (Cass. soc. 16 janvier 1991, 89-61542, *JCP E* 1991, II, 208).

Il doit avoir 18 ans accomplis, jouir de ses droits politiques et justifier de garanties d'indépendance vis-à-vis du chef d'entreprise. Ainsi aucun parent, allié jusqu'au 4e degré inclusivement du chef d'entreprise ou du dirigeant lorsque l'employeur est une personne morale, ne peut être désigné comme représentant des salariés, sauf si cela empêche la désignation de cet organe. L'ordonnance de 2008 a ajouté un nouveau cas d'incompatibilité au conjoint et partenaire d'un PACS, avec la même exception, mais uniquement pour la liquidation judiciaire (Comparer : C. com., art. L 641-6 et art. L 621-5).

En revanche, aucune condition d'ancienneté n'est requise à la différence des autres salariés investis d'un mandat représentatif. Peu importe également la nature de leur contrat de travail. Enfin, il n'est pas nécessaire qu'il soit aussi membre élu du comité d'entreprise ou délégué du personnel ou même membre d'un syndicat.

C. Le contentieux de la désignation du représentant des salariés

Cette désignation peut être contestée auprès du **tribunal d'instance** qui a une compétence exclusive (C. com., art. R 621-15 ; V. Fiche n° 28). Cette action peut être faite par tout intéressé. La Cour de cassation en a donc déduit que les syndicats, sur le fondement de l'article L 2132-3 du Code du travail, peuvent l'intenter dans la mesure où la méconnaissance des règles régissant leur désignation ou leur remplacement porte atteinte à l'intérêt collectif des syndicats (Cass. soc. 15 juin 2011, 10-60392, *JCP soc.* 2011, 1390).

L'action doit être intentée **dans les 2 jours** qui suivent la désignation, c'est-à-dire soit au jour de la proclamation nominative soit, à défaut, au jour du dépôt, au secrétariat-greffe du tribunal de la procédure collective, du procès-verbal établi au moment de l'élection (Cass. soc. 15 juin 2011, 10-60392, *JCP soc.* 2011, 1390). **Passé ce délai, la désignation est purgée de ces vices** et ne peut plus être contestée. Le tribunal d'instance a alors 5 jours pour statuer en dernier ressort et un pourvoi peut être formé dans les 5 jours qui suivent la notification par le greffier du jugement du tribunal d'instance.

III. Fonctions du représentant des salariés

Ces fonctions sont différentes selon qu'il existe ou non des institutions représentatives du personnel dans l'entreprise.

A. Fonctions du représentant des salariés en présence d'institutions représentatives du personnel

Il s'agit ici de ces missions spécifiques qui complètent celles des institutions représentatives classiques dans l'entreprise, comme le comité d'entreprise, les délégués du personnel, le CHSCT et les représentants syndicaux. Il remplit les mêmes fonctions que ce soit en sauvegarde, en redressement ou en liquidation judiciaire.

Sa mission principale est la vérification du passif salarial (V. Fiche n° 11). En application de l'article L 625-2 du Code de commerce, le mandataire judiciaire établit les relevés des créances salariales, qui sont ensuite vérifiés et contrôlés par le représentant des salariés. Il peut émettre des réserves ou des observations, préparant ainsi un éventuel recours des salariés devant le conseil des prud'hommes. Il doit ensuite signer ce relevé. À défaut de signature, le juge-commissaire doit entendre le représentant des salariés pour qu'il lui fasse part de ces observations. Le juge-commissaire vise ensuite ce relevé des créances, avant de le transmettre au mandataire judiciaire pour qu'il fasse le paiement des créances privilégiées ou superprivilégiées ou qu'il demande à l'AGS d'assurer ce paiement.

Il peut aussi se **constituer partie civile pour les délits de banqueroute** ou pour les autres infractions prévues aux articles L 654-8 à L 654-15 du Code de commerce. Il est à noter que les membres du comité d'entreprise ou les délégués du personnel ne font pas partie de la liste limitative des personnes habilitées à cette constitution de partie civile fixée par l'article L 654-17 du Code de commerce.

Il peut **assister ou représenter les salariés** uniquement dans le contentieux portant sur le relevé des créances salariales ou sur le refus de l'AGS de prendre en charge leur paiement (C. com., art. L 625-4, al. 1 et 3 ; V. Fiche n° 31).

Il peut aussi **demander la publicité des débats**, permettant ainsi à l'ensemble des salariés de prendre connaissance des mesures qui seront prises par le tribunal. La publicité est alors de droit, sauf en cas de désordre de nature à troubler la sérénité de la justice.

Illustration de fonctions très limitées

> *La Cour de cassation (Cass. soc. 31 mars 2009, 06-46378,* JCP soc. *2009, 1284) lui a refusé la possibilité de conclure une transaction au nom de tous les salariés, sauf s'il justifie d'un mandat spécial de chacun d'entre eux pour la conclure en vertu du droit commun des obligations. La Cour de cassation ne lui donne donc pas les mêmes attributions que le mandataire judiciaire, qui représente l'intérêt collectif des créanciers.*

B. Fonctions du représentant des salariés en l'absence d'institutions représentatives du personnel

Présentation générale

Il assure alors de **manière supplétive** les fonctions que ces institutions peuvent avoir dans le cadre des procédures collectives uniquement (C. com., art. L 621-4 al. 2). Cette suppléance concerne les entreprises qui ne remplissent pas les seuils pour avoir des représentants du personnel mais aussi celles qui les dépassent mais qui sont de fait dépourvues de ces institutions depuis la loi du 10 juin 1994. Il ne s'agit pas d'un remplacement complet. Dans le temps, il faut noter que cette fonction ne commence qu'après l'ouverture de la procédure collective, par conséquent il ne peut être consulté par exemple sur l'ouverture de cette procédure. Par ailleurs, une fois son mandat achevé, il ne peut plus non plus exercer cette fonction, comme par exemple donner son avis sur la modification ou la résolution du plan (Cass. soc. 30 janvier 2013, 11-22979, *Act. proc. coll.* 2013-5, comm. 58). Dans les fonctions aussi, cette suppléance est limitée, puisque même s'il peut les remplacer dans le cadre de leurs fonctions spécifiques à la procédure collective, il ne peut pas par exemple régulariser une procédure de licenciement irrégulière pour défaut de mise en place des institutions représentatives du personnel et défaut de procès-verbal de carence (Cass. soc. 23 septembre 2009, 06-45528, *JCP soc.* 2008, 1617).

Pour toutes les procédures collectives, il supplée leur carence pour l'exercice des voies de recours depuis la loi de sauvegarde de 2005, domaine qui a été étendu par l'ordonnance de 2008 (C. com., art. L 661-1, III). Ainsi, il peut, en leur absence, faire appel ou exercer un pourvoi en cassation contre le jugement ouvrant une liquidation judiciaire, prononçant la liquidation judiciaire au cours d'une période d'observation, arrêtant le plan de sauvegarde ou de redressement ou le modifiant ou le résiliant à condition cependant qu'il soit toujours en fonction. En revanche, il ne peut interjeter appel du jugement arrêtant le plan de cession, alors que cela peut avoir un impact important sur les salariés.

Fonctions de suppléance dans chaque procédure collective

De manière plus spécifique, il intervient également **en matière de sauvegarde** comme l'indique l'article L 621-4. Ainsi il sera informé des propositions faites pour le règlement des dettes et les remises accordées (C. com., art. L 626-5). Il sera auditionné par le tribunal avant qu'il ne rende une ordonnance de cessation d'activité, de transformation de la sauvegarde en redressement ou en liquidation judiciaires (C. com., art. L 622-10) ainsi que pour l'adoption du plan de sauvegarde (C. com., art. L 626-26). En revanche, il ne devrait pas intervenir dans le cadre de la procédure de licenciement économique, le droit commun étant seul applicable sans aménagement spécifique (V. Fiche n° 13 ; Voir pour une opinion contraire : P. Morvan, Le droit des licenciements pour motif économique après la loi de cohésion sociale, *TPS* 2005, n° 2, étude 3).

En cas de redressement judiciaire, cette fonction supplétive se déduit du renvoi fait par l'article L 631-9 à l'article L 621-4. Il est donc auditionné par le tribunal avant sa décision ordonnant la cessation partielle d'activité ou la liquidation judiciaire (C. com., art. L 631-15, II) ou adoptant le plan de redressement (C. com., art. L 631-19). Selon l'article R631-26, l'ordonnance du juge-commissaire autorisant les licenciements pendant la période d'observation lui est notifiée. Il est donc possible d'en déduire qu'il est également consulté à la place du comité d'entreprise ou des délégués du personnel dans la procédure de licenciement économique mise en œuvre par l'administrateur ou le débiteur en application de cette ordonnance du juge-commissaire.

Reste son rôle **en matière de liquidation judiciaire**. Contrairement au redressement judiciaire, l'article L 641-1 du Code de commerce ne faisait pas référence à cette mission de suppléance, le texte ne mentionnant que sa mission de vérification des créances salariales. Cette lacune entraînait une discussion sur son éventuel rôle dans ce cadre, certains refusant cette mission supplétive au nom d'une interprétation stricte des textes (J.F. Cesaro, Entreprises en difficultés, Salariés, *Rép. com. Dalloz*, IV, n° 15 ; F. Petit, Le rôle du représentant des salariés dans les procédures de sauvegarde, de redressement et de liquidation judiciaires : Entreprises en difficulté et droit du travail, Actes de colloques, Université Amiens, Picardie Jules Vernes, PUF, 2007, p. 74, n° 5). L'ordonnance du 12 mars 2014 met un terme à cet oubli, le nouvel article L 641-1 y faisant désormais expressément référence. Il pourrait par exemple donner son avis sur les licenciements pour motif économique autorisés dans le cadre du plan de cession (C. com., art. L 642-5).

IV. Statut du représentant des salariés

Comme la plupart des autres salariés titulaires d'un mandat représentatif, il dispose de différents moyens pour remplir ses fonctions : un crédit d'heures, l'accès à certaines informations et un statut protecteur contre le licenciement. En revanche, les règles relatives au délit d'entrave ne semblent pas pouvoir s'appliquer dans la mesure où elles ne visent pas expressément le représentant des salariés (Voir pour une opinion contraire : P. Morvan, Le comité d'entreprise et ses doubles dans le droit des procédures collectives, *JCP E* 2003, 1625).

A. L'octroi d'un crédit d'heures

Ce crédit d'heures est fixé par le juge-commissaire en fonction des besoins de cette procédure. Il ne s'agit donc pas d'un quota fixé par avance par la loi. Le temps passé à l'exercice de ses fonctions est considéré de plein droit comme du temps de travail effectif et lui est payé à échéance normale par l'administrateur, le débiteur ou le liquidateur, avant toutes les autres comme les créances de salaires. Elles ne seront en revanche garanties par l'AGS qu'en cas de liquidation judiciaire. Leur régime juridique est celui applicable aux institutions représentatives du personnel : en cas de contestation, l'employeur ou l'organe de la procédure collective doit d'abord payer ces heures avant de pouvoir remettre en cause leur utilisation.

B. L'accès à certaines informations

L'article L 625-2 du Code de commerce prévoit que le mandataire judiciaire doit communiquer au représentant des salariés tous les documents utiles pour vérifier les relevés des créances salariales, c'est-à-dire le livre de paye, le registre du personnel (C. com., art. R 625-1). Il doit également être informé par le liquidateur ou l'administrateur du contenu des offres de cessions reçues (C. com., art. L 642-2, IV).

En contrepartie de l'accès à ces informations qui peuvent être confidentielles, le représentant des salariés est tenu à une obligation de discrétion, de confidentialité dans les termes fixés à l'article L 2325-5 du Code du travail. Il pourrait engager sa responsabilité civile et être sanctionné pour faute en cas de manquement. Il est cependant préférable que le mandataire mentionne le caractère confidentiel de ces informations.

C. Le bénéfice d'une protection contre le licenciement

Elle est prévue par l'article L 2411-16 du Code du travail mais aussi par l'article L 662-4 du Code de commerce. Lorsque l'administrateur, le liquidateur ou le débiteur envisage de licencier ce salarié, il doit consulter le comité d'entreprise lorsqu'il existe et saisir l'inspection du travail pour demander l'autorisation de le licencier. Cette procédure s'ajoute à celle prévue pour le licenciement. Ce statut protecteur s'appliquer même lorsque sa désignation est irrégulière à condition cependant de ne pas avoir fait l'objet d'une contestation (Cass. soc. 23 septembre 2009, 08-40603, *Act. proc. coll.* 2009, comm. 257, *JCP soc.* 2009, 1495).

Cette protection ne s'applique pas au candidat (Cass. soc. 1er mars 2005, 02-44293, *Bull. civ. V*, n° 74) ni après l'expiration de son mandat (Cass. soc. 30 janvier 2013, 11-22979, *Act. proc. coll.* 2013-5, comm. 58) pendant une durée de 6 mois à l'instar de ce qui existe pour les délégués du personnel par exemple. Elle est donc strictement limitée à la durée de sa mission : cette procédure n'a plus à s'appliquer lorsque toutes les sommes versées au mandataire par l'AGS ont été reversées aux salariés ou après la dernière consultation ou audition lorsqu'il exerce de manière supplétive les fonctions des représentants du personnel. La fin de ses fonctions met un terme de plein droit à son mandat. En revanche, tant qu'elles ne sont pas achevées, sa protection continue y compris auprès du repreneur en cas de plan de cession (Cass. soc. 5 décembre 2007, 06-44073).

Son licenciement met ainsi fin à son mandat, même si ses fonctions ne sont pas terminées (Cass. soc., 4 juillet 2007, 05-19112, *JCP soc.* 2007, 1654 jugeant son pourvoi formé contre une décision modifiant un plan de cession irrecevable).

Les indemnités de rupture sont prises en charge par l'AGS dans les mêmes conditions que les autres salariés (V. Fiche n° 12). Mais, ce n'est pas la date de notification du licenciement qui est prise en compte pour déclencher cette garantie, mais celle de l'intention de procéder à ce licenciement en application de l'article L 3253-9 du Code du travail. Cette intention peut résulter d'une convocation à l'entretien individuel (Cass. soc. 8 février 2012, 10-12906, aff. Moulinex, *Act. proc. coll.* 2012-5, comm. 74, *JCP soc.* 2012, 1153), ou d'une lettre particulière (Cass. soc. 2 octobre 2001, 99-45346, *Bull. civ.* V, n° 295) ou enfin de la demande d'autorisation auprès de l'inspection du travail (Cass. soc. 6 juin 2007, 05-40892, *JCP soc.* 2007, 1761).

À défaut de respecter cette procédure, le salarié peut demander la nullité de son licenciement qui pourra entraîner sa réintégration si elle est encore matériellement possible (Voir en cas de liquidation judiciaire pour un autre mandat : Cass. soc. 20 juin 2006, 05-44256, *Act. proc. coll.* 2006, comm. 169).

En revanche, aucune autorisation au transfert du salarié n'est à demander en cas de transfert partiel de l'entreprise à la différence de ce qui existe pour les autres représentants du personnel.

À retenir

Représentant des salariés : organe choisi parmi les salariés de l'entreprise chargé de défendre leurs intérêts financiers dans toute procédure collective et bénéficiant d'un régime protecteur	
Désignation	• Élection par le comité d'entreprise, ou à défaut par les délégués du personnel, ou à défaut directement par les salariés. • Seul un représentant des salariés est nommé parmi les salariés de l'entreprise. • Conditions de nomination : – âgé de 18 ans ; – aucune incompatibilité avec le code électoral ; – condition d'indépendance au regard du chef d'entreprise. • Contestation possible par tout intéressé dans les 2 jours auprès du TI.

À retenir	
Fonctions	Deux types de fonctions : • fonctions communes à toutes les procédures collectives (sauvegarde, redressement et liquidation judiciaires) : – vérification du passif salarial ; – constitution de partie civile pour les délits de banqueroute ; – assistance ou représentation des salariés devant le CPH ; – demande de publicité des débats ; • fonction de suppléance des institutions représentatives du personnel en cas de carence : – pour toutes les procédures ouvertes : exercice des voies de recours ; – pour la sauvegarde : audition par le tribunal sur la cessation d'activité, la conversion de la sauvegarde, l'adoption du plan de sauvegarde ; – pour le redressement : idem, mais aussi pour la procédure de licenciement économique ; – pour la liquidation judiciaire : idem depuis la réforme du 12 mars 2014.
Statut protecteur	• Bénéfice d'un crédit d'heures. • Protection contre le licenciement : consultation préalable du comité d'entreprise et demande d'autorisation à l'inspection du travail. • Accès à certaines informations.

Pour en savoir plus

- Ph. Duprat et B. Saintourens, « Les droits des salariés dans l'ordonnance du 18 décembre 2008 portant réforme du droit des entreprises en difficulté », *Gaz. pal.* 10 mars 2009, n° 69, p. 40.
- L. Fin-Langer, « Le statut du représentant des salariés », *Rev. proc. coll.* 2013-3, étude 14, p. 15.
- M. Jeantin, « Le représentant des salariés », *DS* 1986, p. 664.
- C. Lebel, « Le statut du représentant des salariés », *Act. proc. coll.* 23 mai 2003.
- F. Petit, « Le représentant des salariés dans les procédures de sauvegarde, de redressement et de liquidation judiciaires » *in* Entreprises en difficulté

et droit du travail, actes d'un colloque Amis, Université de Picardie Jules Vernes, PUF 2007, p. 55.

- L. Serfati-Apter et Ph. Lafarge, « Le représentant des salariés de la loi du 25 janvier 1985 », *Gaz. pal.* 1986, 2, doct. 657.
- B. Teyssié, « Les représentants des salariés dans les procédures de redressement et de liquidation judiciaires », *JCP G*, 1986, I, 3239.

Pour s'entraîner

Dissertation : Le statut du représentant des salariés

Éléments de réponse

Le représentant des salariés est un organe très particulier de la procédure collective mis en place par la loi du 25 janvier 1985 : chargé de défendre les intérêts financiers des autres salariés du débiteur, il reste l'un d'entre eux. Cette double casquette a donc des conséquences sur son statut. Il est à la fois un organe de la procédure collective mais aussi un salarié protégé (I) pour éviter les licenciements abusifs ou discriminatoires. Pour autant, est-ce une véritable institution représentative du personnel ? La Cour de cassation en 2002 a clairement refusé cette assimilation, mais cela fait encore aujourd'hui l'objet de discussion et cette solution jurisprudentielle peut être contestée (II).

I. Une reconnaissance non discutée de la double casquette du représentant des salariés

Il est à la fois un organe de la procédure collective particulier (A) et un salarié protégé particulier (B).

A. La reconnaissance de sa qualité d'organe de la procédure collective particulier

Il fait partie des organes de la procédure collective à côté de l'administrateur, du mandataire judiciaire ou du liquidateur judiciaire. Il exerce une mission concourant à l'exercice de la justice, pour défendre l'intérêt collectif des salariés dans le cadre de la procédure collective. Sa nomination est liée à l'ouverture de cette procédure et ses fonctions s'apprécient uniquement dans ce cadre.

Mais il n'est pas un organe comme les autres : tout d'abord il n'est pas nommé directement par le tribunal de commerce qui ouvre la procédure collective. De plus, il ne fait pas partie d'une profession réglementée soumise à des règles déontologiques particulières et à une responsabilité, mais il est choisi parmi les salariés du débiteur. Il ne s'agit pas non plus d'un organe obligatoire, un procès-verbal de carence pouvant être établi. Enfin, il n'a pas un mandat général de représentation des salariés, comme l'aurait par exemple le mandataire qui peut agir au nom de l'ensemble des créanciers.

B. La reconnaissance de sa qualité de salarié protégé particulier

Ici c'est la loi qui lui donne cette qualité en raison de l'existence d'un statut protecteur contre le licenciement, identique à celui concernant le délégué du personnel. De plus, il dispose d'un crédit d'heures pour exercer ses fonctions. Il est désigné soit par les représentants du personnel élus soit par les salariés directement, lui donnant ainsi une légitimité comparable à celle des délégués du personnel.

Cependant, cette reconnaissance est également particulière, car la protection n'est pas totale. Tout d'abord, les règles du délit d'entrave ne visent pas le représentant des salariés. Ensuite, la protection n'est pas totale : aucune demande d'autorisation à l'inspection du travail n'est nécessaire pour son changement d'employeur en cas de transfert partiel de l'entreprise. Enfin, la durée de la protection est strictement limitée aux durées de ses fonctions : ni le candidat ni l'ancien représentant des salariés ne sont protégés contre le licenciement à la différence des autres salariés protégés.

II. Une non reconnaissance de sa qualité d'institution représentative du personnel discutée

La Cour de cassation refuse cette qualification, mais la doctrine est divisée sur cette absence de reconnaissance.

A. Une non reconnaissance jurisprudentielle

Depuis un arrêt du 27 juin 2002, confirmé expressément dans une décision du 4 février 2003, la Cour de cassation refuse cette qualité en raison de la limitation de ses fonctions aux seules procédures collectives. Il ne remplace pas les autres institutions représentatives présentes dans l'entreprise. De plus, même lorsqu'il supplée leur absence, ses fonctions sont limitées à celles prévues dans le cadre précis des procédures collectives. Ainsi, il ne peut pas par exemple ratifier une procédure de licenciement irrégulière faute de consultation du comité d'entreprise et de procès-verbal de carence. Ses fonctions sont également limitées dans le temps : dès lors qu'il a terminé de vérifier le remboursement des créances salariales aux salariés ou qu'il a rendu son dernier avis, il redevient automatiquement et de plein droit un salarié ordinaire et son mandat s'achève. Ainsi, il ne peut être consulté dans le cadre de la modification du plan de redressement ou de sauvegarde, d'autant que l'entreprise est redevenue in bonis.

B. Une non reconnaissance discutée

Certains auteurs comme le professeur Franck Petit, considèrent qu'il exerce un mandat de représentation, qu'il agit au nom et pour le compte des salariés, dans leur intérêt collectif. À ce titre, il devrait pouvoir être considéré comme une institution représentative du personnel. Cela aurait pour enjeu notamment d'étendre ses compétences en cas d'absence de telles institutions dans l'entreprise et d'appliquer éventuellement les règles du délit d'entrave.

Reste l'opportunité d'une telle reconnaissance.

Le traitement des créances salariales dans les procédures collectives

Fiche **11**

Définition

Privilège : sûreté accordée par la loi à certains créanciers en raison de la qualité de leurs créances et leur donnant un droit de préférence.

I. Présentation générale des créances salariales

Les salariés sont des créanciers très particuliers dans les procédures collectives, soumis à un régime dérogatoire, qui peut s'expliquer par la nature alimentaire de leurs créances. Tout d'abord, ils ne sont pas soumis à la déclaration de leurs créances, ni à l'arrêt des poursuites, ni à l'interdiction des paiements. Ils échappent donc à la discipline collective applicable par principe aux créanciers antérieurs à l'ouverture d'une telle procédure collective. L'établissement du relevé des créances salariales obéit aussi à un régime très particulier, dans lequel le représentant des salariés joue un rôle essentiel (V. Fiche n° 10). Une partie des créances salariales fait l'objet de sûretés particulières, avec un rang bien placé notamment dans le cadre du superprivilège. Il faut noter également que ni le plan de sauvegarde (C. com., art. L 626-20) ni le plan de redressement (C. com., art. L 631-19 qui renvoie à l'article L 626-20) ne peuvent imposer des délais ou des remises pour les créances privilégiées et superprivilégiées, les salariées devant donner leur accord depuis l'ordonnance du 12 mars 2014.

Par ailleurs, les risques d'impayés sont plus limités que ceux des autres créanciers, notamment chirographaires, car leurs créances sont assorties de privilèges et bénéficient d'une garantie de paiement par un organisme financé par les entreprises, l'AGS (V. Fiche n° 12).

En revanche, comme tous les créanciers, le jugement d'ouverture arrête le cours des intérêts légaux et conventionnels des créances salariales (C. com., art.

L 622-28 ; Cass. soc. 13 janvier 1999, 96-43431, *Act. proc. coll.* 1999, n° 57 ; Cass. soc. 13 juin 2001, 99-41762).

II. Les privilèges applicables aux créances salariales

Ces privilèges sont de rangs et de natures différents. Ils s'appliquent aussi bien à la procédure de sauvegarde (C. com., art. L 625-7), qu'au redressement (C. com. art. L 631-18) et à la liquidation judiciaire (C. com., art. L 641-14). Ces privilèges ne concernent que les créances antérieures au jugement d'ouverture, les créances postérieures étant soumises au sort de tous les créanciers postérieurs de l'article L 622-17 du Code de commerce. Avant de les étudier, il convient de préciser quels sont les salariés concernés par ces privilèges.

A. Les salariés concernés par ces privilèges

Sont concernés tous les salariés d'une entreprise qui fait l'objet d'une procédure de sauvegarde, de redressement ou de liquidation judiciaire. Peu importe la nature du contrat de travail, qui peut être un contrat à durée indéterminée, déterminée, à temps partiel, ou d'apprentissage. Il faut seulement que ce contrat existe, qu'il ne soit pas fictif. Cela suppose donc de vérifier l'existence du lien de subordination ou les conditions du Code du travail permettant à certaines personnes de bénéficier d'un contrat de travail sans qu'il soit nécessaire de caractériser ce lien de subordination. Il faut enfin noter que l'article L 8252-3 du Code du travail prévoit leur application aux salariés étrangers travaillant en France dans des conditions illégales (V. Fiche n° 3).

Ces privilèges et superprivilèges bénéficient aux salariés mais aussi à leurs créanciers subrogés dans leurs droits comme l'AGS pour les salariés qu'elle aurait désintéressés (Cass. com. 6 juillet 1993, 91-14269, *Bull. civ.* V, n° 285 ; *JCP G*, 1993, I, 3721, n° 16). Pour qu'un paiement subrogatif entraîne le transfert de cette sûreté, il faut que la subrogation soit expresse et que la sûreté existe au moment du paiement. Ainsi, la Cour de cassation a refusé que le repreneur, qui reprend une entité économique autonome avant le jugement d'ouverture et qui a payé ces salaires aux salariés transmis, puisse se prévaloir de ce superprivilège qui ne naît qu'au jour du jugement d'ouverture (Cass. soc. 3 novembre 2010, 09-14744, *Act. proc. coll.* 2010, n° 279, *JCP soc.* 2011, 1155, *Gaz. Pal.* 8 janvier 2011, p. 41).

B. Le privilège général des salaires

Les salaires et accessoires des 6 derniers mois sont couverts par un privilège général sur les meubles et les immeubles en application des articles 2331 et 2375 du Code civil. Sont également couverts d'autres créances, telles que les indemnités légales ou conventionnelles de licenciement, de préavis, de congés payés et les sommes dues au titre de l'intéressement et de la participation. En sont exclues les indemnités contractuelles de licenciement (V. Fiche n° 2).

Son rang ne permet pas toujours un paiement efficace, car il est primé par les créanciers postérieurs au jugement d'ouverture bénéficiant du privilège de l'article L 622-17 du Code de commerce. De plus, en tant que privilège général portant sur les meubles, il est également primé par les privilèges spéciaux tels que le privilège de prêteur de denier, ou celui du Trésor public. En tant que privilège général sur les immeubles, en revanche il prime les privilèges immobiliers spéciaux y compris l'hypothèque, à condition toutefois que l'actif mobilier de l'employeur n'ait pas permis de désintéresser les salariés.

C. Le superprivilège des salaires

Ce superprivilège vaut pour toutes les rémunérations dues aux salariés pour les 60 derniers jours de travail, ainsi que pour les accessoires, comme une prime de treizième mois. Ils ne correspondent pas nécessairement aux derniers jours de salaires. Ils s'appliquent aussi aux indemnités de congés payés pour une période de 30 jours de rémunération.

Il est limité à un plafond égal pour chaque mois au double du plafond retenu pour le calcul des cotisations de sécurité sociale (C. trav., art. L 3253-2). Pour l'année 2014, ce plafond mensuel a été fixé à 3 129 euros, montant revalorisé tous les ans et accessible sur le site de la sécurité sociale.

Il prime tout autre privilège, y compris ceux du Trésor public, ou des frais de justice sur les biens composant le patrimoine du débiteur au jour du jugement d'ouverture (voir C. com., art. L 622-17 et L 641-13).

III. Le paiement des créances salariales

Les salariés peuvent obtenir le paiement de leurs créances salariales. Mais avant, il est nécessaire de préciser comment sont établis les relevés de ces créances particulières.

A. L'établissement des relevés des créances salariales

Comme les salariés sont dispensés de déclarer leurs créances, ils ne risquent pas d'être hors procédure collective, à la différence des créanciers négligents. C'est donc le mandataire qui établit les différents relevés des créances salariales dans un délai de 10 jours à 3 mois suivant le prononcé du jugement d'ouverture.

Le mandataire doit appeler le débiteur et vérifier les créances salariales. Il a à sa disposition un certain nombre d'informations fournies par le débiteur, l'administrateur, les salariés comme le livre de paye, le registre du personnel. Il soumet ces relevés au représentant des salariés pour contrôle. Il a connaissance des mêmes informations que le mandataire. Il appose alors sa signature et formule au besoin des réserves ou des observations. Les salariés ont intérêt à suivre cette procédure par l'intermédiaire du représentant des salariés.

Le mandataire établit 4 relevés différents en vertu de l'article L 3253-19 du Code du travail. Les deux premiers concernent les créances antérieures au jugement d'ouverture, l'un établi dans les 10 jours suivant le jugement d'ouverture indique les créances superprivilégiées (relevé n° 1) et le deuxième, à faire dans les 3 mois, vise toutes les autres créances exigibles au moment de l'ouverture. Les deux derniers sont relatifs aux créances liées à la poursuite d'activité. Si la liquidation judiciaire est prononcée en cours ou à la fin de la période d'observation, le délai est de 10 jours à compter de la fin des périodes garanties (relevé n° 3). En l'absence de jugement de liquidation, le mandataire a 3 mois pour toutes les autres créances à compter de la fin de la période garantie (relevé n° 4). Le mandataire doit mentionner le nom du salarié, sa fonction, sa date d'entrée dans l'entreprise, l'exercice d'un mandat et donc les sommes dues déduction faite des prélèvements légaux et conventionnels.

Ensuite, le juge-commissaire se contente de viser les relevés sans avoir un pouvoir d'admission ou de rejet de la créance, à l'instar des autres créances. Le mandataire informe ensuite tous les salariés par tout moyen de la nature et du montant des créances finalement retenues ainsi que la date de dépôt au greffe. Ces relevés sont remis par le mandataire à l'AGS pour paiement avant l'expiration des délais de garantie et déposés au greffe au plus tard trois mois après l'expiration de la dernière période de garantie. Ils doivent aussi être publiés dans un journal d'annonces légales, publicité qui fait partir le délai de l'action en contestation devant le conseil des prud'hommes (V. Fiche n° 31).

B. Le paiement possible des créances salariales

Le paiement des créances antérieures

Contrairement aux autres créanciers antérieurs au jugement d'ouverture, les salariés peuvent être payés de leurs créances antérieures. L'article L 625-8 du Code de commerce prévoit l'obligation pour le débiteur ou l'administrateur en cas de mission d'assistance ou d'administration de l'entreprise de payer, sur autorisation du juge-commissaire, sur les fonds disponibles les sommes couvertes par le superprivilège dans les 10 jours qui suivent le jugement d'ouverture. De plus, les salariés reçoivent à titre provisionnel et immédiatement l'équivalent d'un mois de salaire impayé à valoir sur les créances superprivilégiées. En l'absence de fonds disponibles, les sommes dues doivent être acquittées sur les premières rentrées de fonds voir par l'AGS, qui ensuite pourra demander le remboursement en étant subrogé dans le superprivilège.

Les créances non superprivilégiées ni privilégiées peuvent également être payées sur les fonds disponibles en vertu de l'article L 3253-20 du Code du travail.

Le paiement des créances postérieures

Pour les créances postérieures, les salariés peuvent invoquer l'article L 622-17 du Code de commerce, applicable au redressement judiciaire par le renvoi de l'article L 631-14 du Code de commerce et visant tous les créanciers de la période d'observation. Pour bénéficier de cette disposition, il faut que la créance soit née régulièrement, ce qui ne pose pas de problème pour la poursuite des contrats en cours. Pour les salariés recrutés pendant la période d'observation, il faudra vérifier que leur contrat de travail a été conclu régulièrement en respectant notamment les pouvoirs de l'administrateur et du débiteur (V. Fiche n° 13 et 14). La créance doit être postérieure au jugement d'ouverture. Le fait générateur de la créance de salaire est la prestation effectuée par le salarié. De plus, la créance doit être utile, c'est-à-dire qu'elle doit être née pour les besoins de la procédure ou de la période d'observation, ou en contrepartie d'une prestation fournie au débiteur. Quel que soit le sens retenu, il apparaît que la créance de salaire est la contrepartie de la prestation fournie par le salarié au débiteur et donc qu'elle bénéficie de cette priorité de paiement. De plus, elle semble inhérente à l'activité de l'entreprise. De même, les indemnités de licenciement sont considérées comme des créances naissant pour les besoins du déroulement de la procédure (Cass. soc. 16 juin 2010, 08-19351, *D.* 2010, p. 1550, *Rev. proc. coll.* 2010, n° 245 et *Rev. proc. coll.* 2012, n° 47, *Gaz. pal.* 15-16 oct. 2011, p. 27). En liquidation judiciaire, le texte est légèrement différent, puisque par hypothèse il n'y a pas de période d'observation et le maintien provisoire de l'activité reste l'exception (V. Fiche n° 15). L'article L 641-13 du Code de commerce prévoit donc un critère d'utilité légèrement différent. Cela suppose alors de vérifier que la créance est née pour les besoins du déroulement de la procédure ou du maintien provisoire de l'activité ou en contrepartie d'une prestation fournie au débiteur pendant le maintien de cette activité. Il existe donc une limite temporelle : le maintien provisoire d'activité. Il faut de toute façon préciser que les salariés seront en principe licenciés, le but de la liquidation étant non pas de maintenir l'activité mais de réaliser les actifs pour payer au mieux les créanciers.

L'avantage de cette disposition est le droit pour les salariés de pouvoir être payés à échéance devant même leurs créances superprivilégiées. De plus, ils conservent en principe leur droit de poursuite individuelle, la possibilité de demander un référé-provision. C'est alors le conseil des prud'hommes voir sa formation de référé qui est compétente pour statuer sur cette demande, mais seul le juge-commissaire est compétent pour statuer sur la nature de créance postérieure privilégiée au sens de l'article L 622-17 du Code de commerce. Cela a pour conséquence alors de ralentir la procédure. En revanche, ne sont pas saisissables les sommes déposées à la Caisse des dépôts et consignation, c'est-à-dire celles qui ne sont pas destinées à la poursuite de l'activité. À défaut de paiement à échéance, les salariés peuvent être payés par privilège. Mais un ordre de paiement existe qui les place en 4e position derrière le superprivilège des salaires, les frais de justice, et les créances nées d'un crédit accordé au débiteur dans un accord amiable homologué consécutif à une procédure de conciliation. Parmi les créances postérieures privilégiées, les salaires sont ensuite classés en premier.

<table>
<tr><th colspan="2">À retenir</th></tr>
<tr><td>Remarques générales</td><td>• Principe : Traitement particulier des créances salariales lorsque l'entreprise est en sauvegarde, redressement ou liquidation judiciaire : elles échappent à la discipline collective concernant les autres créanciers.
• Cela vaut pour tous les salariés de l'entreprise, quel que soit leur contrat de travail et même s'ils sont salariés étrangers travaillant en France dans des conditions illégales.
• Exception : Maintien de l'arrêt du cours des intérêts à compter de l'ouverture de la procédure collective.</td></tr>
<tr><td>Les privilèges des salaires</td><td>• Privilège général des salaires : ne concerne que les créances antérieures au jugement d'ouverture que sont :
– les salaires et accessoires des 6 derniers mois ;
– les indemnités légales ou conventionnelles de licenciement ;
– les sommes dues au titre de l'intéressement et de la participation.
• Son assiette : les immeubles et les meubles du débiteur.
• Son rang : il est primé par les créanciers postérieurs de l'article L 622-17 du Code de commerce.
– en tant que privilège général sur les meubles : il est primé aussi par les privilèges spéciaux ;
– en tant que privilège général sur les immeubles : il prime les privilèges immobiliers spéciaux sous réserve que l'actif mobilier de l'employeur n'ait pas permis leur désintéressement.</td></tr>
</table>

À retenir	
Les privilèges des salaires	**Le superprivilège des salaires :** • il vaut pour toutes rémunérations dues aux salariés pour les 60 derniers jours de travail et les accessoires, ainsi que les indemnités de congés payés ; • il est plafonné à deux fois le plafond mensuel de la sécurité sociale ; • il prime tous les autres privilèges.
L'établissement des relevés des créances salariales	• Les salariés ne sont pas tenus de déclarer leurs créances, à la différence des autres créanciers. • Le mandataire judiciaire établit 4 relevés différents qu'il soumet pour contrôle au représentant des salariés, qu'il transmet pour visa au juge-commissaire et qu'il communique ensuite aux salariés, à l'AGS et au greffe du tribunal.
Le paiement des créances salariales	• **Le paiement des créances antérieures au jugement d'ouverture** : il s'agit d'un régime dérogatoire par rapport aux autres créanciers. Les sommes couvertes par le superprivilège doivent être payées dans les 10 jours qui suivent le jugement d'ouverture.
	• **Le paiement des créances postérieures au jugement d'ouverture** : les créances de salaires mais aussi les indemnités de rupture sont considérées comme des créances régulières et utiles aux besoins de la procédure collective en cours : elles bénéficient donc du privilège accordé par l'article L 622-17 du Code de commerce aux créances postérieures utiles.

Pour en savoir plus

- C. Calomili, « L'efficacité du superprivilège des salaires », *Les Petites Affiches* 11 février 2011, p. 20.
- F. Derrida, « Le superprivilège des salariés dans les procédures de règlement judiciaire et de liquidation de biens », *D.* 1973, chron. 59.
- Ph. Duprat et B. Saintourens, « Les droits des salariés dans l'ordonnance du 18 décembre 2008 portant réforme du droit des entreprises en difficulté », *Gaz. pal.* 10 mars 2009, n° 69, p. 40.
- L. Fin-Langer, « Les risques subis par les salariés », *Rev. proc. coll.* 2010, dossier 10.
- Ph. Langlois, « Le sort des créances salariales », *RTDcom.* 1987, p. 12.
- M. Ramackers, « Le superprivilège des salariés », *D.* 1989, chron. 301.

Pour s'entraîner

Indiquez si les propositions sont vraies ou fausses

1) ***Aucune créance salariale antérieure au jugement d'ouverture ne peut être payée en raison de l'arrêt des poursuites.***

❑ *vrai* ❑ *faux*

2) ***Les salariés comme tout créancier doit déclarer sa créance dans les 2 mois qui suivent la publication du jugement d'ouverture.***

❑ *vrai* ❑ *faux*

3) ***Les indemnités de licenciement dues pendant la période d'observation ou le maintien de l'activité sont considérées comme des créances utiles et sont donc payables à échéance.***

❑ *vrai* ❑ *faux*

4) ***Le superprivilège des salaires s'applique aux créances de salaire postérieures à l'ouverture de la procédure collective.***

❑ *vrai* ❑ *faux*

Éléments de réponse

1) Faux : notamment les créances superprivilègiées doivent être payées dans les 10 jours qui suivent le jugement d'ouverture.

2) Faux : les salariés sont dispensés de déclarer leurs créances, il revient au mandataire judiciaire d'établir 4 relevés différents en fonction de la nature des créances et de leur date de naissance.

3) Vrai, si le licenciement a été valablement prononcé. La Cour de cassation considère que ces indemnités sont utiles au sens de l'article L 622-17 du Code de commerce car elles sont nées pour les besoins de la procédure.

4) Faux, ce superprivilège ne concerne que les 60 derniers jours de salaire avant l'ouverture de la procédure collective.

La garantie des créances salariales par l'AGS

Fiche 12

Définition

AGS : organisme chargé de garantir le paiement des créances salariales dues par un employeur placé dans une procédure collective.

I. Présentation générale de l'AGS

L'AGS a été mise en place par la loi du 27 décembre 1973, en raison de l'insuffisance des privilèges garantissant les créances salariales (V. Fiche n° 11). En effet, pour qu'un privilège soit efficace encore faut-il qu'il existe encore des actifs à réaliser. Or, notamment dans les liquidations judiciaires, il existe parfois peu voir pas d'actifs. De plus, la réalisation des actifs permettant le paiement des créances prend du temps et le salaire a une nature alimentaire supposant un paiement rapide. Ce mécanisme de solidarité entre les employeurs est géré par une association créée par des organisations professionnelles d'employeurs représentatives et agréée par le ministère. L'AGS est financée par des cotisations versées par tous les employeurs, personnes physiques ou morales. Depuis 1973, son intervention n'a cessé de progresser mettant parfois en péril sa capacité financière à assurer les entreprises contre ce risque de non-paiement des créances salariales.

Voyons le champ d'application *ratione personae, ratione territoriae* et *ratione materiae* de la garantie de l'AGS avant le paiement par l'AGS de ces créances.

II. Le champ d'application *ratione personae* de la garantie AGS

A. Une assurance obligatoire pour toutes les entreprises privées

Il s'agit d'une assurance obligatoire pour tous les employeurs de droit privé (C. trav., art. L 3253-6), personne physique ou morale, qui doivent donc cotiser auprès de cet organisme. Il peut s'agir d'un commerçant, d'un artisan, d'un agriculteur ou d'une profession libérale depuis 2005. *A priori*, le particulier employeur n'a pas cette obligation d'assurance car il n'est pas éligible aux procédures collectives, mais au surendettement. La Cour de cassation exclut cette obligation aux établissements publics, mais l'étend à toutes les personnes morales de droit privé y compris lorsqu'elle gère un service public ou qu'une partie de leur capital est détenue par l'état (V. par exemple pour la Cinq : Cass. soc. 29 février 2000, 98-13264, *Act. proc. coll.* 2000, n° 79 ; pour France Telecom : Cass. soc. 7 septembre 2004, 02-21384, *Act. proc. coll.* 2004, n° 212). La Cour de cassation a également prévu l'application de cette obligation aux groupements d'employeurs malgré la solidarité financière de leurs membres (Cass. soc. 9 mars 2004, 02-41851, *Act. proc. coll.* 2004 n° 124 ; V. Fiche n° 7).

De plus, l'entreprise privée doit avoir fait l'objet d'une procédure collective, à savoir une sauvegarde, un redressement ou une liquidation judiciaire. En revanche ne sont pas concernées les procédures amiables. La question se pose pour les liquidations prononcées à titre de sanction. Pendant de nombreuses années, la Cour de cassation a refusé cette interprétation extensive, mais elle a récemment admis la mise en œuvre de cette garantie à une liquidation prononcée à l'encontre d'une compagnie d'assurance suite à son retrait d'agrément (Cass. soc. 15 juin 2010, 08-70391, *Act. proc. coll.* 2010-15, n° 219, voir contra avant : Cass. soc. 13 septembre 2005, 03-45786, *Act. proc. coll.* 2005, n° 219).

B. Les bénéficiaires de cette garantie : tous les salariés de l'entreprise

Sa prise en charge concerne tous les salariés de l'entreprise. Il est nécessaire de vérifier l'existence d'un contrat de travail, quel qu'il soit et donc du lien de subordination en principe et l'absence de fictivité (V. par exemple pour les dirigeants : Cass. com. 28 janvier 2004, 01-46794, *Act. proc. coll.* 2004, n° 47). Il pourrait également s'agir de personnes dont la reconnaissance du contrat de travail ne suppose pas d'établir le lien de subordination, qui peut être présumé (Voir pour un artiste par exemple : Cass. soc. 17 mai 2005, 05-47541, *Act. proc. coll.* 2005, n° 145). De même, en application de l'article L 8252-3 du Code du travail, les salariés étrangers travaillant en France de manière illégale peuvent s'en prévaloir.

En revanche, en sont exclus les stagiaires titulaires par exemple d'un contrat de formation qui ne sont pas salariés (Cass. soc. 25 octobre 1990, 88-14699, *Bull. civ.* V, n° 498).

III. Le champ d'application *ratione territoriae* de la garantie AGS

Deux questions se posent ici : quel est le mécanisme de garantie applicable aux salariés travaillant à l'étranger pour une entreprise soumise à une procédure collective en France ? Quel est celui applicable aux salariés travaillant en France pour un employeur soumis à une procédure d'insolvabilité à l'étranger ?

A. Le travail à l'étranger pour une entreprise en procédure collective en France

L'article 940-1 du Code de commerce exclut la garantie de l'AGS pour la Polynésie française, sauf si le salarié travaille ou travaillait habituellement en métropole pour un employeur immatriculé en Polynésie et que cet employeur a fait l'objet d'une procédure collective ouverte ou exécutoire en France (Cass. soc. 5 janvier 2011, 09-69035, *Act. proc. coll.* 2011-4, n° 74). En revanche, tous les salariés de l'entreprise, même expatriés ou détachés à l'étranger en vertu de l'article L 5422-13 du Code du travail continuent de bénéficier de cette garantie.

B. Le travail en France pour une entreprise en procédure collective à l'étranger

En droit communautaire, plusieurs directives se sont succédé et ont apporté des solutions différentes à cette question. La Cour de cassation, qui suivait la position de la Cour de justice des communautés européennes sur le fondement de l'article 3 de la directive CEE n° 80-987 du 20 octobre 1980, distinguait selon que l'employeur était ou non établi dans l'état où le salarié effectuait sa prestation de travail. Si un tel établissement existait, était compétente l'institution du lieu où le salarié travaillait habituellement (CJCE, 16 décembre 1999, aff. C. 198/98, Everson c. Belle ; Cass. soc. 16 janvier 2008, 06-43030, *Act. proc. coll.* 2008-4, n° 90 et 97). En revanche dans le cas inverse, l'institution compétente était celle de l'état où était ouverte la procédure collective (CJCE, 17 septembre 1997, aff. C 117/96, Mosbaek, *Rev. proc. coll.* 2001, p. 104, n° 11 ; Cass. soc. 20 janvier 1998, 93-43577, *DS* 1998, p. 298). Puis les deux juridictions ont fait évoluer leur position retenant l'institution du siège social auprès de laquelle l'employeur remplit son obligation de contribution (Cass. soc. 21 septembre 2011, 08-41512, *JCP soc.* 2011, 1581, *Rev. proc. coll.* 2001-5, n° 171, *Rev. proc. coll.* 2011-6). Mais cette jurisprudence est vouée à disparaître en raison de l'adoption de la directive du 23 septembre 2002 reprise dans le nouvel article 9 de la directive du 22 octobre 2008. La disposition a été transposée en droit interne par la loi n° 2008-89 du 30 janvier 2008 et intégrée aux articles L 3253-18-1 du Code du travail. **Désormais, la solution est la suivante : c'est l'institution du lieu dans lequel travaille le salarié, peu importe la localisation de l'employeur**. La condition de l'existence d'un établissement en France a donc disparu. Il faut enfin signaler que selon la Cour, la directive ne s'oppose pas à ce que la législation d'un état membre prévoit qu'un travailleur puisse se prévaloir de la garantie salariale de l'institution nationale à titre complémentaire ou supplétif dès lors qu'elle offre un niveau de garantie supérieur à celle normalement compétente (CJUE, 10 mars 2011, aff. C. 477/09 ; Cass. soc. 21 septembre 2011, 08-41512, *Rev. proc. coll.* 2011-6, n° 171). Il n'est pas certain que le droit français prévoit cette option, même si la Cour de cassation semble l'admettre (Cass. soc. 11 avril 2012, 09-68553, *Act. proc. coll.* 2012-10, n° 140 ; voir aussi CA Colmar, 9 juin 2011, *Rev. proc. coll.* 2011-6, n° 172).

Lorsque l'employeur soumis à une procédure d'insolvabilité se situe dans l'espace économique européen, c'est la même solution qu'en droit communautaire.

Enfin, lorsque l'employeur est situé en dehors de l'Union européenne, le salarié travaillant habituellement en France peut bénéficier de la garantie de l'AGS française à condition que la procédure collective d'apurement du passif est ouverte en France ou dans un pays extérieur à l'Union mais ayant fait l'objet d'une procédure d'exequatur en France (Cass. soc. 3 juin 2003, 3 arrêts, *Act. proc. coll.* 2003, n° 216).

IV. Le champ d'application *ratione materiae* de la garantie AGS

Quelles sont les créances garanties par l'AGS ? La garantie de l'AGS dépend non seulement de la date de naissance des créances, de leur nature, mais aussi de la procédure collective ouverte à l'encontre de l'employeur. Des plafonds de garantie sont également mis en place.

A. Les créances antérieures au jugement d'ouverture

Le principe : une prise en charge de toutes les créances antérieures

Par principe, les créances antérieures dues en exécution du contrat de travail sont garanties par l'AGS dans la limite de la prescription triennale de l'article L 3245-1 du Code du travail modifié par la loi du 14 juin 2013 mais aussi du plafond de garantie qui vaut pour l'ensemble des créances garanties par l'AGS.

Cette notion de créances dues en exécution du contrat de travail est à préciser. Tout d'abord, l'AGS doit garantir toutes les créances établies par décision de justice exécutoires, même si les délais de garantie son expirés, ces décisions étant de plein droit opposables à l'AGS, sans qu'une notification à son égard soit nécessaire (C. trav., art. L 3253-15 ; Cass. soc. 27 novembre 2013, 11-28585, *Act. proc. coll.* 2013, n° 293). Ensuite, la Cour de cassation fait une interprétation très large de cette notion, étendant la garantie de l'AGS au-delà de la simple contrepartie de la prestation de travail. **Sont également prises en charge (**C. trav., art. L 3253-8**)** :

- les sommes dues au titre de la participation ou de l'intéressement (C. trav., art. L 3253-10), ou même celles résultant de versements volontaires des salariés sur un plan d'épargne entreprise (Cass. soc. 17 mai 1995, 93-46441, *Rev. proc. coll.* 1996, p. 272), sommes revêtant alors la forme d'un droit de créance sur l'employeur ;
- l'indemnité compensatrice de préavis ;
- les indemnités de congés payés ;
- l'indemnité légale de licenciement (Cass. soc. 27 octobre 1997, 96-40024, *Act. proc. coll.* 1998, 175). Il peut s'agir aussi d'une indemnité conventionnelle sauf si l'accord a été conclu moins de 18 mois avant la procédure collective (C. trav. art. L 3253-13 ; Cass. soc. 30 septembre 2009, 08-42076, *Act. proc. coll.* 2009, n° 268) ou en fraude des droits de l'AGS (Cass. soc. 29 septembre 2009, 08-41723, *Act. proc. coll.* 2009, n° 263) ;
- l'indemnité de précarité d'emploi en cas de rupture d'un contrat à durée déterminée ;
- l'indemnité de résiliation d'un contrat d'apprentissage (Cass. soc. 1er octobre 2003, 01-40125, *Act. proc. coll.* 2003, n° 245) ;
- l'indemnité de clientèle versée à un VRP ;
- l'indemnité de clause de non-concurrence (Cass. soc. 6 mai 1997, 95-43166, *JCP G*, 1997, II, 22936 : solution rendue pour une contrepartie financière due après un jugement de liquidation judiciaire mais transposable) ;
- les indemnités dues pour inexécution par l'employeur de ses obligations, comme le retard de paiement du salaire (Cass. soc. 27 juin 2001, 99-42984, *Act. proc. coll.* 2001, n° 208) ou en raison de faits de harcèlement moral (Cass. soc. 8 février 2005, 02-46527, *Act. proc. coll.* 2005, n° 69) ou dues aux salariés exposés à l'amiante et réparant le préjudice d'anxiété, en raison d'un manquement de l'employeur à son obligation de sécurité (Cass. soc. 25 septembre 2013, 12-20912, *Act. proc. coll.* 2013, n° 258) ;
- le remboursement des frais professionnels (Cass. soc. 17 décembre 1991, 88-40638, *Bull. civ.* V, n° 587) ;

- une prime pour créance d'entreprise prévue dans un plan social (Cass. soc. 30 avril 2003, 00-46820, *Act. proc. coll.* 2003, n° 178) ;
- le paiement des cotisations sociales obligatoires (Cass. soc. 29 janvier 2003, 00-45424, *Act. proc. coll.* 2003, n° 89) ;
- les indemnités versées au salarié en cas d'irrégularité de procédure de licenciement ou défaut de cause réelle et sérieuse (Cass. soc. 6 mai 1997, 94-42699, *JCP E*, 1997, p. 708) ou encore d'insuffisance des mesures de reclassement, ce qui représente un contentieux très important.

En revanche ne sont pas garantis :

- les indemnités de rupture lorsque l'initiative de la rupture n'appartient pas à l'employeur (Cass. soc. 20 avril 2005, 02-47063, *Act. proc. coll.* 2005, n° 145 pour un départ à la retraite du salarié) ;
- les frais de justice, frais d'huissier (Cass. soc. 12 janvier 1999, 96-42585, *Bull. civ.* V, n° 9), les dépens nés d'une procédure judiciaire (Cass. soc. 9 mars 2004, 02-40616, *Act. proc. coll.* 2004, n° 116) ;
- les dommages-intérêts dus à un salarié en raison de la non-remise de son certificat de travail (Cass. soc. 13 janvier 1999, 96-45428) ;
- le remboursement des sommes laissées par le salarié en « compte courant » (Cass. com. 22 juin 1993, 90-46005, *Bull. civ.* IV, n° 174, *JCP E* 1994, I, 351, n° 15) ;
- le remboursement des droits résultant de l'acquisition de parts sociales de fonds communs de placement en vertu d'un plan d'épargne entreprise, car même si les sommes investies proviennent de la participation ou de l'intéressement, les salariés ont choisi d'affecter ces sommes qui leur ont été versées pour devenir copropriétaires de ces fonds (Cass. soc. 28 novembre 2007, 05-45354, *Act. proc. coll.* 2008, n° 9).

L'exception : l'exclusion de garantie en cas de sauvegarde

Il faut cependant noter **une exception importante en cas de procédure de sauvegarde**. En effet, cette exclusion de la garantie de l'AGS en cas de sauvegarde a fait l'objet d'âpres discussions lors des débats parlementaires et a été finalement confirmée par la Cour de cassation en raison de l'absence d'état de cessation des paiements (Cass. soc. 10 mars 2009, 07-45326, *Act. proc. coll.* 2009, n° 136). Cela concerne aussi bien les créances de salaires, que les indemnités de rupture de contrat que toute autre somme éventuellement due aux salariés.

En cas de conversion de la sauvegarde en redressement ou en liquidation judiciaire en raison de la survenance d'un état de cessation des paiements au cours de la période d'observation, les textes n'ont pas prévu expressément cette prise en charge. Plusieurs interprétations ont été avancées selon la nature du jugement de conversion pour savoir s'il ouvrait ou non une nouvelle procédure.

Finalement, la Cour de cassation, dans un arrêt du 21 janvier 2014 (12-18421, *Act. proc. coll.* 2014, n° 45) a affirmé que l'AGS prenait en charge toutes les créances antérieures au jugement de conversion, y compris celles antérieures au jugement d'ouverture de la sauvegarde.

B. Les créances postérieures au jugement d'ouverture

Une prise en charge limitée par principe aux indemnités de rupture

Ne sont garanties en principe que les indemnités de rupture du contrat de travail, que ce soit une procédure de sauvegarde, de redressement ou de liquidation judiciaire. En cas de sauvegarde, cependant seules ne sont prises en charge que l'indemnité légale ou conventionnelle de licenciement, de préavis et de congés payés. Le législateur a souhaité faciliter en quelque sorte les licenciements économiques en procédure de sauvegarde grâce à cette prise en charge des indemnités par l'AGS, à condition de ne pas disposer des fonds suffisants. Dans les autres procédures collectives, ce sont toutes les conséquences financières comme les indemnités versées au salarié pour inexécution du PSE (Cass. soc. 8 février 2012, 10-12906, aff. Moulinex, *JCP soc.* 2012, 1153), la contrepartie financière de la clause de non-concurrence, analysée par la Cour de cassation comme une conséquence de la rupture (Cass. soc. 29 janvier 2003, 01-40123) ou bien encore la liquidation des droits acquis sur un compte-épargne-temps (Cass. soc. 7 avril 2010, 09-40015, *Act. proc. coll.* 2010, n° 141). Il peut s'agir aussi des conséquences financière en cas de rupture du contrat de travail suite à l'acceptation d'un contrat de sécurisation professionnelle. La loi du 14 juin 2013 modifie cette garantie des sommes versées aux salariés en vertu de plan de sauvegarde de l'emploi. Elle ne prend en charge aucune des sommes versées aux salariés en vertu de plan établi avant ou après un jugement de sauvegarde. De même, ne sont pas prises en charge les sommes versées pour indemniser le préjudice subi par la rupture du contrat et prévues par des PSE validés ou homologués après le jugement de l'ouverture (C. trav., art. L 3253-13 ; voir contra : Cass. soc. 30 septembre 2009, 08-42076) ou moins de 18 mois avant ce jugement. Mais selon l'article L 3523-8, 4°), l'AGS garantit les mesures d'accompagnement résultant de PSE validé ou homologué par la Direccte avant ou après l'ouverture d'un redressement ou d'une liquidation judiciaire.

Plusieurs conditions doivent être vérifiées. Tout d'abord, la rupture doit être régulière au regard des règles des procédures collectives (V. Fiches n° 13 à 16) et doit être effective : une rupture de fait ne suffit pas (Cass. soc. 31 octobre 2013, 12-16981, *Act. proc. coll.* 2013, n° 292). De plus, la rupture doit intervenir dans des délais très précis prévus par l'article L 3253-8 du Code du travail :

- pendant la période d'observation ;

- dans le mois qui suit le jugement arrêtant le plan de sauvegarde, de redressement ou de cession ;
- dans les 15 jours qui suivent le jugement de liquidation, délai porté à 21 jours depuis la réforme du 14 juin 2013 lorsque cette rupture doit faire l'objet d'un plan de sauvegarde de l'emploi ;
- pendant le maintien provisoire de l'activité autorisé dans le jugement de liquidation judiciaire.

Si le délai est dépassé, la garantie ne joue plus et l'administrateur peut engager sa responsabilité.

Lorsqu'il s'agit de salariés protégés, seule l'intention de licencier le salarié doit intervenir pendant les délais. Cela concerne les représentants du personnel, pour lesquels il existe une procédure de licenciement particulière consistant notamment à demander l'autorisation de licencier à l'inspection du travail, mais aussi les femmes en congé maternité ou les salariés en congé maladie (Cass. soc. 2 octobre 2001, 99-45346, *Bull. civ.* V, n° 295 ; Cass. soc. 23 février 2005, 02-47411, *Rev. proc. coll.* 2005, p. 146). Cette manifestation de volonté peut résulter d'une convocation à l'entretien émanant d'un DRH (Cass. soc. 8 février 2012, 10-12906, aff. Moulinex, *JCP soc.* 2012, 1153) ou d'une lettre particulière (Cass. soc. 2 octobre 2001, 99-45346, *Bull. civ.* V, n° 295) ou bien encore de la demande d'autorisation auprès de l'inspection du travail (Cass. soc. 6 juin 2007, 05-40892, *JCP soc.* 2007, 1761).

L'absence de prise en charge des créances de salaires sauf en cas de liquidation judiciaire

Les créances de salaires postérieures ne sont pas garanties par principe, car l'entreprise doit pouvoir payer les créances de salaires faisant l'objet du privilège des créances postérieures. C'est le cas par exemple des créances de salaires dus aux salariés pendant la période d'observation en cas de redressement judiciaire (Cass. soc. 6 mars 2012, 10-27847, *Act. proc. coll.* 2012, n° 100).

Il faut cependant noter l'exception majeure en cas de jugement de liquidation judiciaire. Sont garanties les créances résultant des contrats de travail pendant la période de 15 jours suivant le jugement de liquidation judiciaire ou de 21 jours en cas de plan de sauvegarde de l'emploi, période au terme duquel le liquidateur a du procéder aux licenciements des salariés pour que leur indemnité de licenciement soit également garantie par l'AGS. Ce délai est porté à 1 mois pour les représentants du personnel. L'absence de licenciement ne remet pas en cause la prise en charge par l'AGS, mais les créances pouvant naître après cette échéance ne sont plus garanties (Cass. soc. 8 octobre 2003, 01-43951, *Act. proc. coll.* 2003, n° 261). De plus, en cas de maintien provisoire de l'activité, les créances salariales nées pendant cette période sont garanties dans la limite d'un mois et demi de salaire, mais pas au-delà (Cass. soc. 12 mars 2003, 01-41845, *Act. proc. coll.* 2003, n° 164). Cette règle peut présenter un intérêt lorsque l'activité est poursuivie pour préparer le plan de cession, les salaires étant donc en partie garantis, ce qui n'est pas le cas lorsque le plan de cession est recherché dans le cadre d'un redressement judiciaire.

C. Les plafonds de garantie

Pour l'intégralité des sommes prises en charge par l'AGS, il existe différents plafonds qui dépendent de la date de conclusion du contrat. Avant un décret du 24 juillet 2003, le plafond 13 était appliqué aux contrats conclus plus de 6 mois avant le jugement d'ouverture et les contrats conclus moins de 6 mois avant cette date étaient soumis au plafond 4. La Cour de cassation avait simplifié le régime en soumettant l'intégralité des créances à un seul plafond, ce qui n'était pas exactement le régime prévu. Désormais, pour les procédures collectives ouvertes depuis le 29 juillet 2003, l'article D 3253-5 du Code du travail distingue trois plafonds :

- 6 fois le plafond mensuel retenu pour le calcul des contributions au régime d'assurance chômage (soit pour 2014 : 75 096 euros) pour les contrats conclus depuis plus de 2 ans à la date du jugement d'ouverture ;
- 5 fois ce plafond pour les contrats conclus entre 6 mois et 2 ans (soit 62 580 euros pour 2014) ;
- 4 fois ce plafond pour les contrats conclus depuis moins de 6 mois au jour du jugement d'ouverture (soit 50 064 euros pour 2014).

Ces chiffres sont disponibles sur le site de l'AGS.

La réforme a globalement diminué la prise en charge par l'AGS des créances et la Cour de cassation, dans un souci de protection des salariés, a précisé que même si le jugement d'ouverture intervient après ce décret de juillet 2003, les créances antérieures restent soumises à l'ancien plafond (Cass. soc. 3 mai 2011, 10-14297, *Act. proc. coll.* 2011, n° 155).

V. Le mécanisme de garantie par l'AGS

L'AGS fait une avance de paiement, mais elle n'a pas vocation à prendre en charge définitivement ce passif salarial. Elle bénéficie donc au moins en théorie de recours pour en demander le remboursement.

A. Le paiement effectué par l'AGS

Lorsque les fonds ne sont pas disponibles, le mandataire judiciaire doit demander à l'AGS de payer les sommes prises en charge dans les délais fixés à l'article L 3253-21 du Code du travail. En cas de procédure de sauvegarde, le texte est plus exigeant puisque l'entreprise n'est pas en état de cessation des paiements. Ainsi, le mandataire doit justifier de l'insuffisance des fonds et en cas de conflit avec l'AGS, c'est le juge-commissaire qui tranche. Le recours à l'AGS pourrait se justifier pour éviter de fragiliser l'entreprise et faciliter son sauvetage en lui donnant une plus grande trésorerie. L'AGS verse alors les fonds, non pas directement aux salariés, mais au mandataire, liquidateur, greffier du tribunal ou enfin au commissaire à l'exécution du plan selon les cas, qui doit ensuite les reverser immédiatement aux salariés et informer le représentant des salariés (Cass. soc. 10 janvier 2006, 04-14008, *JCP soc.* 2006, 1442 ; Cass. soc. 18 mars 2008, 07-13472, *Act. proc. coll.* 2008, n° 113 ; Cass. soc. 16 décembre 2008, 07-16446, *Act. proc. coll.* 2009, n° 80).

Le versement par l'AGS est donc en principe subsidiaire, mais ce principe n'est pas absolu. Ainsi la Cour de cassation a admis la garantie de l'AGS pour les salariés membres d'un groupement alors que ces membres ont une responsabilité solidaire vis-à-vis des salariés en cas de défaillance du groupement (V. Fiche n° 7 : Cass. soc. 9 mars 2004, 02-41851, *Bull. civ.* V, n° 74, *Act. proc. coll.* 2004, n° 124). De même, elle a admis le maintien de la garantie alors que l'entreprise redevient in bonis (Cass. soc. 13 juin 2001, 99-42351, *Act. proc. coll.* 2001, n° 194).

Le paiement doit être effectué même si l'entreprise n'est pas à jour de ses cotisations (C. trav., art. L 3253-7) ou si les sommes sont contestées par un tiers (C. trav., art. L 3253-15).

En application de l'article L 3253-21 du Code du travail, l'AGS doit effectuer ces paiements dans des délais précis, à savoir :

- dans les 5 jours suivant la réception des relevés n° 1 et 3 (voir Fiche n° 11) ;
- dans les 8 jours suivant la réception des deux autres relevés.

B. Les recours de l'AGS

Le paiement assuré par l'AGS lui permet d'exercer un recours pour être remboursé. L'article L 3253-16 du Code du travail prévoit **un recours subrogatoire dans les droits des salariés pour les avances faites dans le cadre de la sauvegarde**, en d'autres termes elle est considérée comme un créancier postérieur privilégié pouvant demander le remboursement immédiat des indemnités de rupture avancées. Il est donc nécessaire que le débiteur en sauvegarde anticipe cette éventuelle demande de remboursement. Il est toutefois possible de négocier avec l'AGS un étalement de son remboursement, pour permettre le redressement de l'entreprise. **En cas de redressement et de liquidation judiciaire, l'AGS est également subrogée dans les droits des salariés pour les créances superprivilégiées.** Elle n'a donc pas à les déclarer et elle est payée sur les premiers fonds disponibles devant les autres créanciers. Lors de la vente d'un bien grevé d'un privilège spécial, elle est également payée par priorité absolue (C. com., art. L 626-22). Enfin, par le jeu de cette subrogation, aucun délai ni remise ne peut lui être imposé dans le plan de sauvegarde (C. com., art. L 626-20). En revanche pour les autres créances, elle n'est plus subrogée dans les droits des salariés et elle doit déclarer sa créance, dans un délai particulier prévu par l'article R 622-21 du Code de commerce, soit 15 jours après l'expiration des délais de règlement prévus par l'article L 3253-21 du Code du travail (V. *supra*). Elle peut demander à être relevée de forclusion dans un délai de 6 mois à compter de l'expiration du délai pendant lequel les créances résultant du contrat de travail sont garanties par ces institutions (C. com., art. L 622-26).

À retenir

	Les personnes prises en charge par l'AGS
Les entreprises	• Tous les employeurs de droit privé : c'est-à-dire – les personnes morales de droit privé, y compris les groupements d'employeurs même lorsqu'elle gère un service public ; – les personnes physiques comme les artisans, les commerçants, les agriculteurs, les professions libérales ; • L'employeur doit faire l'objet d'une procédure collective, que ce soit une procédure de sauvegarde, de redressement ou de liquidation judiciaire ; • Voir pour une application à une liquidation sanction : Cass. soc. 15 juin 2010.
Les salariés	• Tous les salariés : – peu importe la nature du contrat de travail, sauf les stagiaires, dès lors que le contrat de travail existe et qu'il n'est pas fictif ; – y compris les salariés étrangers travaillant en France de manière irrégulière ; – y compris pour les salariés expatriés ou détachés à l'étranger dès lors que la procédure collective est ouverte en France ;

À retenir

Les salariés	– y compris pour les salariés travaillant en France alors que leur employeur est établi dans un autre pays de l'Union européenne ; – y compris pour les salariés travaillant en France alors que leur employeur étranger est soumis à une procédure collective d'apurement du passif en France ou dans un pays extérieur à l'Union européenne mais ayant fait l'objet d'une procédure d'exequatur.

Les créances garanties par l'AGS

- Pour toutes les créances, la garantie de l'AGS est limitée à des plafonds :
  - 6 fois le plafond mensuel retenu pour le calcul des contributions pour les contrats de travail conclus depuis plus de 2 ans avant l'ouverture de la procédure collective ;
  - 5 fois ce plafond pour les contrats conclus entre 6 mois et 2 ans ;
  - 4 fois ce plafond pour les contrats conclus depuis moins de 6 mois.
- Cela vaut en sauvegarde, redressement ou liquidation judiciaire.

	Sauvegarde	Redressement judiciaire	Liquidation judiciaire
Salaires dus avant le jugement d'ouverture (JO)	**Non**	**Oui** dans la limite de la prescription triennale. Cela inclut aussi la participation et l'intéressement, le remboursement des frais professionnels.	**Oui** comme pour le redressement.
Indemnités de rupture dues avant le JO	**Non**	**Oui** Cela inclut les indemnités de licenciement, de congés payés, de préavis, de précarité, de non concurrence, celles pour défaut de cause réelle et sérieuse, d'irrégularité de procédure.	**Oui** comme pour le redressement.

À retenir	Sauvegarde	Redressement judiciaire	Liquidation judiciaire
Salaires dus après le JO	**Non**	**Non**	**Oui** dans la limite d'un mois et demi de salaire pendant le maintien provisoire de l'activité ou dus pendant les 15 jours qui suivent le jugement de liquidation ou 21 jours en cas de PSE.
Indemnités de rupture intervenant après le JO	**Oui** mais sous deux conditions : – Le licenciement doit intervenir régulièrement pendant la période d'observation ou dans le mois qui suit le jugement arrêtant le plan de sauvegarde. – Le mandataire doit prouver l'insuffisance des fonds.	**Oui** à la condition que le licenciement intervienne régulièrement pendant la période d'observation, dans le mois qui suit le jugement arrêtant le plan de redressement. Cela vise toutes les conséquences financières d'une rupture, y compris les clauses de non-concurrence, les droits acquis au titre d'un CET.	**Oui** mais le licenciement doit intervenir régulièrement dans le mois qui suit le plan de cession ou dans les 15 jours qui suivent le jugement de liquidation ou de 21 jours en cas de PSE ou pendant le maintien provisoire de l'activité.
Mécanisme de garantie			
• Paiement au mandataire et non aux salariés : c'est ensuite le mandataire qui reverse les fonds. • Demande de remboursement par un recours en principe subrogatoire dans les droits des salariés auprès du débiteur.			

Pour en savoir plus

- Y. Chagny, « L'AGS doit-elle sa garantie en cas de procédure d'insolvabilité de l'employeur constatée judiciairement à l'étranger ? », *Dr. sociétés* 2003, p. 837.
- Ph. Duprat et B. Saintourens, « Les droits des salariés dans l'ordonnance du 18 décembre 2008 portant réforme du droit des entreprises en difficulté », *Gaz. pal.* 10 mars 2009, n° 69, p. 40.
- P. Lyon-Caen, « Le double plafond de l'AGS : mythe ou réalité », *DS* 1999, p. 152.
- T. Météyé, « L'intervention de l'AGS dans les procédures de sauvegarde », *Gaz. pal.* 2006, doct. p. 2226.
- T. Météyé, « L'AGS au secours des entreprises en difficulté », *Cah. dr. ent.* mars 2007, n° 2, dossier 6.
- T. Météyé, « La place de l'AGS dans les procédures collectives », *Rev. proc. coll.* mars 2008, p. 11.
- Ph. Pétel, « L'AGS et la réforme des procédures collectives », *RJcom.* 2006, p. 174.
- F. Taquet, « Le nouveau champ d'application de l'AGS », *Rev. proc. coll.* 2005, p. 295.
- B. Soinne, « Le remboursement de l'AGS », *DS* 1986, p. 678.
- B. Soinne, « A propos de la notion de fonds disponibles au sens de l'article L 621-131 Nouveau du Code de commerce », *Rev. proc. coll.* 2001, p. 59.

Pour s'entraîner

Commentaire de l'arrêt Moulinex du 8 février 2012, n° 10-12906 10-13405 10-13521, Publié au Bulletin, partiellement reproduit

LA COUR DE CASSATION, CHAMBRE SOCIALE, a rendu l'arrêt suivant :

Vu leur connexité, joint les pourvois C 10-13. 405, D 10-13. 521 et K 10-12. 906 ;

Attendu, selon l'arrêt attaqué (Caen, 18 décembre 2009), que par jugement du 22 octobre 2001 le tribunal de commerce a arrêté un plan de redressement de la société Moulinex par voie de cession partielle d'actifs au profit de la société SEB et a autorisé le licenciement de salariés pour motif économique ; que des salariés ont saisi le conseil de prud'hommes afin que soient fixées au passif de la société Moulinex diverses sommes à titre de dommages et intérêts pour licenciement sans cause réelle et sérieuse ;

(...)

Mais attendu, d'abord, qu'ayant retenu que le directeur des ressources humaines avait agi pour l'exécution du jugement du tribunal de commerce sous la direction et le contrôle des administrateurs judiciaires et que ceux-ci n'allèguent aucun excès de pouvoir sur ce point, la cour d'appel a caractérisé une délégation implicite de pouvoir par les mandataires de justice et une ratification implicite par eux des actes passés en exécution du jugement, les rendant ainsi opposables à l'AGS ;

Attendu, ensuite, que, selon les articles L. 3253-8 et L. 3253-9 du code du travail, sont couvertes par l'assurance contre le risque de non-paiement les créances résultant du licenciement de salariés bénéficiaires d'une protection particulière relative au licenciement dès lors que l'administrateur, l'employeur ou le liquidateur, selon le cas, a manifesté son intention de rompre le contrat de travail dans le mois suivant le jugement qui arrête le plan de sauvegarde, de redressement ou de cession; que c'est dès lors à bon droit que la cour d'appel a retenu que ces salariés ayant été convoqués à un entretien préalable au licenciement dans le mois suivant le jugement arrêtant le plan de cession, l'AGS devait garantie, peu important, s'agissant de M. F..., qu'à la suite d'un refus de l'inspecteur du travail, la demande d'autorisation de licenciement dont il n'est pas allégué qu'elle portait sur des motifs différents ait été réitérée;

Qu'il s'ensuit que le moyen n'est pas fondé;

Sur le second moyen :

Attendu que l'AGS fait grief à l'arrêt de dire qu'elle devait garantir les indemnités allouées aux salariés protégés au titre de l'inexécution du plan social, alors, selon le moyen :

1°/ que sont couvertes par la garantie de l'AGS notamment les créances salariales résultant de la rupture des contrats de travail intervenant dans le mois suivant le jugement qui arrête le plan de sauvegarde, de redressement ou de cession et que ne saurait être considérée comme résultant de la rupture du contrat de travail et de nature à engager la garantie de l'AGS, la créance née d'un plan social adopté postérieurement à l'expiration du délai de garantie; que la cour d'appel a constaté que le délai de la garantie de l'AGS, au titre des indemnités de rupture, expirait le 22 novembre 2001, lorsqu'il était par ailleurs constant que le plan social avait été adopté le 13 décembre 2001, ce dont il résultait que les créances nées de l'inexécution du plan social n'entraient pas dans le champ d'application de la garantie de l'AGS; qu'en considérant néanmoins que la date à laquelle le plan social avait été adopté était indifférente, la cour d'appel a violé l'article L. 3253-8 du code du travail;

2°/ que la créance qui naît de l'inexécution d'une obligation de faire s'analyse en une dette de dommages et intérêts dont le fait générateur réside dans l'inexécution du débiteur, non pas en une modalité d'exécution de l'obligation par lui souscrite et moins encore en une somme d'argent qu'il se serait engagé à payer; qu'en se fondant sur la règle d'après laquelle la garantie de l'AGS s'étend aux sommes prévues par les plans sociaux pour favoriser le reclassement des salariés pour en déduire qu'elle s'appliquait aux dommages et intérêts dus au titre de l'inexécution de l'obligation prise par l'employeur d'offrir des emplois aux salariés et en retenant qu'ils constituaient une modalité d'exécution de ladite obligation, la cour d'appel a violé l'article L. 3253-8 du code du travail, ensemble l'article 1142 du code civil;

Mais attendu, d'abord, que la garantie de l'AGS s'étend aux sommes prévues par les plans de sauvegarde de l'emploi pour favoriser le reclassement des salariés, y compris à l'extérieur de l'entreprise ou du groupe auquel elle appartient, ainsi qu'aux dommages et intérêts réparant l'inexécution d'un engagement tendant à ces reclassements;

Attendu, ensuite, qu'ayant constaté que l'engagement de l'employeur de présenter un nombre minimal d'offres valables d'emploi en vue de faciliter le reclassement externe des salariés avait été pris à une date antérieure au jugement arrêtant le plan de cession, la cour d'appel en a déduit à bon droit, abstraction faite d'un motif surabondant critiqué par la seconde branche, et peu importants qu'un tel engagement ne soit exécutable qu'après le licenciement des intéressés, que l'AGS devait garantir les sommes allouées à titre de dommages et intérêts pour réparer le préjudice résultant de son inexécution;

Qu'il s'ensuit que le moyen n'est pas fondé;

PAR CES MOTIFS : (...) REJETTE le pourvoi incident de l'AGS;

Éléments de réponse

Dans cette décision rendue le 8 février 2012 dans l'affaire Moulinex, la Cour de cassation précise la garantie de l'AGS en ce qui concerne les salariés et la créance prise en charge.

Suite au redressement judiciaire de la société Moulinex, le tribunal de commerce a arrêté un plan de redressement le 22 octobre 2001 par voie de cession partielle d'actifs au profit de la société SEB et autorisé le licenciement des salariés non repris pour motif économique. Ils ont alors saisi le conseil des prud'hommes pour que soit fixées au passif du débiteur des indemnités. L'AGS forme un pourvoi incident contre l'arrêt de cour d'appel qui a jugé qu'elle devait garantir les indemnités allouées aux salariés protégés.

Elle invoque une violation de l'article L 3253-9 du Code du travail en ce que la Cour d'appel a retenu comme date pertinente pour déterminer le moment de la manifestation d'intention, non pas la demande d'autorisation de l'inspection du travail, mais celle de la convocation à l'entretien préalable. L'AGS soulève également une violation des articles L 621-22 et L 621-64 alinéa 2 du Code de commerce, dans leur rédaction alors applicable aux faits de l'espèce, car ces lettres de convocation ont été signées par le directeur des ressources humaines et non pas l'administrateur chargé d'assister le débiteur dans tous les actes de la vie courante et que par conséquent ces actes lui sont inopposables. L'AGS conteste également sa garantie due pour les indemnités allouées aux salariés protégés au titre de l'inexécution du plan adopté plus d'un mois après le jugement adoptant le plan. Les deux problèmes soulevés dans cette décision sont donc : quelle date retenir pour caractériser la manifestation de volonté de licencier un salarié protégé au sens de l'article L 3253-9 du Code du travail ? L'AGS garantit-elle les indemnités allouées aux salariés au titre de l'inexécution du plan de sauvegarde de l'emploi ?

La Cour de cassation rejette le pourvoi incident de l'AGS dans ces deux aspects. Elle affirme que l'AGS doit garantir les créances résultant des licenciements des salariés bénéficiaires d'une protection particulière si l'administrateur a manifesté son intention de rompre le contrat dans le mois suivant le jugement arrêtant le plan de redressement ou de cession. Que cette intention est manifestée dès lors que les salariés ont été convoqués à leur entretien individuel, peu important, s'agissant de l'un d'entre eux, qu'à la suite d'un refus de l'inspecteur du travail, la demande d'autorisation de licenciement dont il n'est pas allégué qu'elle portait sur des motifs différents ait été réitérée. De plus, « la garantie de l'AGS s'étend aux sommes prévues par les plans de sauvegarde de l'emploi pour favoriser le reclassement des salariés, y compris à l'extérieur de l'entreprise ou groupe auquel elle appartient, ainsi qu'aux dommages-intérêts réparant l'inexécution d'un engagement ». Dès lors que l'employeur avait pris l'engagement de présenter un nombre minimal d'offres valables de reclassement avant le jugement arrêtant le plan, peu important que cet engagement ne soit exécutable qu'après le licenciement des intéressés, l'AGS devait garantir les sommes allouées à titre de dommages-intérêts pour réparer le préjudice résultant de son inexécution.

Il conviendra donc de voir d'abord le champ d'application ratione personae *puis celui* ratione materiae *de la garantie AGS.*

I. Les salariés protégés, bénéficiaires de la garantie AGS

La Cour de cassation apporte des précisions quant à la manifestation de volonté et quant à l'auteur de cette manifestation de volonté.

A. Des précisions quant à la manifestation de volonté

Les indemnités de rupture des salariés protégés sont prises en charge par l'AGS comme pour tous les autres salariés. Cette prise en charge est conditionnée par la mise en œuvre de la procédure de licenciement dans des délais précis fixés par l'article L 3253-8 du Code du travail. Ainsi, lorsque le tribunal adopte un plan de sauvegarde, de redressement ou de cession, le licenciement doit intervenir dans le mois qui suit. Ce délai est parfois difficile à respecter notamment pour les salariés protégés, dont la procédure de licenciement est particulière. En effet, les salariés titulaires d'un mandat représentatif ne peuvent être licenciés qu'après avoir obtenu l'autorisation préalable de l'inspection du travail. C'est pourquoi l'article L 3253-9 du Code du travail prévoit que pour ces salariés, il suffit que les organes de la procédure manifestent leur intention de licencier dans ce délai pour que la garantie fonctionne. Dans cette décision, la Cour de cassation reconnaît l'existence de cette manifestation par la convocation à leur entretien individuel, ce qui est une étape indispensable pour eux même dans un grand licenciement pour motif économique (Cass. soc. 10 mai 1999, 97-40510, Bull. civ. V, *n° 207; Cass. soc. 22 septembre 2010, 08-45227,* Act. proc. coll. *2010, 254). Cette manifestation de volonté n'est pas la seule forme possible, car les autres salariés bénéficiaires d'une protection, comme les accidentés du travail, n'ont pas nécessairement droit à cet entretien. De plus, la Cour de cassation a déjà admis que cette volonté pouvait se manifester par un courrier envoyé par l'administrateur indiquant au salarié qu'il allait être licencié (Cass. soc. 2 octobre 2001, 99-45346,* Bull. civ. V, *n° 295) ou en sollicitant la demande d'autorisation auprès de l'inspection du travail, ce qu'invoquait le pourvoi (Cass. soc. 6 juin 2007, 05-40892,* JCP soc. *2007, 1761). Ce qui compte c'est le caractère non équivoque de cette volonté, ce qui est le cas de convocation à l'entretien pour licenciement pour motif économique. Sur ce point, la décision doit être approuvée.*

B. Des précisions quant à l'auteur de la manifestation de volonté

En revanche, elle soulève beaucoup plus de réserves quant à la reconnaissance d'une délégation de pouvoir de l'administrateur au profit du directeur des ressources humaines, qui peut valablement manifester la volonté de licencier des salariés protégés. Certes le représentant légal de la société peut déléguer le pouvoir de licencier à l'un de ses salariés, dans des conditions qui sont parfois assez souples, puisque la délégation implicite peut-être autorisée. Dans cette affaire, la Cour de cassation indique que le directeur des ressources humaines était sous le contrôle et la direction de l'administrateur et qu'il avait agi pour l'exécution du jugement du tribunal de commerce. Par ailleurs, il y a avait eu une ratification implicite par l'administrateur de ces actes. Même si cette délégation est délimitée aux seuls actes de convocation aux entretiens, cette possibilité soulève au moins deux interrogations.

La première concerne la méconnaissance des fonctions attribuées par le Code de commerce aux organes de la procédure. L'administrateur est chargé au moins d'assister le débiteur dans le cadre d'une procédure de redressement (C. com., art. L 631-12). L'article L 631-17 prévoit d'ailleurs qu'il revient à l'administrateur de procéder aux licenciements pendant la période d'observation. La solution aurait peut-être pu être différente dans le cadre de la sauvegarde puisque par principe, le débiteur reste libre de gérer son entreprise sous la simple surveillance de l'administrateur. Par ailleurs, elle admet une délégation implicite de pouvoir, source d'insécurité juridique dans le cadre d'une procédure collective qui n'a pas besoin d'un tel contentieux. Voyons à présent la créance garantie.

II. Les indemnités d'inexécution du PSE, créance garantie par l'AGS

La Cour de cassation apporte une nouvelle précision sur les indemnités de rupture prises en charge par l'AGS : elle admet cette garantie pour les indemnités dues pour le défaut d'exécution du plan de sauvegarde de l'emploi. Elle prend déjà en charge les indemnités dues pour le défaut de sa mise en place par les organes de la procédure, ainsi que celles pour inexécution tardive d'engagements pris dans le plan social (Cass. soc. 14 novembre 2001, 99-46298, DS *2002, 117). Il s'agit d'une décision favorable aux salariés. Elle confirme ainsi la volonté de garantir au maximum toutes les conséquences financières de la rupture, comme les contreparties financières des clauses de non-concurrence ou bien encore les droits acquis au titre du CET (Cass. soc. 7 avril 2010, 09-40015,* Act. proc. coll. *2010, n° 141).*

Cependant, elle suscite une interrogation dans la mesure où cette inexécution est postérieure à la rupture, puisque les mesures du plan sont prévues pour être exécutées précisément après, à la différence de l'obligation de reclassement. La Cour de cassation distingue d'ailleurs le défaut de mise en place du celui de mise en œuvre, puisqu'elle indique que l'inexécution du PSE ne permet pas aux salariés de demander la nullité de leur licenciement, mais seulement une indemnisation (Cass. soc. 25 juin 2008, 07-41065, RDT *octobre 2008, p. 600). Pourrait-elle alors garantir les indemnités pour défaut de remise du certificat de travail (la Cour de cassation vient de l'admettre (Cass. soc. 12 février 2014, 12-29168 ; voir* contra *avant : Cass. soc. 13 janvier 1999, 96-45428, Act. proc. coll. 1999-4 n° 55) ? Certaines précisions restent encore à donner.*

Fiche 13

Les salariés d'une entreprise placée en sauvegarde

Définition

Sauvegarde : procédure collective ouverte à la demande d'un débiteur qui, sans être en cessation des paiements connaît de graves difficultés, souhaite se placer sous la protection de la justice pour réorganiser son entreprise et surmonter ses difficultés.

I. Présentation de la sauvegarde

Il s'agit d'une procédure collective qui a été introduite dans le Code de commerce aux articles L 620-1 et s. par la loi du 27 juillet 2005. Elle ne peut être ouverte qu'à l'initiative du débiteur lorsqu'il rencontre des difficultés qu'il ne peut surmonter, sans pour autant être en état de cessation des paiements. L'entreprise reste au contraire *in bonis*. Ces difficultés peuvent être de différentes natures : économique, juridique, financière. Lorsque ces conditions sont réunies, le tribunal de commerce en principe compétent pour les procédures collectives concernant les commerçants personnes physiques ou morales, doit ouvrir cette procédure sans tenir compte des mobiles du débiteur (arrêt Cœur Défense, 8 mars 2011, 10-13988, 10-13989, 10-13990, *D.* 2011, p. 1441, *D.* 2011, p. 919, *Act. proc. coll.* 2012, n° 50).

Il s'agit d'une procédure volontaire, permettant au débiteur de se mettre sous la protection du tribunal, puisque son passif antérieur va être gelé, les créanciers ne pouvant plus agir pour lui demander le paiement de leurs créances (C. com., art. L 622-7). La finalité est de mettre un terme à ces difficultés en trouvant une solution judiciaire collective et que l'entreprise retrouve son activité, grâce à l'adoption d'un plan de sauvegarde. Dans l'attente de cette décision, l'entreprise est placée en période d'observation. Ce cadre général explique bon nombre de règles concernant les salariés.

II. Le rôle des salariés et des institutions représentatives du personnel

De manière générale, les syndicats n'ont aucun rôle spécifique et le rôle des institutions représentatives est très limité. Ainsi, elles ne peuvent pas assigner leur employeur en ouverture d'une procédure collective, sauf si le comité d'entreprise est créancier de l'employeur. Dans la procédure de sauvegarde, elles ne peuvent pas demander la conversion de la sauvegarde en redressement ou en liquidation judiciaire (C. com., art. L 622-10). Elles peuvent seulement informer le tribunal ou le ministère public de l'existence de la cessation des paiements et elles seront consultées en cas de conversion. Les institutions représentatives du personnel ne jouent aucun rôle également dans l'élaboration du plan de sauvegarde par les comités de créanciers.

Les salariés ne sont pas membres des comités de créanciers. Le représentant des salariés a un rôle également très ponctuel (V. Fiche n° 10). À côté de cette institution particulière, le comité d'entreprise et les délégués du personnel doivent désigner leurs représentants qui seront ensuite auditionnés, consultés. Cela facilite la communication puisque ce n'est pas tout le comité d'entreprise ou l'ensemble des délégués du personnel qui est informé.

A. Les informations et consultations prévues

Avant même l'ouverture d'une procédure de sauvegarde, l'employeur doit consulter le comité d'entreprise au titre de sa compétence générale relative à la situation économique de l'entreprise (C. trav., art. L 2323-1 et L 2323-6).

Outre leur rôle dans la procédure de licenciement économique (Voir infra), l'administrateur ou le débiteur doit informer et consulter le comité d'entreprise ou à défaut les délégués du personnel sur le bilan économique et social qui doit être établi (C. com., art. L 626-8 alinéa 2). Le débiteur chargé, depuis la réforme du 18 décembre 2008, d'élaborer le plan de sauvegarde doit également procéder à cette consultation sur les mesures qu'il envisage de proposer dans le projet de plan au vu des informations et offres reçues (C. com., art. L 626-8, alinéa 1). Cette consultation aura lieu pendant toute l'élaboration du projet de plan de sauvegarde, en cas de modification ou de précision.

Il est aussi informé et consulté dans le cadre de l'article L 626-3 en application de l'article L 2323-44 du Code du travail, c'est-à-dire lorsque le projet de plan de sauvegarde prévoit des modifications de capital.

B. Les auditions par le tribunal

Le juge doit auditionner les représentants de ces institutions avant de prendre plusieurs décisions importantes :

- avant de statuer sur la demande d'ouverture de la procédure de sauvegarde (C. com., art. L 621-1) ;
- avant d'adopter le plan de sauvegarde (C. com., art. L 626-9) ou de le modifier (C. com., art. L 626-26) ;
- avant de convertir la sauvegarde en redressement ou en liquidation judiciaire (C. com., art. L 622-10).

Pour la chambre commerciale de la Cour de cassation, l'absence de consultation n'est pas une atteinte à un droit fondamental garanti par le règlement européen (Cass. com., 27 juin 2006, 03-19863, *D.* 2006, p. 2257, *JCP G*, 2006, II, 10147).

C. L'exercice des voies de recours

En vertu de l'article L 661-1, I du Code de commerce, le comité d'entreprise ou à défaut les délégués du personnel ou à défaut le représentant des salariés peut exercer les voies de recours à l'encontre des décisions arrêtant, modifiant ou résolvant le plan de sauvegarde. Le représentant des salariés n'étant en place que durant la procédure collective ne remplace ces institutions que pour la décision arrêtant le plan de sauvegarde : il ne peut pas exercer les voies de recours pour celles concernant son évolution ou sa résolution (Cass. soc. 30 janvier 2013, 11-22979, *Act. proc. coll.* 2013-5, comm. 58). Cette voie de recours est également ouverte à l'encontre de la décision prononçant une liquidation judiciaire pendant la période d'observation.

En revanche, il n'est pas prévu que les salariés ou leurs représentants puissent interjeter appel ou exercer une voie de recours contre la décision d'ouverture de la sauvegarde, qui a pourtant des conséquences majeures pour tous les salariés de l'entreprise.

III. La gestion du personnel pendant la période d'observation

Il faut tout d'abord noter que l'entreprise n'étant pas en état de cessation des paiements et à la différence du redressement judiciaire (V. Fiche n° 14), il est impossible de faire annuler un contrat de travail conclu avant le jugement d'ouverture au titre des nullités des périodes suspectes, et notamment en cas de déséquilibre. Les risques de contentieux reposeraient alors sur l'action paulienne de l'article 1167 du Code civil qui suppose d'apporter la preuve difficile de la fraude aux droits des créanciers. Étudions le sort du personnel pendant la période d'observation.

A. La conclusion des contrats de travail pendant la période d'observation

Tout d'abord, le chef d'entreprise reste par principe à la tête de son entreprise (C. com., art. L 622-1 alinéa 1). Si un administrateur est nommé, sa fonction est très limitée : il a au mieux un rôle d'assistance, son rôle pouvant être limité à certains actes ou n'être qu'une mission de surveillance. Par conséquent, le plus souvent, le chef d'entreprise reste maître de la gestion de son personnel, et c'est donc lui qui prend toutes les décisions concernant les salariés. En revanche en cas de nomination d'un administrateur avec mission d'assistance du débiteur, la question mérite d'être approfondie : l'un ou l'autre peuvent-ils agir ou au contraire doivent-ils être deux pour prendre toutes les décisions concernant les salariés ? Selon l'article L 622-3 du Code de commerce, le débiteur peut faire seul les actes de gestion courante comme dans le cadre du redressement judiciaire. C'est la jurisprudence qui est venue préciser cette notion. Elle a ainsi jugé que la conclusion des contrats de travail pouvait être ou non un acte de gestion de courante en fonction de la nature du contrat conclu ou du poste occupé par le salarié. Il faut que le contrat relève de l'activité normale de l'entreprise. (V. Fiche n° 14).

B. Le paiement des salaires

L'AGS ne prend pas en charge les salaires dus aux salariés avant le jugement d'ouverture ni ceux dus pendant la période d'observation, car l'entreprise n'est pas en état de cessation des paiements (V. Fiche n° 12). Il faut cependant souligner un arrêt de la Cour de cassation qui a étendu cette garantie en cas de conversion en redressement ou en liquidation judiciaire (Cass. soc. 21 janvier 2014, 12-18421, *Act. proc. coll.* 2014, n° 45).

L'existence d'un jugement d'ouverture de sauvegarde ne rend pas exigibles les créances non échues à la date de son prononcé et toute clause contraire est réputée non écrite (C. com., art. L 622-9).

Selon l'article L 622-7 du Code de commerce, les **créances antérieures** au jugement d'ouverture ne peuvent plus être payées, le paiement encourant alors la nullité absolue. Il faut cependant préciser qu'il existe des exceptions parmi lesquelles figurent les créances salariales et notamment celles superprivilégiées qui doivent être payées dans les 10 jours qui suivent le jugement d'ouverture (V. Fiche n° 11).

Pour les **créances postérieures**, l'article L 622-17 prévoit le paiement à échéance des créances nées régulièrement après ce jugement d'ouverture pour les besoins de la procédure collective ou de la période d'observation ou en contrepartie d'une prestation due au débiteur. Le contrat de travail étant un contrat à exécution successive, même s'il a été conclu avant le jugement d'ouverture, les salaires dus en contrepartie d'une prestation de travail postérieure au jugement d'ouverture sont des créances postérieures nées régulièrement. On peut également considérer qu'il s'agit de créances utiles, car les salaires sont la contrepartie de prestation fournie au débiteur et pour les besoins de période d'observation. Par conséquent, ces salaires et autres indemnités bénéficient d'un traitement privilégié. Les salaires sont donc versés normalement à échéance pendant la période d'observation. Si le débiteur refuse de payer cette créance, le salarié peut exercer son droit de poursuite individuelle, les voies d'exécution même si il ne peut pas saisir les sommes versées à la Caisse des dépôts et consignations (C. com., art. L 662-1). Enfin, à défaut, ces sommes sont payées par priorité des autres créanciers.

La question a été soulevée de savoir si les indemnités de rupture des licenciements prononcés pendant la période d'observation pouvaient bénéficier du traitement de l'article L 622-17. La Chambre sociale a donné une réponse positive (Cass. soc. 16 juin 2010, 08-19351, *D.* 2010, p. 1550, *Rev. proc. coll.* 2010, n° 245 et *Rev. proc. coll.* 2012, n° 47, *Gaz. pal.* 15-16 oct. 2011, p. 27), à la différence de la chambre commerciale qui considère que les indemnités de rupture des autres contrats ne sont pas nées pour les besoins de la procédure (Cass. com., 5 octobre 2010, 09-70249, *D.* 2010, p. 2428).

C. Le licenciement des salariés pendant la période d'observation

La rupture des contrats de travail échappe à la réglementation des contrats en cours concernant les autres cocontractants du débiteur (C. com., art. L 622-13). Il convient en effet d'appliquer les règles du licenciement pour motif économique pour pouvoir rompre les contrats de travail des salariés en invoquant la sauvegarde et donc un motif non inhérent à la personne du salarié. La question se pose également de savoir s'il revient à l'administrateur de procéder aux licenciements des salariés. Lorsqu'il n'est pas nommé, ce pouvoir revient au débiteur. En cas de nomination d'un administrateur, son concours sera nécessaire en cas de mission d'assistance. Pour d'autres types de rupture du contrat, comme une mise à la retraite, les juges pourraient considérer qu'il s'agit d'un acte de gestion courante que peut faire seul le débiteur (Voir pour l'ancien redressement judiciaire simplifié : Cass. soc. 21 décembre 2006, 06-48151).

À la différence de ce qui existe pour le redressement judiciaire (V. Fiche n° 14), les auteurs de la loi de sauvegarde de 2005 n'ont pas voulu instaurer un régime dérogatoire au droit commun du licenciement, car l'entreprise est *in bonis* et la procédure de sauvegarde ne doit pas être un moyen d'écarter les garanties issues du Code du travail. Par conséquent, **il n'y a aucun aménagement particulier et la procédure dépendra donc du nombre de salariés licenciés.** Le débiteur sera donc tenu de reclasser les salariés, d'établir éventuellement un plan de sauvegarde de l'emploi, de consulter les représentants du personnel présents dans l'entreprise, et pour celles dont l'effectif dépasse 1 000 salariés de respecter le congé reclassement (C. trav., art. L 1233-75), l'obligation de revitaliser les bassins de l'emploi (C. trav., art. L 1233-84) voire celle de trouver un repreneur en application de la loi Florange du 29 mars 2014 n° 2014-384.

De plus, il n'existe aucune autorisation particulière à demander au juge-commissaire pendant la période d'observation. Par conséquent, il est possible d'avoir un contentieux sur la cause réelle et sérieuse du licenciement économique. Les difficultés qui justifient l'ouverture de la sauvegarde ne correspondent pas nécessairement à celles pouvant fonder un licenciement économique, le juge prud'homal exigeant des difficultés économiques uniquement, suffisamment graves. Or, par hypothèse, l'entreprise n'est pas en état de cessation des paiements.

Le licenciement individuel et le petit licenciement collectif

Pour le licenciement individuel, l'employeur doit fixer éventuellement les critères d'ordre et mettre en place l'obligation de reclassement et consulter le comité d'entreprise ou à défaut les délégués du personnel sur le fondement des articles L 2323-44 et 2323-15 du Code du travail. À défaut de reclassement, il doit convoquer le salarié à un entretien préalable 5 jours ouvrables minimum avant, faire cet entretien au cours duquel il lui proposera le contrat de sécurisation professionnelle, puis notifier son licenciement dans un délai de 7 jours ouvrables pour les non-cadres et de 15 jours pour les cadres, puis dans les 8 jours qui suivent il doit informer par écrit la Direccte de cette procédure. Pour le licenciement collectif de 2 à 9 salariés, cette procédure doit être précédée d'une consultation spécifique du comité d'entreprise ou à défaut des délégués du personnel portant sur le projet de licenciement (C. trav., art L 1233-8).

Le grand licenciement collectif

Pour le grand licenciement économique de 10 salariés et plus dans une entreprise d'au moins 50 salariés, il faut consulter au moins 2 fois le comité d'entreprise, ou à défaut les délégués du personnel, dans un délai minimal de 15 jours et maximal de 2 mois si le licenciement concerne au plus 99 salariés, de 3 mois entre 100 et 249 et de 4 mois à partir de 250 salariés (C. trav., art. L 1233-30) et cela même si un accord collectif est négocié avec les organisations syndicales. L'employeur peut, depuis la loi du 14 juin 2013, négocier cet accord avant même la procédure de consultation ou après. Si elle a commencé, les négociations doivent alors respecter ces délais de 2 à 4 mois. Si un accord est négocié, il est envoyé à la Direccte qui a 15 jours pour le valider ; à défaut d'accord, c'est le document unilatéral établi par l'employeur qui lui est transmis, accompagné de l'avis du comité d'entreprise et elle a alors 21 jours pour l'homologuer. Le rôle de la Direccte est alors différent, puisque lorsqu'il s'agit d'un acte unilatéral, elle contrôle en plus de la légalité, le contenu du PSE au regard des moyens de l'entreprise ou du groupe, de l'importance du projet (C. trav., art. L 1233-57-3). La décision de la Direccte est ensuite notifiée à l'employeur et au comité d'entreprise à l'expiration du délai, et affichée dans l'entreprise en indiquant les voies de recours. Le silence gardé par l'administration pendant ce délai d'examen vaut acceptation ou homologation du projet. Les lettres de notification du licenciement ne peuvent intervenir qu'après la notification de la décision de la Direccte à l'employeur, dans un délai de 30 jours minimum à compter de cette notification ou à défaut, à l'expiration du délai d'examen de la demande (C. trav., art. L 1233-39).

IV. Le sort des salariés à l'issue de la période d'observation

À l'issue de la période d'observation dont la durée est de 6 mois en principe pouvant aller jusqu'à 18 mois (C. com., art. L 621-3), plusieurs issues sont possibles et le sort des salariés en sera alors bien différent.

Au mieux, l'entreprise ne connaît plus les difficultés qui ont été résolues grâce à l'ouverture de la procédure de sauvegarde. Par conséquent, la procédure de sauvegarde est clôturée et les salariés se retrouvent alors dans une situation de droit commun.

Il se peut aussi qu'un plan de sauvegarde soit décidé à l'issue de la période d'observation, permettant de réorganiser l'entreprise, en comportant un volet économique, social et financier. À la différence du plan de redressement, le plan de sauvegarde est préparé par le débiteur avec le concours de l'administrateur (C. com., art. L 626-2), puis adopté par le tribunal de commerce et transmis à la Direccte (C. com., art. L 626-8). Ce plan ne peut pas prévoir des remises de créances salariales ni des délais de paiement sans l'accord des salariés depuis l'ordonnance du 12 mars 2014 (C. com., art. L 626-20). En revanche, il doit préciser le niveau et les perspectives d'emploi. Des licenciements peuvent donc en résulter. Il s'agit alors de **la procédure de licenciement de droit commun**, qui sera mise en œuvre après l'adoption du plan et en fonction du nombre de licenciements. Il faut signaler que lorsqu'un PSE doit être établi, la Direccte n'a que 8 jours à compter de la réception de la demande postérieure au jugement adoptant le plan depuis l'ordonnance de 2014 pour valider le PSE établi par accord ou par acte unilatéral et non pas 15 ou 21 jours (C. trav., art. L 1233-58, III). Le silence vaut acceptation du PSE. De plus, les licenciements doivent être notifiés dans un délai d'un mois à compter du jugement qui arrête le plan de sauvegarde pour permettre la prise en charge par l'AGS des indemnités de licenciement (C. trav., art. L 3253-8), ce qui suppose d'aller très vite dans les consultations du comité d'entreprise. Le plan de sauvegarde peut prévoir aussi une cession partielle, mais non une cession totale de l'entreprise. Il faut alors appliquer les règles du plan de cession prévues à l'article L 642-5 du Code de commerce (V. Fiche n° 16).

La sauvegarde peut être convertie en redressement judiciaire, si l'entreprise se trouve en état de cessation des paiements ou si l'adoption d'un plan de sauvegarde est manifestement impossible et si la clôture de la procédure conduit de manière certaine et à bref délai à cette cessation des paiements (C. com., art. L 622-10). Dans ce cas, ce sont les règles du redressement judiciaire qui vont s'appliquer avec les exceptions prévues. Si la procédure de licenciement économique n'a pas abouti avant le jugement de conversion, il faut recommencer la procédure de consultation du comité d'entreprise qui aurait pu être engagée pendant la période d'observation de la sauvegarde (Cass. com., 5 novembre 2013, 12-25362, *Act. proc. coll.* 2013, n° 294).

Enfin, la sauvegarde peut être convertie en liquidation judiciaire si la situation révèle un état de cessation des paiements et un redressement manifestement impossible (C. com., art. L 622-11). Dans ce cas le tribunal met fin à la période d'observation et à la mission de l'administrateur qui aurait pu être désigné. Il revient alors au liquidateur de mettre en œuvre la procédure de licenciement, même si le jugement de conversion ne précise pas le sort de l'administrateur (Cass. soc. 15 novembre 2011, 10-17015, *BJE* 2012, p. 103 ; *Rev. proc. coll.* 2012, comm. 27). Il devra également recommencer la procédure de consultation du comité d'entreprise et ce sont les règles du licenciement économique applicables à la liquidation judiciaire qui vont régir le sort des salariés.

À retenir	
Les salariés dans une entreprise placée en procédure de sauvegarde	
Rôle des salariés et des institutions représentatives du personnel	• Consultation du comité d'entreprise ou à défaut des délégués du personnel : – avant l'ouverture de la sauvegarde ; – sur le bilan économique et social ; – sur le projet de plan de sauvegarde. • Auditions par le tribunal : – avant de statuer sur la demande d'ouverture ; – avant d'adopter le plan de sauvegarde ; – avant la conversion de la sauvegarde en redressement ou en liquidation.

À retenir	
Gestion du personnel pendant la période d'observation	• Le personnel est géré en **principe par le débiteur** qui reste à la tête de son entreprise. Si un administrateur est nommé avec mission d'assistance, le débiteur peut encore faire seul les actes de gestion courante, incluant les contrats de travail correspondant à l'activité normale de l'entreprise. • L'AGS ne garantit aucune créance antérieure au jugement d'ouverture de la sauvegarde. • Le licenciement des salariés est soumis pendant la période d'observation au droit commun du licenciement économique.
Sort des salariés à l'issue de la période d'observation	• Adoption possible d'un plan de sauvegarde qui peut envisager des licenciements pour motif économique soumis au droit commun. • En cas de conversion en redressement ou en en liquidation, ce sont alors les règles de ces procédures collectives qui s'appliquent.

Pour en savoir plus

- A. Arseguel et Th Météyé, « Les aspects sociaux de la procédure de sauvegarde », *Rev. proc. coll.* 2008, dossier 10.
- F. Dumont, « La cause économique du licenciement en procédure de sauvegarde : inquiétudes quant à la mise en œuvre du régime de droit commun », *Rev. proc. coll.* 2007, p. 65.
- Ph. Duprat et B. Saintourens, « Les droits des salariés dans l'ordonnance du 18 décembre 2008 portant réforme du droit des entreprises en difficulté », *Gaz. pal.* 10 mars 2009, n° 69, p. 40.
- Q. Urban, « Quelle est l'implication des institutions représentatives du personnel dans le traitement juridique des difficultés d'entreprise depuis la loi du 26 juillet 2005 ? », *Rev. proc. coll.* janv. févr. mars 2008, étude 6, p. 35.

Pour s'entraîner

Indiquez si la proposition est vraie ou fausse :

1) ***Les licenciements pour motif économique prononcés alors que l'entreprise est en procédure de sauvegarde sont soumis à une réglementation dérogatoire du droit commun.***

❑ ***vrai*** ❑ ***faux***

2) ***Les licenciements pour motif économique prononcés pendant la période d'observation doivent être autorisés par le juge-commissaire.***

❑ ***vrai*** ❑ ***faux***

3) ***L'AGS ne garantit pas les créances salariales antérieures au jugement d'ouverture.***

❑ ***vrai*** ❑ ***faux***

4) ***Malgré l'ouverture d'une sauvegarde, les accords de méthode précisant la procédure du licenciement économique restent applicables.***

❑ ***vrai*** ❑ ***faux***

Réponses

1) Faux, c'est au contraire le droit commun qui s'applique.

2) Faux.

3) Vrai, sauf si la procédure de sauvegarde est convertie en redressement ou liquidation judiciaire (Cass. soc. 21 janvier 2014, n° 12-18421, *Act. proc. coll.* 2014, n° 45).

4) Vrai.

Fiche
14

Les salariés d'une entreprise placée en redressement judiciaire

Définition

Redressement judiciaire : procédure collective ouverte lorsqu'un débiteur est en état de cessation des paiements lui permettant de sauver son entreprise grâce à l'adoption d'un plan de redressement par le tribunal.

I. Présentation générale du redressement judiciaire

Il s'agit d'un traitement judiciaire et collectif d'une entreprise qui est en état de cessation des paiements. Le but de cette procédure collective est de sauver l'entreprise pour qu'elle puisse perdurer, de conserver les emplois tout en apurant le passif. Elle va donc se caractériser par l'ouverture d'une période d'observation qui va permettre de rechercher un plan de redressement. Cette période d'observation se caractérise par la poursuite de l'activité, en principe gérée par un administrateur avec un arrêt des poursuites de la part des créanciers qui vont devoir déclarer leurs créances. Elle est réglementée par les articles L 631- 1 et s. du Code de commerce.

II. Le rôle des salariés et de leurs représentants

A. Les informations et consultations prévues

Avant même le dépôt de bilan, l'employeur doit consulter le comité d'entreprise ou à défaut, les délégués du personnel de cette démarche (C. trav., art. L 2323-44).

Lorsqu'un administrateur est nommé, ce qui est le principe dans le redressement, c'est à lui qu'il revient de convoquer les représentants du personnel pour respecter les différentes dispositions relatives à leur consultation ou leur information. Le non-respect de cette obligation engage sa responsabilité civile et pénale (Délit d'entrave reconnu par exemple : Cass. crim. 30 janvier 1996, 94-83505, *Bull. crim.* n° 53). À défaut, cette obligation incombe au chef d'entreprise.

De manière générale, il devra les consulter pour les mesures suivantes :

- sur le projet de plan de redressement par renvoi de l'article L 2323-44 à l'article L 631-18 du Code de commerce notamment lorsqu'il envisage le remplacement d'un ou plusieurs dirigeants, l'incessibilité des droits sociaux détenus ou des licenciements (C. com., art. L 631-19) ;
- sur le bilan économique et social (art. L 631-18 du Code de commerce) ;
- en cas de demande de conversion en liquidation judiciaire faite par le chef d'entreprise ou l'administrateur ;
- avant que le juge-commissaire ne donne son avis pour autoriser les licenciements urgents, inévitables et indispensables pendant la période d'observation (C. com. art. L 631-17) ;
- lorsqu'une cession totale ou partielle est envisagée (C. com. art. L 631-22 ; C. trav., art. L 2323-19).

B. Les auditions par le tribunal

Le juge devra auditionner les représentants du comité d'entreprise ou des délégués du personnel avant de se prononcer sur les mesures suivantes (C. trav., art. L 2323-45) :

- l'ouverture de la procédure de redressement (C. com., art. L 631-7) ;
- en cas de conversion du redressement en liquidation judiciaire (C. com., art. L 631-15 II) ;
- en cas d'adoption d'un plan de redressement prévoyant des licenciements (C. com., art. L 631-19) ;
- en cas d'adoption d'un plan de cession totale ou partielle (C. com., art. L 631-22).

C. L'exercice des voies de recours

En vertu de l'article L 661-1, I du Code de commerce, le comité d'entreprise ou à défaut les délégués du personnel peut exercer les voies de recours à l'encontre des décisions arrêtant, modifiant ou résolvant le plan de redressement. Le représentant des salariés, n'étant en place que durant la procédure collective, ne remplace ces institutions que pour la décision arrêtant le plan de redressement : il ne peut pas exercer les voies de recours pour celles concernant son évolution ou sa résolution (Cass. soc. 30 janvier 2013, 11-22979, *Act. proc. coll.* 2013-5, comm. 58). L'appel leur est également ouvert à l'encontre de la décision prononçant la liquidation judiciaire au cours de la période d'observation.

III. La gestion du personnel pendant la période d'observation

Pendant la période d'observation, l'entreprise continue de fonctionner et donc de faire travailler ses salariés. Plusieurs questions méritent d'être abordées : Quels sont les risques d'annulation des contrats de travail ? Qui recrute et prend les décisions relatives à ce personnel ? Les salariés sont-ils payés normalement ?

A. Nullité des contrats de travail déséquilibrés conclus pendant la période suspecte

La période suspecte est la période qui existe entre la cessation des paiements et le jugement d'ouverture du redressement judiciaire, qui peut faire remonter cet état 18 mois plus tôt. Pendant cette période, le débiteur est encore maître de la gestion de son entreprise et il a pu avantager un créancier ou organiser son insolvabilité. Le Code de commerce prévoit deux cas d'annulation : les nullités de plein droit (C. com., art. L 632-1) et les nullités facultatives (C. com., art. L 632-2).

Pour la première catégorie, le tribunal de la procédure collective doit annuler l'acte dès lorsqu'il correspond à la liste limitative sans aucun pouvoir d'appréciation, en tenant compte par exemple de la bonne ou mauvaise foi du débiteur. Sont visés les contrats commutatifs déséquilibrés, comme certains contrats de travail ainsi que les autorisations et les levées d'options d'actions réalisées par les salariés de l'entreprise.

Illustrations de contrats de travail déséquilibrés et annulés

Ont été reconnus comme tels les contrats fictifs (Cass. soc. 20 mai 1992, Bull. civ. V, *n° 92) ou celui dans lequel le salaire était manifestement disproportionné avec le service rendu (Cass. soc. 19 juin 2001,* Act. proc. coll. *2001, n° 197). Il se peut aussi que les juges regardent la capacité financière de l'entreprise pour caractériser le déséquilibre. Ainsi, le déséquilibre d'un contrat de qualification a été reconnu malgré l'existence d'une réglementation précise concernant la rémunération, les obligations de formation, la durée du contrat en raison du nombre limité de causes de rupture (Cass. soc. 29 octobre 2002,* JCP E *2003, 1399,* Act. proc. coll*; 2003-8, n° 102; Cass. soc. 15 juin 2004, 02-41623,* D. *2004, 2158; voir aussi : Cass. soc. 22 septembre 2001, 10-14036,* Act. proc. coll. *2011, n° 253).*

Illustration d'un contrat considéré comme équilibré : CA Dijon, 29 janvier 2009, n° 08/00329, Act. proc. coll. 2010, n° 191, Act. proc. coll. 2009, n° 108 :

> *La présence d'une clause de garantie d'emploi dans un contrat nouvelles embauches ne remet pas en cause l'équilibre du contrat. De plus, malgré le montant élevé du salaire, le contrat a été reconnu valable car cela correspondait effectivement aux pratiques habituelles, en termes de minimum conventionnel, de qualification et de niveau des fonctions.*

Pour les nullités facultatives, il faut établir que le créancier avait connaissance de l'état de cessation des paiements au moment où l'acte a été passé. De plus, le juge dispose d'un pouvoir d'appréciation et peut refuser d'annuler un acte alors même que les conditions sont réunies (Cass. com. 12 janvier 2010, 09-11119, *Bull civ.* IV, n° 5). Sur ce fondement, il est possible de faire annuler un contrat de travail qui ne serait pas particulièrement déséquilibré, puisque cette catégorie concerne notamment les actes à titre onéreux.

B. Conclusion des contrats de travail pendant la période d'observation

Pendant la période d'observation, l'entreprise est gérée par l'administrateur en principe lorsqu'il a une mission d'administration de l'entreprise. Par conséquent, c'est à lui qu'il revient de faire les actes de l'entreprise. Il faut cependant apporter plusieurs précisions. Certains actes sont totalement interdits, comme le paiement des créanciers antérieurs. Lorsqu'il s'agit d'un acte de disposition au sens de l'article L 622-7 du Code de commerce, il faut l'autorisation du juge-commissaire. Les actes de gestion courante de l'article L 622-3 peuvent être faits par le débiteur seul, même en cas de nomination d'un administrateur.

La Cour de cassation a ainsi précisé que la conclusion d'un contrat de travail pendant la période d'observation ne constituait pas un acte de disposition soumis à l'autorisation du juge-commissaire, mais ce n'est pas non plus un acte de gestion courante que peut faire seul le débiteur dès lors qu'il ne relève pas de l'activité habituelle de l'entreprise. Le débiteur peut donc conclure seul un tel contrat si la fonction du salarié et sa position dans l'entreprise relèvent de l'activité habituelle de l'entreprise. En revanche, dans les autres cas, il faut une intervention de l'administrateur au moment de la conclusion du contrat ou sa ratification ultérieure (Cass. soc. 17 octobre 2006, 04-45827, *JCP soc.* 2006, 1944, *Act. proc. coll.* 2007, n° 9).

Illustration de contrats de travail conclus pendant la période d'observation

> *A été considéré comme un acte de gestion courante la conclusion d'un contrat de travail à durée déterminée de 4 mois en raison d'un surcroît d'activité pour embaucher un chauffeur dans une entreprise de transport (Cass. soc. 21 septembre 2005, 03-41598,* JCP E *2006, n° 2, p. 71). Au contraire n'est pas considérée comme tel l'embauche d'un salarié en contrat à durée déterminée de 12 mois pour être mis à disposition d'une autre entreprise (Cass. soc. 17 octobre 2006, 04-45827,* JCP soc. *2006, 1944,* Act. proc. coll. *2007, n° 9).*

C. Le paiement des salaires

L'existence d'un jugement d'ouverture de redressement judiciaire ne rend pas exigibles les créances non échues à la date de son prononcé et toute clause contraire est réputée non écrite (C. com., art. L 631-14, I).

Les règles applicables sont les mêmes que celles applicables à la sauvegarde (V. Fiches n° 11 et 13).

Quant à la garantie AGS, elle couvre les créances salariales antérieures au jugement d'ouverture et les indemnités de rupture intervenant pendant la période d'observation ou dans le mois qui suit le jugement de redressement (V. Fiche n° 12).

IV. Le licenciement des salariés

Les licenciements des salariés peuvent intervenir à deux moments importants : pendant la période d'observation ou à son issue, au moment de l'adoption du plan de redressement. Avant d'étudier ces règles spécifiques, il convient de préciser plusieurs points communs.

C'est à l'administrateur nommé qu'il revient de procéder aux licenciements économiques (C. com., art. L 631-17), quels que soient les pouvoirs qui lui ont été conférés (Cass. Crim., 28 novembre 1995, 93-85808, *Bull.* n° 361). Qu'en est-il si le licenciement est notifié par le débiteur ? La Cour de cassation a parfois admis que le licenciement était inopposable à la procédure collective, mais le licenciement continue de produire ses effets entre les parties (Cass. soc. 28 juin 2001, 00-40986) ou parfois qu'il s'agissait d'une irrégularité de procédure permettant aux salariés d'obtenir une indemnisation, sans être considéré comme un défaut de cause réelle et sérieuse (Cass. soc. 11 juin 2008, 07-40352, *Bull. civ.* V, n° 131, *Act. proc. coll.* 2008-14, n° 224).

La procédure du licenciement économique est dérogatoire lorsque l'entreprise est en redressement judiciaire. Sont ainsi écartés plusieurs mécanismes du droit commun : le congé reclassement (C. trav., art. L 1233-75), l'obligation de revitaliser les bassins de l'emploi (C. trav., art. L 1233-84) ou celle de chercher un repreneur issue de la loi Florange du 29 mars 2014 n° 2014-384, les sanctions de l'inexistence d'un PSE validé par l'administration ou l'obligation de faire plusieurs réunions du comité d'entreprise. Il est en revanche prévu qu'à défaut de comité d'entreprise, les délégués du personnel sont consultés, quels que soient les effectifs de l'entreprise (Cass. soc. 29 mai 2013, 12-12952, *CSB* 2013, n° 254, p. 273). La question reste posée de savoir si en leur absence, le représentant des salariés qui a été désigné peut l'être à leur place, l'article L 621-4 du Code de commerce lui donnant cette compétence uniquement pour les fonctions qui leur sont attribuées dans le titre du code de commerce relatif aux procédures collectives (V. Fiche n° 10). Un arrêt de la Cour d'appel de Paris du 15 février 2013 (11/02814, *LEDEN* 2 mai 2013, n° 077) a accepté cette compétence.

A. Le licenciement pendant la période d'observation

Présentation générale

Il est à noter que le contrat de travail n'est pas soumis au régime des contrats en cours en application de l'article L 631-14 du Code de commerce qui renvoie à l'article L 622-13 excluant expressément ce contrat du régime applicable aux autres cocontractants.

La procédure de licenciement varie en fonction du nombre de salariés licenciés. Mais plusieurs points communs existent :

- le comité d'entreprise ou à défaut les délégués du personnel seront consultés ;
- le juge-commissaire doit donner son autorisation et vérifier que ces licenciements présentent un caractère urgent, inévitable et indispensable. Il ne s'agit pas d'une liste nominative mais uniquement d'un nombre de licenciements et des catégories socio-professionnelles concernées. L'administrateur doit alors fixer des critères d'ordre pour déterminer les salariés qui seront effectivement licenciés dans chaque catégorie socio-professionnelle ;
- l'administrateur doit notifier les lettres de licenciements en visant l'ordonnance du juge-commissaire pour valider la procédure. À défaut, le licenciement est considéré comme sans cause réelle et sérieuse (Ass. plén. 24 janvier 2003, 00-41741, *Bull.* n° 1) et cette mention lie le conseil des prud'hommes qui ne peut plus ensuite statuer sur cette cause (Cass. soc. 9 juillet 1996, 93-41877, *D.* 1997, p. 60). En revanche, jusqu'à un arrêt du Conseil d'état du 3 juillet 2013, l'ordonnance du juge-commissaire n'avait pas de portée lorsqu'il s'agissait d'un salarié protégé qui pouvait contester la cause du licenciement devant les juridictions administratives. Désormais, les juridictions administratives suivent la même position que les juridictions judiciaires pour les salariés non protégés (CE, 4 et 5e ss-sect. réunis, 3 juillet 2013, n° 361066, *Act. proc. coll.* 2013, n° 290 et 291). Doivent être mentionnés également le droit acquis au titre du droit individuel à la formation et la priorité de réembauchage et ses modalités d'application ;
- selon l'article L 1233-60, la Direccte doit être informée avant de procéder au licenciement.

Le licenciement individuel et le petit licenciement collectif

Voici les différentes étapes à respecter :

- consultation du comité d'entreprise ou à défaut des délégués du personnel (C. trav., art. L 1233-8) sur le projet de licenciement économique (reclassement, critères d'ordres, la cause réelle et sérieuse, le nombre de salariés envisagés). Cette consultation n'est pas prévue pour le licenciement individuel. Il faut aussi le consulter au titre de sa compétence générale (C. trav., art. L 2323-15), les deux consultations pouvant avoir lieu en même temps ;
- information de la Direccte ;
- demande d'autorisation au juge-commissaire ;
- ordonnance du juge-commissaire autorisant les licenciements urgents inévitables et indispensables ;
- convocation aux entretiens individuels, mais la jurisprudence a admis que les entretiens puissent être faits avant la décision du juge-commissaire (Cass. soc. 19 juin 1997, 96-40279, *Bull. civ.* V, n° 226) ;
- notification des lettres de licenciement par l'administrateur qui ne peut être réalisée qu'après avoir obtenu l'ordonnance du juge-commissaire. À défaut, le licenciement est sans cause réelle et sérieuse (Cass. soc. 3 mai 2001, 99-41813, *Bull. civ.* V, n° 151). Les délais de notification de 7 ou 15 jours selon que le salarié est cadre ou non prévus par l'article L 1233-15 sont écartés par l'article L 1233-59. L'administrateur doit donc le faire sans délai.

Le grand licenciement collectif

Cette procédure, qui doit faire l'objet d'un plan de sauvegarde de l'emploi si l'entreprise a plus de 50 salariés, a été réformée par la loi du 14 juin 2013 et l'ordonnance du 12 mars 2014. Voici donc cette nouvelle procédure :

- consultation du comité d'entreprise ou à défaut des délégués du personnel par l'administrateur en principe une seule fois sur l'opération projetée et sur le projet de licenciement. Plusieurs réunions sont possibles mais non obligatoires et aucun délai impératif dans ce cas ne doit être respecté entre ces différentes réunions. Il peut se faire assister d'un expert-comptable. Une consultation du CHSCT est parfois nécessaire ;
- information de la Direccte ;
- conclusion possible d'un accord collectif majoritaire portant au moins sur le PSE avec les syndicats représentatifs dans l'entreprise et ayant obtenu la majorité des suffrages lors des dernières élections professionnelles ou élaboration unilatérale par l'administrateur d'un PSE ;
- envoi de cet accord ou du document unilatéral à la Direccte qui a 8 jours pour se prononcer à compter de la dernière réunion du comité d'entreprise ou des délégués du personnel pour se prononcer. Son silence gardé pendant

8 jours à compter de la réception du dossier vaut acceptation (C. trav., art. D 1233-14-1). En cas de refus, il faut consulter à nouveau le comité d'entreprise dans les 3 jours pour présenter un nouveau projet tenant compte des éventuelles remarques de la Direccte. Puis, l'administrateur doit à nouveau présenter sa demande de validation ou d'homologation à la Direccte qui a 3 jours pour se prononcer;

- demande d'autorisation au juge-commissaire par l'administrateur pour qu'il se prononce sur le caractère urgent, inévitable et irrésistible des licenciements. Il doit joindre à sa demande l'avis du comité d'entreprise et la décision de la Direccte;
- ordonnance du juge-commissaire autorisant les licenciements et se prononçant sur le nombre et les catégories socio-professionnelles. *A priori*, il ne se prononce pas sur le contenu du PSE apprécié par la Direccte. De plus, sa décision ne peut prévoir que le même nombre ou un nombre inférieur que celui retenu par la Direccte;
- notification des licenciements par l'administrateur à condition qu'il ait obtenu la décision du juge-commissaire ainsi que celle de la Direccte. Aucun délai de notification n'est prévu.

Aucun accord de méthode visant à aménager la procédure de consultation du comité d'entreprise n'est possible en cas de redressement judiciaire. De plus, les salariés ne peuvent obtenir la nullité de leur licenciement s'il a été notifié sans décision de la Direccte, l'article L 1235-16 étant écarté par l'article L 1233-58. Le salarié peut obtenir une indemnisation correspondant aux 6 derniers mois de salaire.

B. Le licenciement à l'issue de la période d'observation

À l'issue de la période d'observation dont la durée est en principe de 6 mois mais pouvant aller jusqu'à 18 mois (C. com., art. L 631-7), le tribunal adopte un plan de redressement. L'article L 631-19 du Code commerce renvoie aux textes applicables au plan de sauvegarde, avec une dérogation importante lorsque le plan de redressement envisage des licenciements. La procédure de ces licenciements fait alors l'objet de règles particulières, à la différence de celles applicables lorsque ces licenciements sont prévus dans le plan de sauvegarde (V. Fiche n° 13).

Le licenciement individuel ou le petit licenciement collectif

- consultation du comité d'entreprise sur le fondement de l'article L 2323-44 et L 2323-15;
- adoption du plan de redressement par le tribunal;

- consultation du comité d'entreprise pour le petit licenciement collectif (C. trav., art. L 1233-58) ;
- convocation aux entretiens individuels présentant les mesures de reclassement et le contrat de sécurisation professionnelle ;
- entretiens ;
- notification des lettres de licenciements dans le mois qui suit le jugement arrêtant le plan de redressement.

Le grand licenciement économique

Dans ce cas, le plan de redressement est arrêté par le tribunal avant l'homologation du PSE par la Direccte, ce qui constitue une différence importante avec les licenciements décidés pendant la période d'observation.

- consultation du comité d'entreprise ou à défaut des délégués du personnel au titre de l'article L 2323-44 et L 2323-15. Il ne se prononce pas en revanche à ce stade sur le projet de licenciement ;
- information de la Direccte et préparation du PSE ;
- adoption du plan de redressement par le tribunal qui indique le nombre de licenciements, les catégories socio-professionnelles concernées ;
- consultation du comité d'entreprise ou à défaut des délégués du personnel sur le projet de licenciement collectif tel qu'il a été autorisé par le tribunal et du CHSCT le cas échéant (C. trav., art. L 1233-58) ;
- présentation du plan de sauvegarde de l'emploi soit dans un acte unilatéral soit par accord collectif à la Direccte qui a 8 jours pour se prononcer à compter de la réception de la demande. Le silence vaut homologation tacite du projet. En cas de refus, l'administrateur modifie sans délai l'accord ou le plan et convoque à nouveau le comité d'entreprise ou les délégués du personnel, qui a 3 jours pour se prononcer. Puis l'administrateur présente le nouveau projet à la Direccte qui a 3 jours pour rendre sa décision ;
- notification des lettres de licenciement par l'administrateur dans le mois qui suit le jugement adoptant le plan de redressement, pour que l'AGS puisse garantir les indemnités de rupture.

À retenir

Les salariés dans une entreprise placée en procédure de redressement judiciaire	
Rôle des salariés et des institutions représentatives du personnel	• Consultation du comité d'entreprise ou à défaut des délégués du personnel par le débiteur ou l'administrateur éventuellement nommé : – avant l'ouverture de redressement; – sur le bilan économique et social; – sur la cession totale ou partielle d'activité; – sur le projet de plan de redressement notamment lorsqu'il prévoit des licenciements; – sur la demande de conversion en liquidation judiciaire; – sur les licenciements autorisés par le juge-commissaire pendant la période d'observation. • Auditions par le tribunal : – avant de statuer sur la demande d'ouverture; – avant d'adopter le plan de redressement prévoyant des licenciements; – avant d'adopter le plan de cession; – avant la conversion en liquidation judiciaire.
Gestion du personnel pendant la période d'observation	• Les contrats de travail déséquilibrés conclus par le débiteur pendant la période suspecte doivent être annulés sur le fondement des nullités de plein droit de la période suspecte. • La conclusion d'un contrat de travail pendant la période d'observation doit être faite par l'administrateur en principe, mais le débiteur peut en conclure un dès lors qu'il relève de l'activité habituelle de l'entreprise. • À la différence de la sauvegarde, l'AGS garantit les créances salariales antérieures au jugement d'ouverture.

À retenir	
Gestion du personnel pendant la période d'observation	• Le licenciement des salariés est soumis **pendant la période d'observation à un régime dérogatoire du droit commun :** – sont écartés le congé reclassement, l'obligation de revitaliser les bassins d'emploi, celle de chercher un repreneur, les sanctions de l'inexistence d'un PSE validé par la Direccte ; – le comité d'entreprise peut n'être consulté qu'une seule fois sur le projet de licenciement ; – le juge-commissaire doit autoriser les licenciements qui ont un caractère urgent, inévitable et indispensable : art. L 631-17 du Code de commerce. **L'administrateur doit demander cette autorisation après avoir consulté les représentants du personnel et éventuellement avoir obtenu la validation par la Direccte du PSE.**
Sort des salariés à l'issue de la période d'observation	• Adoption possible d'un plan de redressement qui peut envisager des licenciements pour motif économique soumis à une procédure allégée : une seule consultation du comité d'entreprise, pas d'obligation de revitaliser le bassin d'emploi, le congé reclassement est écarté. En revanche, l'administrateur doit respecter l'obligation de reclassement. • Dans le cas d'un grand licenciement économique, la demande de validation du PSE auprès de la Direccte a lieu après l'adoption du plan de redressement et la Direccte a 8 jours pour se prononcer sur ce PSE à compter de la la réception de la demande.

Pour en savoir plus

- Y. Chagny, « Quelques aspects de la garantie des créances résultant du licenciement pour motif économique par l'entreprise en difficulté », *Gaz. Pal.* 2002, doct. p. 1366.
- L. Driguez, « Licenciements économiques et procédures collectives : une nouvelle articulation gage de sécurisation ? », *DS* 2013, p. 995.
- L. Driguez, « La sécurisation de l'emploi et les procédures collectives font-elles bon ménage ? », *BJE* 2013, p. 207.

- Ph. Duprat et B. Saintourens, « Les droits des salariés dans l'ordonnance du 18 décembre 2008 portant réforme du droit des entreprises en difficulté », *Gaz. pal.* 10 mars 2009, n° 69, p. 40.
- L. Fin-Langer, « Les risques subis par les salariés », *Rev. proc. coll.* 2010, dossier 10.
- M. Morand, « Quelques particularités des licenciements économiques dans l'entreprise en redressement ou en liquidation judiciaire », *JCP E* 2002, 412.
- P.Y. Pezzino, « Les licenciements », *Rev. proc. coll.* 2001, p. 230.
- Q. Urban, « Quelle est l'implication des institutions représentatives du personnel dans le traitement juridique des difficultés d'entreprise depuis la loi du 26 juillet 2005 ? », *Rev. proc. coll.* 2008, étude 6, p. 35.
- E. Wargon et J.D. Combrexelle, « La loi de sécurisation de l'emploi : point sur l'encadrement des licenciements collectifs », *JCP soc.* 2013, act. 432.

Pour s'entraîner

Indiquez si la proposition est vraie ou fausse :

1) ***Les licenciements pour motif économique prononcés alors que l'entreprise est en procédure de redressement sont soumis à une réglementation dérogatoire du droit commun.***

   ❑ *vrai* ❑ *faux*

2) ***Les licenciements pour motif économique prononcés pendant la période d'observation doivent être autorisés par le juge-commissaire.***

   ❑ *vrai* ❑ *faux*

3) ***Malgré l'ouverture d'un redressement, les accords de méthode précisant la procédure du licenciement économique restent applicables.***

   ❑ *vrai* ❑ *faux*

4) ***Avant de déposer son bilan, l'employeur doit consulter le comité d'entreprise ou à défaut les délégués du personnel.***

   ❑ *vrai* ❑ *faux*

5) ***L'AGS garantit les créances salariales antérieures au jugement d'ouverture d'un redressement judiciaire, mais non celles dues pendant la période d'observation.***

   ❑ *vrai* ❑ *faux*

Réponses

1) Vrai.

2) Vrai. Ils ne sont autorisés que s'ils sont urgents, inévitables et indispensables. Le juge-commissaire précise alors le nombre de salariés concernés, les catégories socio-professionnelles et l'administrateur notifie ensuite les lettres de licenciement. Lorsqu'il s'agit d'un grand licenciement économique, cette demande d'autorisation du juge-commissaire doit être faite après avoir obtenu l'avis du comité d'entreprise mais aussi la décision de validation de la Direccte.

3) Faux, ils sont écartés.

4) Vrai.

5) Vrai.

Les salariés d'une entreprise placée en liquidation judiciaire

Fiche **15**

Définition

Liquidation judiciaire : procédure collective ouverte lorsqu'un débiteur est en état de cessation des paiements et dont le redressement est manifestement impossible permettant de réaliser les actifs pour apurer le passif.

I. Présentation générale de la liquidation judiciaire

La liquidation judiciaire est la procédure collective ouverte lorsque l'entreprise est en état de cessation des paiements et que sa situation est irrémédiablement compromise : l'entreprise ne peut plus être sauvée. La finalité de cette procédure est alors de mettre un terme à l'activité et de vendre au mieux les actifs pour payer les créanciers. Deux moyens sont prévus par le Code de commerce : soit la cession isolée des actifs soit la mise en place d'un plan de cession (V. Fiche n° 16). Pour préparer cette issue, il est parfois décider de manière exceptionnelle un maintien provisoire de l'activité, qui n'est pas soumise au régime de la période d'observation du redressement ou de la sauvegarde. Le sort des salariés dans une procédure de liquidation est le licenciement de tous les salariés puisque l'activité n'est pas poursuivie par le débiteur.

A. Points communs avec le redressement judiciaire

La réglementation de la nullité des périodes suspectes s'applique : un contrat de travail déséquilibré qui aurait été conclu entre la date de l'état de cessation des paiements et le jugement d'ouverture peut être annulé (V. Fiche n° 16).

Le paiement des créances salariales est le même qu'en redressement judiciaire (V. Fiches n° 11 et 15). L'article L 641-13 du Code de commerce prévoit le paiement privilégié des créances nées régulièrement après le jugement d'ouverture pour les besoins de la procédure, ou en contrepartie d'une prestation due au débiteur pendant le maintien provisoire de l'activité. Les indemnités de licenciement étant considérées comme des créances nées pour les besoins de la procédure sont donc considérées comme des créances utiles que l'activité soit ou non maintenue (Cass. soc. 16 juin 2010, 08-19351, *D.* 2010, p. 1550, *Rev. proc. coll.* 2010, n° 245 et *Rev. proc. coll.* 2012, n° 47, *Gaz. pal.* 15-16 oct. 2011, p. 27).

B. Points spécifiques à la liquidation judiciaire

Le jugement qui ouvre ou prononce une liquidation judiciaire rend exigibles les créances non échues, cette exigibilité étant repoussée en cas de maintien provisoire de l'activité à la date du jugement prononçant la cession ou à la fin du maintien de l'activité (C. com., art. L 643-1).

L'AGS prend en charge les créances antérieures au jugement d'ouverture, ainsi que les indemnités de rupture intervenant pendant le maintien provisoire de l'activité et dans les 15 ou 21 jours qui suivent le jugement de liquidation à défaut de maintien provisoire ainsi que les salaires dus pendant le maintien provisoire de l'activité dans la limite d'un mois et demi de salaire (V. Fiche n° 12).

Le débiteur est dessaisi de la gestion de ces activités au profit du liquidateur qui peut seul faire les actes (C. com., art. L 641-9).

II. Le rôle des salariés et de leurs représentants

A. Les informations et les consultations

Le rôle des représentants du personnel est très limité.

En vertu de l'article L 2323-44 du Code du travail, le comité d'entreprise est informé et consulté dans les cas suivants :

- avant le dépôt au greffe d'une demande d'ouverture d'une procédure de liquidation judiciaire (C. com., art. L 641-1 (I)) ;
- pour donner son avis sur les licenciements prononcés par le liquidateur en application de la décision ouvrant la liquidation (C. com, art. L 641-4) ;
- pour donner son avis sur les licenciements autorisés par le juge-commissaire pendant le maintien de l'activité provisoire (C. com., art. L 641-10 alinéa 3) ;
- pour donner son avis lorsque le plan de cession prévoit le licenciement d'un salarié bénéficiant d'une protection particulière (C. com., art. L 642-5 dernier alinéa) ;
- pour donner son avis sur l'aliénation totale ou partielle de biens par le cessionnaire tant que le prix de cession n'a pas été intégralement versé (C. com., art. L 642-9 alinéa 2).

Les institutions représentatives du personnel ne sont pas entendues dans le cadre de la liquidation judiciaire pour statuer sur le maintien provisoire de l'activité.

B. Les auditions par le tribunal

Le tribunal de commerce doit auditionner les représentants des institutions représentatives du personnel dans les cas suivants (C. trav., art. L 2323-45) :

- avant l'adoption d'un plan de cession (C. com., art. L 642-5 alinéa 1);
- avant la modification substantielle dans les objectifs et les moyens du plan de cession (C. com., art. L 642-6);
- avant la décision de mettre en location-gérance l'entreprise avant l'adoption du plan de cession (C. com., art. L 642-13);
- en cas de prononcé de sanction à l'encontre du locataire-gérant qui ne remplirait pas son obligation d'acquisition du fonds (C. com., art. L 642-17).

C. L'exercice des voies de recours

En vertu de l'article L 661-1, I du Code de commerce, le comité d'entreprise ou à défaut les délégués du personnel ou à défaut le représentant des salariés peut exercer les voies de recours à l'encontre de la décision d'ouverture de la liquidation judiciaire ainsi que sur son prononcé pendant une période d'observation.

III. Le licenciement des salariés

Dès lors qu'un jugement de liquidation judiciaire est prononcé, un liquidateur va être nommé, chargé de procéder aux opérations de liquidation, à la vérification des créances et d'exercer les missions en principe dévolues à l'administrateur et au mandataire. Par conséquent, il lui revient de procéder aux licenciements des salariés, en vertu de l'article L 641-10 du Code de commerce, qui lui donne expressément cette compétence exclusive. Cette procédure de licenciement n'est pas la même selon qu'il y a ou non maintien provisoire de l'activité. À la différence du redressement judiciaire, il n'y a pas de période d'observation, mais de manière exceptionnelle, le tribunal de commerce peut autoriser le maintien provisoire de l'activité pour une durée de 3 mois renouvelable (C. com., art. L 641-10 et art. R 641-18).

A. Le licenciement sans maintien provisoire d'activité

Comme pour le redressement et la sauvegarde, le contrat de travail n'est pas soumis au régime des contrats en cours applicable aux autres cocontractants (C. com., art. L 641-11-1, IV, précision apportée par l'ordonnance du 18 décembre 2008).

Le jugement de liquidation judiciaire ne constitue pas une cause automatique de rupture des contrats de travail (Cass. soc. 22 mars 2007, 05-44591, *Rev. proc. coll.* 2007, p. 148). En revanche, dès lors que le liquidateur mentionne dans la lettre de notification des licenciements le jugement de liquidation en vertu duquel il procède, cette notification est suffisamment motivée et le contentieux de la cause réelle et sérieuse n'a pas lieu d'être (Cass. soc. 2 mars 2004, 02-41931 et 02-41932, *Bull. civ.* V, n° 66 et 67, *Act. proc. coll.* 2004, n° 104, *JCP E* 2004, 1292, n° 15).

Comme en redressement judiciaire, sont écartés plusieurs mécanismes du droit commun : le congé reclassement (C. trav., art. L 21233-75), l'obligation de revitaliser les bassins de l'emploi (C. trav. art. L. 1233-84) ou de celle de chercher un repreneur telle qu'elle découle de la loi Florange du 29 mars 2014.

En revanche, le liquidateur doit respecter l'obligation de reclassement, mais dans un délai très court, puisque les licenciements doivent être notifiés dans un délai de 15 jours après le jugement de liquidation et de 21 jours si un PSE doit être établi. La Cour de cassation a refusé de transmettre une QPC relative à cette question (Cass. soc. 6 octobre 2011, 11-40056, QPC, *Act. proc. coll.* 2011, n° 294; Cass. com. 19 avril 2013, 13-40006, QPC, *LEDEN* 2013, n° 94). Selon le nombre de salariés licenciés, la procédure sera différente :

Le licenciement individuel ou le petit licenciement collectif

- jugement de liquidation;
- consultation du comité d'entreprise sur le fondement de l'article L 2323-44 et L 2323-15;
- consultation du comité d'entreprise sur le projet précis du petit licenciement collectif (C. trav., art. L 1233-58);
- convocation aux entretiens individuels présentant les mesures de reclassement et le contrat de sécurisation professionnelle;
- entretiens individuels;
- notification des lettres de licenciements dans les 15 jours qui suivent le jugement de liquidation permettant une prise en charge des indemnités de rupture par l'AGS.

Le grand licenciement économique :

- jugement de liquidation;
- consultation du comité d'entreprise ou à défaut des délégués du personnel au titre de l'article L 2323-44 et L 2323-15. Il ne se prononce pas en revanche à ce stade sur le projet de licenciement;

- information de la Direccte et préparation du PSE ;
- consultation du comité d'entreprise ou à défaut des délégués du personnel sur le projet de licenciement collectif tel qu'il a été autorisé par le tribunal et du CHSCT le cas échéant. Ces avis doivent être rendus dans les 12 jours qui suivent le jugement de liquidation depuis la réforme du 12 mars 2014 (C. trav., art. L 1233-58) ;
- présentation du plan de sauvegarde de l'emploi soit dans un acte unilatéral soit par accord collectif à la Direccte qui a 4 jours pour se prononcer à compter de cette consultation du comité d'entreprise. Le silence vaut homologation tacite du projet. En cas de refus, le liquidateur modifie sans délai l'accord ou le plan et convoque à nouveau le comité d'entreprise ou les délégués du personnel, qui a 3 jours pour se prononcer. Puis le liquidateur présente le nouveau projet à la Direccte qui a 3 jours pour rendre sa décision ;
- notification des lettres de licenciement par le liquidateur dans les 21 jours qui suivent le jugement de liquidation, pour que l'AGS puisse garantir les indemnités de rupture.

B. Le licenciement en cas de maintien provisoire d'activité

Dans ce cas, l'article L 641-10 renvoie à l'article L 631-17 du Code de commerce régissant les licenciements pendant la période d'observation suivant un redressement judiciaire (V. Fiche n° 15). Le licenciement est donc possible, mais avec l'autorisation du juge-commissaire qui se prononce sur le caractère urgent, inévitable et indispensable. Mais le délai laissé à la Direccte pour exercer son contrôle est réduit à 4 jours à compter de la dernière réunion du comité d'entreprise. La procédure est donc la suivante selon le nombre de salariés licenciés :

Le licenciement individuel et le petit licenciement collectif :

Voici les différentes étapes à respecter :

- consultation du comité d'entreprise ou à défaut des délégués du personnel (C. trav., art. L 1233-8) sur le projet de licenciement économique (reclassement, critères d'ordres, la cause réelle et sérieuse, le nombre de salariés envisagés). Cette consultation n'est pas prévue pour le licenciement individuel. Il faut aussi le consulter au titre de sa compétence générale (C. trav., art. L 2323-15), les deux consultations pouvant avoir lieu en même temps ;
- information de la Direccte ;
- demande d'autorisation au juge-commissaire ;
- ordonnance du juge-commissaire autorisant les licenciements urgents inévitables et indispensables ;

- convocation aux entretiens individuels, mais la jurisprudence a admis que les entretiens puissent être faits avant la décision du juge-commissaire (Cass. soc. 19 juin 1997, 96-40279, *Bull. civ.* V, n° 226) ;
- notification des lettres de licenciement par le liquidateur qui ne peut être réalisée qu'après avoir obtenu l'ordonnance du juge-commissaire. À défaut, le licenciement est sans cause réelle et sérieuse (Cass. soc. 3 mai 2001, 99-41813, *Bull. civ.* V, n° 151). Il doit le faire sans délai ou dans les 15 jours qui suivent la fin du maintien de l'activité provisoire.

Le grand licenciement collectif :

Cette procédure qui doit faire l'objet d'un plan de sauvegarde de l'emploi si l'entreprise a plus de 50 salariés a été réformée par la loi du 14 juin 2013 et l'ordonnance du 12 mars 2014. Voici donc cette nouvelle procédure :

- consultation du comité d'entreprise ou à défaut des délégués du personnel par le liquidateur en principe une seule fois sur l'opération projetée et sur le projet de licenciement. Plusieurs réunions sont possibles mais non obligatoires et aucun délai impératif dans ce cas ne doit être respecté entre ces différentes réunions ;
- information de la Direccte ;
- conclusion possible d'un accord collectif majoritaire portant au moins sur le PSE avec les syndicats représentatifs dans l'entreprise et ayant obtenu la majorité des suffrages lors des dernières élections professionnelles ou élaboration par le liquidateur d'un PSE ;
- envoi de cet accord ou du document unilatéral à la Direccte qui a 4 jours pour se prononcer à compter de la dernière réunion du comité d'entreprise ou des délégués du personnel pour se prononcer. Son silence gardé pendant 4 jours à compter de la réception du dossier vaut acceptation (C. trav., art. D 1233-14-1). En cas de refus, il faut consulter à nouveau le comité d'entreprise dans les 3 jours pour présenter un nouveau projet tenant compte des éventuelles remarques de la Direccte. Puis le liquidateur doit à nouveau présenter sa demande de validation ou d'homologation à la Direccte qui a 3 jours pour se prononcer ;
- demande d'autorisation au juge-commissaire par le liquidateur pour qu'il se prononce sur le caractère urgent, inévitable et irrésistible des licenciements. Il doit joindre à sa demande l'avis du comité d'entreprise et la décision de la Direccte ;
- ordonnance du juge-commissaire autorisant les licenciements et se prononçant sur le nombre et les catégories socio-professionnelles ;
- notification des licenciements par le liquidateur à condition qu'il ait obtenu la décision du juge-commissaire qui doit être mentionnée dans

les lettres de licenciements pour éviter le contentieux de la cause réelle et sérieuse ainsi que la décision de la Direccte. Il doit le faire sans délai pendant ce maintien provisoire d'activité ou dans les 21 jours qui suivent la fin du maintien de l'activité provisoire.

À retenir

Les salariés dans une entreprise placée en procédure de liquidation judiciaire	
Rôle des salariés et des institutions représentatives du personnel	• Consultation du comité d'entreprise ou à défaut des délégués du personnel par le liquidateur : – avant l'ouverture d'une liquidation ; – sur les licenciements prononcés par le liquidateur ; – sur le projet de plan de cession quand il prévoit le licenciement d'un salarié bénéficiant d'une protection particulière ; – sur les licenciements autorisés par le juge-commissaire pendant le maintien provisoire d'activité. • Auditions par le tribunal : – avant d'adopter le plan de cession ; – avant la modification substantielle dans les objectifs et les moyens du plan de cession ; – avant de mettre en location-gérance l'entreprise avant l'adoption du plan de cession.
Gestion du personnel suite à un jugement de liquidation	• Les contrats de travail déséquilibrés conclus par le débiteur pendant la période suspecte doivent être annulés sur le fondement des nullités de plein droit de la période suspecte. • Les licenciements pour motif économique sont prononcés par le liquidateur, en application d'une procédure simplifiée : – sont écartés le congé reclassement, l'obligation de revitaliser les bassins d'emploi, celle de chercher un repreneur, les sanctions de l'inexistence d'un PSE validé par la Direccte ;

À retenir	
Gestion du personnel suite à un jugement de liquidation	– le comité d'entreprise peut n'être consulté qu'une seule fois sur le projet de licenciement; – les licenciements sont notifiés dans les 15 jours qui suivent le jugement de liquidation ou de 21 jours si un PSE a dû être établi. • Lorsque ces licenciements sont décidés pendant le maintien provisoire de l'activité, il faut une autorisation du juge-commissaire comme pour les licenciements de la période d'observation du redressement judiciaire. Cependant lorsqu'il faut mettre en place un PSE, la Direccte n'a que 4 jours pour rendre sa décision. • Le jugement de liquidation judiciaire rend exigibles les créances. Les créances salariales antérieures au jugement d'ouverture mais aussi celles qui lui sont postérieures dans la limite d'un mois et demi de salaire sont prises en charge par l'AGS.

Pour en savoir plus

- L. Driguez, « Licenciements économiques et procédures collectives : une nouvelle articulation gage de sécurisation ? », *DS* 2013, p. 995.
- L. Driguez, « La sécurisation de l'emploi et les procédures collectives font-elles bon ménage ? », *BJE* 2013, p. 207.
- Ph. Duprat et B. Saintourens, « Les droits des salariés dans l'ordonnance du 18 décembre 2008 portant réforme du droit des entreprises en difficulté », *Gaz. pal.* 10 mars 2009, n° 69, p. 40.
- L. Fin-Langer, « Les risques subis par les salariés », *Rev. proc. coll.* 2010, dossier 10.
- M. Morand, « Quelques particularités des licenciements économiques dans l'entreprise en redressement ou en liquidation judiciaire », *JCP E* 2002, 412.
- Q. Urban, « Quelle est l'implication des institutions représentatives du personnel dans le traitement juridique des difficultés d'entreprise depuis la loi du 26 juillet 2005 ? », *Rev. proc. coll.* 2008, étude 6, p. 35.

Pour s'entraîner

Indiquez si la proposition est vraie ou fausse :

1) ***Les licenciements pour motif économique prononcés alors que l'entreprise est en procédure de liquidation sont soumis à une réglementation dérogatoire du droit commun.***

   ❑ ***vrai*** ❑ ***faux***

2) ***Les licenciements pour motif économique prononcés pendant le maintien provisoire doivent être autorisés par le juge-commissaire.***

   ❑ ***vrai*** ❑ ***faux***

3) ***Malgré l'ouverture d'une liquidation, les accords de méthode précisant la procédure du licenciement économique restent applicables.***

   ❑ ***vrai*** ❑ ***faux***

4) ***Il revient au liquidateur de mettre en œuvre la procédure de licenciement, le jugement de liquidation n'entraînant pas la rupture automatique des contrats.***

   ❑ ***vrai*** ❑ ***faux***

5) ***L'AGS garantit les créances salariales antérieures au jugement d'ouverture d'une liquidation judiciaire ainsi que celles dues pendant le maintien provisoire de l'activité.***

   ❑ ***vrai*** ❑ ***faux***

Réponses

1) Vrai.

2) Vrai. Ils ne sont autorisés que s'ils sont urgents, inévitables et indispensables. Le juge-commissaire précise alors le nombre de salariés concernés, les catégories socio-professionnelles et l'administrateur notifie ensuite les lettres de licenciement. Lorsqu'il s'agit d'un grand licenciement économique, cette demande d'autorisation du juge-commissaire doit être faite après avoir obtenu l'avis du comité d'entreprise mais aussi la décision de validation de la Direccte.

3) Faux, ils sont écartés.

4) Vrai.

5) Vrai.

Fiche **16**

Le sort des salariés lors de la cession d'une entreprise en difficulté

Définition

Plan de cession : décision du tribunal de commerce permettant de céder totalement ou partiellement une entreprise à un repreneur choisi par le tribunal en fonction du prix de cession proposé, des perspectives d'activité et d'emploi.

I. Le sort des salariés lors de l'adoption d'un plan de cession

Le plan de cession peut porter sur l'ensemble des biens et droits nécessaires à l'activité de l'entreprise (plan de cession totale) ou seulement sur une partie de ces éléments d'exploitation mais qui vont former une ou plusieurs branches d'activité autonomes et complètes (plan de cession partielle). Les règles du plan de cession sont prévues comme étant une issue de la liquidation judiciaire, puisqu'il s'agit d'un moyen de vendre les actifs du débiteur. Mais il peut aussi être adopté dans le cadre d'un redressement à condition que la continuation par le débiteur ne soit pas possible, une hiérarchie étant prévue avec une primauté accordée au plan de redressement à condition qu'il soit sérieux (C. com., art. L 631-22, CA Caen, 8 avril 2010, *Rev. proc. coll.* 2010-4, n° 171 ; CA Paris, 26 juillet 2013, *Act. proc. coll.* 2013, 221). Dans la sauvegarde, seul un plan de cession partielle peut être adopté. Le régime est alors le même puisque les articles L 626-1 pour la sauvegarde et L 631-22 pour le redressement judiciaire renvoient aux articles L 642-1 et suivants du Code de commerce.

A. Des licenciements possibles dans le cadre d'un plan de cession

L'autorisation de licencier pour motif économique dans un plan de cession

Le jugement adoptant le plan de cession peut prévoir des licenciements pour faciliter cette reprise. L'article L 642-5 du Code de commerce déroge ainsi à l'article L 1224-1 du Code du travail en autorisant expressément des licenciements à l'occasion d'un transfert d'entreprise, alors que les conditions d'application du texte sont en principe réunies. Le tribunal de commerce choisit l'offre parmi celles qui ont été déposées en fonction du prix de cession proposé, mais aussi des perspectives d'activité et d'emploi. Le représentant des salariés est informé du contenu de chaque offre et lorsque le plan susceptible d'être retenu prévoit des licenciements, il doit être soumis pour avis au comité d'entreprise ou à défaut aux délégués du personnel.

Le jugement adoptant le plan va alors préciser le nombre de salariés licenciés, les catégories socio-professionnelles concernées (C. com., art. R 631-36), sans fixer de liste nominative expresse ou implicite (Cass. soc. 10 juillet 2001, 99-44466, *Bull. civ.* V, n° 254 ; Cass. soc. 24 mars 2010, 09-40645, *Act. proc. coll.* 2010, comm. 133). Ce plan ne peut pas envisager le licenciement de tous les salariés pour ensuite organiser la reprise d'une partie d'entre eux par le repreneur (Cass. soc. 30 juin 1992, 90-44057, *Bull. civ.* V, n° 427) ou subordonner la cession à la condition suspensive du maintien nominatif d'un salarié (Cass. soc. 29 janvier 2008, 06-42712, *Act. proc. coll.* 2008, 132). L'organe chargé de la mise en œuvre des licenciements devra ensuite fixer les critères d'ordre. Le jugement adoptant le plan de cession doit être mentionné dans la notification des licenciements, pour éviter le contentieux de la cause réelle et sérieuse du licenciement (Cass. soc. 18 novembre 1998, 86-40648, *Bull. civ.* V, n° 500 ; voir cependant en cas de fraude : cass. soc. 8 décembre 2004, 02-44045, *RJS* 2005, n° 145).

Les salariés licenciés en dehors de ces conditions peuvent invoquer une violation de l'article L 1224-1 du Code du travail. Les juges sont partagés sur la sanction encourue. Ils peuvent considérer que le licenciement est sans cause réelle et sérieuse (Cass. soc. 3 mars 2009, 08-40091, *Rev. proc. coll.* 2009, comm. 23), donnant lieu à une indemnité prise en charge par l'AGS (Cass. soc. 5 décembre 2006, 05-45697). Le licenciement est parfois considéré comme sans effet et le cessionnaire reprend alors le salarié, en modifiant parfois son contrat de travail (Cass. soc. 4 mai 2011, 10-15393, *Act. proc. coll.* 2011, n° 158 ; Cass. soc. 13 mai 2009, 08-40447, *Act. proc. coll.* 2009, 206). Enfin, le repreneur peut indemniser le salarié licencié avant le plan de cession s'il s'oppose à cette reprise (Cass. soc. 22 juin 2011, 09-41229, *Act. proc. coll.* 2011, n° 202 ; Cass. soc. 6 mars 2012, 09-41586, *Act. proc. coll.* 2012, n° 134).

La mise en œuvre de la procédure de licenciement économique suite à un plan de cession

Le liquidateur doit ensuite mettre en œuvre la procédure de licenciement comme après l'adoption d'un plan de redressement. Si le plan de cession a été adopté dans le cadre d'un redressement judiciaire, l'article L 631-21-1 du Code de commerce prévoit depuis l'ordonnance de 2008 la désignation d'un administrateur chargé de réaliser tous les actes de la cession et donc les licenciements. La procédure dépend du nombre de salariés à licencier.

Le licenciement individuel ou le petit licenciement collectif

- consultation du comité d'entreprise sur le fondement de l'article L 2323-44 et L 2323-15 ;
- adoption du plan de cession par le tribunal;
- consultation du comité d'entreprise pour le petit licenciement collectif sur ce projet (C. trav., art. L 1233-58) ;
- convocation aux entretiens individuels présentant les mesures de reclassement et le contrat de sécurisation professionnelle ;
- entretiens ;
- notification des lettres de licenciements dans le mois qui suit le jugement arrêtant le plan de cession pour permettre la prise en charge des indemnités de licenciement par l'AGS.

Le grand licenciement économique à partir de 10 salariés dans une entreprise de 50 salariés

Dans ce cas, le plan de cession est arrêté par le tribunal avant l'homologation du PSE par la Direccte depuis la réforme du 14 juin 2013. Les délais de contrôle de la Direccte du PSE obligatoire dans les grands licenciements économiques sont différents selon qu'il s'agisse d'un redressement ou d'une liquidation : 8 jours pour le redressement et 4 pour la liquidation à compter de la réception de la demande.

- consultation du comité d'entreprise ou à défaut des délégués du personnel au titre de l'article L 2323-44 et L 2323-15. Il ne se prononce pas en revanche à ce stade sur le projet de licenciement ;
- information de la Direccte et préparation du PSE ;
- adoption du plan de cession par le tribunal;
- consultation du comité d'entreprise ou à défaut des délégués du personnel sur le projet de licenciement collectif tel qu'il a été autorisé par le tribunal et du CHSCT le cas échéant (C. trav., art. L 1233-58) ;
- présentation du plan de sauvegarde de l'emploi soit dans un acte unilatéral soit par accord collectif à la Direccte. En cas de refus, l'administrateur modifie sans délai l'accord ou le plan et convoque à nouveau le comité d'entreprise ou les délégués du personnel, qui a 3 jours pour se prononcer. Puis l'administrateur présente le nouveau projet à la Direccte qui a 3 jours pour rendre sa décision ;

- notification des lettres de licenciement par l'administrateur dans le mois qui suit le jugement adoptant le plan de cession, pour que l'AGS puisse garantir les indemnités de rupture.

B. Le sort des salariés non licenciés

Ils sont transmis de plein droit au repreneur en vertu de l'article L 1224-1 du Code du travail, comme c'est le cas parfois de la cession isolée des actifs (V. *infra*).

Mais ils bénéficient d'un régime spécifique, car le repreneur peut avoir pris des engagements particuliers, en termes d'embauche, de salaires, de garantie d'emploi, de conditions de travail. Le plan étant opposable *erga omnes*, les salariés transférés peuvent donc s'en prévaloir et leur violation peut être indemnisée (Cass. soc. 12 mai 2009, 07-44960). Ces engagements collectifs créent des droits individuels au profit de chaque salarié (Cass. soc. 25 novembre 2003, 01-17501, *DS* 2004, p. 166). Le risque est alors que le plan soit résilié à titre de sanction sur le fondement de l'article L 642-11 du Code de commerce en cas de non-respect par le repreneur de l'un de ses engagements. Le prix de cession payé par le cessionnaire reste acquis à la procédure collective. De plus, lorsque l'offre de cession est assortie d'une faculté de substitution, celle-ci ne décharge pas l'auteur de l'offre initiale qui reste tenu des obligations souscrites (Cass. soc. 14 mars 2012, 07-44941, *Act. proc. coll.* 2012, n° 136). Mais le repreneur, malgré cette garantie d'emploi, peut licencier pour faute un salarié repris (Cass. soc. 17 mai 2011, 09-43003, *Act. proc. coll.* 2011, n° 188, *JCP soc.* 2011, 1401).

Il faut enfin noter que les institutions représentatives ne peuvent pas saisir le tribunal pour modifier les objectifs du plan et les moyens.

II. Le sort des salariés dans les autres formes de transmission de l'entreprise

A. Le sort des salariés en cas de cession d'entreprise entraînant l'application de l'article L 1224-1 du Code du travail

Les hypothèses

Pour que l'article L 1224-1 du Code du travail s'applique, il faut caractériser le transfert d'une entité économique autonome conservant son identité et dont l'activité est poursuivie. La Cour de cassation fait une analyse factuelle de la situation, sans tenir compte du montage juridique. Ainsi, elle peut appliquer cette disposition lorsque le juge-commissaire autorise la cession isolée d'un actif qui constitue en soi une entité économique autonome et que le repreneur poursuive l'activité. Il en est ainsi par exemple de la cession d'un fonds de commerce, qui peut être cédé par le biais d'une ordonnance du juge-commissaire, sans qu'un plan de cession ne soit adopté par le tribunal. Il en est de même en cas de reprise de fait voire frauduleuse.

Illustration d'une application de l'article L 1224-1 en cas de reprise frauduleuse de l'activité : Cass. soc. 11 mars 2003, 01-41842, arrêt Voisin, Bull. civ. V, *n° 86, DS 5/2003, p. 474*

> *Dans cette affaire, le tribunal de commerce, ayant ouvert une liquidation judiciaire à l'encontre d'une société, avait refusé un plan de cession au profit d'une entreprise. Mais, malgré ce refus, cette dernière s'est comportée comme le véritable propriétaire du fonds : elle a occupé les locaux adjacents, installé sa boîte aux lettres dans le hall de l'ancienne société, a contacté ses clients, et repris des commandes en cours. La Cour de cassation a admis l'application de l'article L 1224-1 en raison de la constatation par les juges du fond de ce transfert d'une entité économique autonome alors même que ce « repreneur » avait eu un comportement illicite, une immixtion frauduleuse dans la gestion de la société placée en liquidation, sans son accord.*

Les conséquences

Les salariés sont alors transférés de plein droit au repreneur sans qu'il puisse prévoir des licenciements. L'ordonnance de cession isolée de l'actif ne peut déroger à l'article L 1224-1 au Code du travail. La présence de salariés travaillant pour un fonds de commerce est donc souvent un critère pour savoir s'il convient ou non de mettre en place un plan de cession. Les licenciements qui auraient pu être prononcés avant l'ordonnance pendant le maintien provisoire de l'activité à titre préventif pourraient ainsi être remis en cause sur ce fondement. Tous les salariés affectés à cette activité sont transférés, y compris les contrats suspendus (voir par exemple pour un salarié victime d'un accident du travail : Cass. soc. 22 septembre 2011, 10-16775, *Act. proc. coll.* 2011, n° 256), les contrats à durée déterminée (Cass. soc. 22 septembre 2011,10-15245, *Act. proc. coll.* 2011, 255). Le repreneur doit reprendre les clauses, l'ancienneté et si comme tout employeur il peut modifier les contrats, aucune fraude à l'article L 1224-1 du Code du travail ne doit être constatée. Sont également transférés les accessoires au contrat de travail, tels que les usages (Cass. soc. 22 janvier 2008, 06-46534, *RJS* 2008, n° 253), les engagements unilatéraux (Cass. soc. 12 mars 2008, 06-45147, *JCP soc.* 2008, 1320) ou le contrat d'assurances d'indemnités de fin de carrière (Cass. soc. 18 janvier 2011, 10-12005, *Act. proc. coll.* 2011, 75), mais non le compte-épargne-temps (Cass. soc. 7 avril 2010, 09-40015, *Act. proc. coll.* 2010, 141).

Reste à préciser une règle particulière concernant la garantie de paiement des créances salariales au transfert. Contrairement au transfert d'une entreprise *in bonis*, l'article L 1224-2 du Code du travail a écarté cette garantie de paiement incombant au repreneur au profit des salariés transférés. Cette règle s'explique par le fait que le repreneur dans le cas d'un plan de cession ou de la cession isolée d'un actif paye un prix de cession, mais ne prend pas en charge les créances du débiteur. Il ne paie que les créances postérieures au transfert d'entreprise, organisé par le plan de cession par exemple même s'il s'agit de la contrepartie d'une prestation antérieure (Cass. soc. 10 mars 2010, 08-44395, *Act. proc. coll.* 2010, comm. 132). Il faut noter que les créances salariales nées après le jugement d'ouverture, pendant la période d'observation avant l'adoption du plan de cession ne sont pas garanties par l'AGS, sauf en cas de liquidation judiciaire et dans la limite d'un mois et demi de salaire (Cass. soc. 6 mars 2012, 10-27847, *Act. proc. coll.* 2012, 100).

B. Le sort des salariés en cas de cession d'entreprise excluant l'application de l'article L 1224-1 du Code du travail

Il se peut tout d'abord que les conditions de l'article L 1224-1 du Code du travail ne soient pas réunies, comme c'est le plus souvent le cas lors des cessions isolées d'actifs, tels qu'un immeuble, ou d'une machine, ou sans reprise d'activité par le cessionnaire (Voir par exemple : Cass. soc. 5 juillet 1983, 81-41328, *Bull. civ.* V, n° 391).

Il en est de même pour les hypothèses de reprise interne, via par exemple une cession d'actions ou de parts sociales, la personne morale restant identique. Il s'agira alors en réalité d'un plan de redressement.

Enfin, il faut signaler le cas très particulier de la reprise de l'entreprise par ses propres salariés, qui vont créer par exemple une SCOP pour reprendre la société qui a déposé son bilan. La solution est désormais assez ancienne (Cass. soc. 7 mars 1989, 86-40424, *Bull. civ.* V, n° 180 ; Cass. soc. 20 décembre 2006, 04-44787, *Act. proc. coll.* 2007, n° 65 ; Cass. soc. 3 mai 2011, 09-70813, *Act. proc. coll.* 2011, 159). Grâce à leur indemnité de licenciement, les salariés vont s'associer pour reprendre l'activité de l'entreprise en difficulté. L'objectif de cette solution jurisprudentielle est de faciliter la reprise de ces entreprises. De nombreuses questions restent cependant en suspens, faute de texte. Dans les arrêts du 3 mai 2011, aucune offre n'avait été déposée par les salariés, la reprise ayant eu lieu après les opérations de liquidation. Il se peut donc que ce ne soit pas une condition. Cette solution a été admise pour d'autres formes de sociétés (Cass. soc. 20 janvier 1998, 95-41553, *RJS* 1998, n° 281), mais vaut-elle en cas de reprise par un salarié sous la forme d'entreprise individuelle ? Faut-il nécessairement que tous les salariés licenciés deviennent associés ? Si non, faut-il au moins qu'ils soient majoritaires ? Que se passe-t-il alors pour les autres salariés licenciés ? Peuvent-ils invoquer l'article L 1224-1 du Code du travail à leur profit ?

À retenir

Sort des salariés lors de l'adoption d'un plan de cession	
Autorisation de licencier le personnel	• Dérogation importante à l'article L 1224-1 du Code du travail prévue par l'article L 642-5 du Code de commerce : – le jugement adoptant le plan de cession précise le nombre de salariés licenciés, les catégories socio-professionnelles concernées, sans liste nominative ; – l'administrateur ou le liquidateur procède ensuite à la mise en œuvre des licenciements pour motif économique en mentionnant dans la notification le jugement adoptant le plan de cession. Lorsqu'il s'agit d'un grand licenciement économique, le plan est adopté avant l'homologation du PSE par la Direccte qui a 8 ou 4 jours pour donner son accord après la réception de la demande. Les lettres de licenciement doivent être notifiées dans le mois qui suit le jugement adoptant le plan de cession.
Sort des salariés non licenciés	• Ils sont transférés de plein droit au repreneur en application de l'article L 1224-1 du Code du travail. • Ils peuvent invoquer les engagements pris par le repreneur dans le plan, en termes d'emploi, de garantie d'emploi, de conditions de travail. • Aucune garantie de paiement des créances antérieures au transfert par le repreneur par exception au droit commun. Prise en charge par l'AGS des créances salariales nées pendant le maintien provisoire d'activité en cas de liquidation uniquement.
Sort des salariés dans les autres formes de transmission de l'entreprise	
Cas où l'article L 1224-1 s'applique	• Cession isolée d'actifs constituant une entité économique autonome et dont l'activité est poursuivie à l'identique. • Transfert de fait ou frauduleux d'une telle entité.
Cas où l'article L 1224-1 ne s'applique pas	• Reprise interne par la voie d'un plan de redressement. • Cession isolée d'actifs ne constituant pas une entité économique autonome. • Reprise de l'entreprise par ses salariés licenciés.

Pour en savoir plus

- L. Fin-Langer, « Les aspects sociaux de l'opération de reprise de l'entreprise en difficulté », *Rev. proc. coll.* 2010, étude 17.
- A. Mazeaud, « Le transfert d'entreprise dans le cadre des procédures collectives », *DS* 2005, p. 133.
- A. Mazeaud, « Les cessions d'entreprise ou de partie d'entreprise depuis la loi du 26 juillet 2005 relative à la sauvegarde des entreprises », *DS* 2006, p. 12.
- A. Mazeaud, « Reprise d'une entité économique par une personne publique dans le cadre d'un service public administratif (art. 20 de la loi du 26 juillet 2005) », *DS* 2006, p. 383.
- J. Vallansan, « Cession de fonds de commerce et plan de cession », *BJE* 2013, p. 56.
- R. Vatinet, « Sur la place faite aux salariés par la loi de sauvegarde des entreprises du 26 juillet 2005 », *JCP soc.* 2005, 1230.

Pour s'entraîner

Indiquez si la proposition est vraie ou fausse :

1) ***Le plan de cession peut prévoir la modification des contrats de travail repris par le repreneur.***

   ❑ *vrai* ❑ *faux*

2) ***Le plan de cession peut prévoir une liste nominative de salariés licenciés.***

   ❑ *vrai* ❑ *faux*

3) ***Le plan de cession est adopté avant la rédaction du plan de sauvegarde de l'emploi et sa validation par la Direccte.***

   ❑ *vrai* ❑ *faux*

4) ***Il est possible de négocier un accord collectif portant sur le PSE suite à l'adoption d'un plan de cession par le tribunal de commerce.***

   ❑ *vrai* ❑ *faux*

5) ***Le repreneur suite à l'adoption d'un plan de cession peut s'engager à garantir les emplois et ne paye pas les créances salariales antérieures au plan.***

   ❑ *vrai* ❑ *faux*

6) ***Il n'y a aucun aménagement possible au transfert automatique des contrats de travail au cessionnaire d'un fonds de commerce suite à une cession isolée d'actifs décidée par le juge-commissaire.***

   ❑ *vrai* ❑ *faux*

7) ***Lorsque ce sont les salariés licenciés de l'entreprise qui reprennent leur entreprise, les salariés ne peuvent invoquer l'article L 1224-1 du Code du travail pour remettre en cause leur licenciement.***

   ❑ *vrai* ❑ *faux*

Réponses

1) Faux, l'article L 642-5 du Code de commerce n'autorise que les licenciements, mais ne prévoit pas d'exception pour les salariés transférés, qui doivent donc conserver leur contrat de travail initial. Aucun raisonnement *a fortiori* n'a été retenu.

2) Faux, le plan prévoit le nombre et les catégories socio-professionnelles. Il revient ensuite au liquidateur ou à l'administrateur de fixer les critères d'ordre pour déterminer nominativement quels seront les salariés licenciés.

3) Vrai, ce qui pose problème si la Direccte considère que le nombre de licenciements est trop élevé et qu'elle refuse de valider le PSE. Que devient le plan de cession sans son volet social ? La question n'a pas été envisagée par la réforme du 14 juin 2013.

4) Vrai, en théorie, mais qui se révèle difficile à réaliser dans le cadre des délais impartis.

5) Vrai.

6) Vrai.

7) Vrai : il s'agit d'une exception jurisprudentielle.

L'article 6 de la Convention européenne de sauvegarde des droits de l'homme et le contentieux social

Fiche **17**

I. Présentation générale de l'article 6 §1 de la Convention européenne de sauvegarde des droits de l'homme

La Convention européenne de sauvegarde des droits de l'homme et des libertés a été signée dans le cadre du Conseil de l'Europe le 4 novembre 1950 et a été ratifiée par la France le 3 mai 1974. Comme toute convention internationale, elle doit être respectée par l'état français. La particularité de cette convention tient dans l'existence d'une juridiction internationale chargée de condamner les états membres qui ne respecteraient pas cette convention : la Cour européenne des droits de l'homme. Par trois arrêts rendus par l'assemblée plénière le 15 avril 2011 (n° 10-30316, 10-30313 et 10-17049, *Bull.* n° 4), la Cour de cassation reconnaît une portée importante aux arrêts de cette Cour : « les états adhérents à la Convention européenne sont tenus de respecter les décisions de la Cour européenne des droits de l'homme sans attendre d'être attaqués devant elle ni d'avoir modifié leur législation ». Ils ont donc désormais une portée normative aussi forte que le texte même de la Convention. Parmi toutes les dispositions, il en est une qui concerne directement le procès prud'homal : l'article 6§1 qui indique que « toute personne a droit à ce que sa cause soit entendue équitablement, publiquement et dans un délai raisonnable, par un tribunal indépendant et impartial, établi par la loi, qui décidera, soit des contestations sur ses droits et obligations de caractère civil, soit du bien-fondé de toute accusation en matière pénale dirigée contre elle ». Ce texte est applicable à la procédure prud'homale et plusieurs conséquences en découlent :

- le droit à l'accès effectif à une juridiction impartiale : cela suppose de pouvoir saisir un juge indépendant et impartial pour qu'il rende une décision motivée et définitivement tranchée et qui doit être exécutée;
- le droit à un procès équitable qui suppose de respecter des règles procédurales garantissant la rapidité de la décision, l'égalité des armes et le principe du contradictoire.

Ces conséquences ont parfois eu des interprétations particulières dans le contentieux social qu'il s'agit de présenter dans cette fiche.

II. Le droit à l'accès effectif à une juridiction impartiale

A. Le droit à l'accès effectif à un tribunal

Ce droit implique la possibilité pour tout justiciable de saisir une juridiction pour que son affaire soit tranchée conformément aux règles de droit. Le droit positif doit garantir effectivement cet accès, notamment par l'aide juridictionnelle (CEDH, 21 février 1975, n° 4451/10, Golder c./ Royaume Uni). La Cour de cassation y voit une liberté fondamentale ayant pour conséquence l'annulation des mesures prises par l'employeur en représailles d'une action en justice (Cass. soc. 6 février 2013, 11-11740, *JCP soc.* 2013, 1385; voir contra avant : Cass. soc. 20 février 2008, 06-40085, *RDT* 2008, p. 330 et la résistance de certaines cours d'appel : CA Paris, 15 septembre 2011, *RDT* 2011, p. 640), en dehors des cas prévus par le Code du travail, comme en matière de discrimination (C. trav., art. L 1134-3) et de harcèlement (C. trav., art. L 1144-3). La Cour de cassation protège donc désormais le droit d'agir en justice des salariés dans ces différents aspects : la liberté de témoigner en justice (Cass. soc. 29 octobre 2013, 12-22447, *DS* 2014, p. 81, *RDT* 2013, p. 740) ou le droit d'obtenir l'exécution de la décision (Cass. soc. 9 octobre 2013, 12-17882, *RDT* 2014, p. 58; V. aussi Cass. soc. 18 décembre 2013, 12-27383).

Des limites sont cependant autorisées. Il en est ainsi par exemple des règles de procédure au nom d'une bonne administration de la justice et du respect de la sécurité juridique, mais elles ne doivent pas porter atteinte à ce droit par une interprétation déraisonnable ou un formalisme excessif (CEDH, 25 janvier 2000, n° 38366/97 Miragall Escolano c./ Espagne).

En outre, il faut soulever **les cas d'immunité de juridiction** au profit des états et des organisations internationales. La CEDH admet ces cas d'immunité, qui ne sont pas des atteintes au droit à l'accès effectif à un tribunal mais sous certaines conditions. Ainsi lorsqu'il s'agit d'un état, l'immunité de juridiction est limitée aux seuls actes *de jure imperii* et en exclut donc les actes de pure gestion administrative (CEDH, gde ch., 23 mars 2010, n° 15869/02, Cudak c./ Lituanie, *JCP G* 2010, act. 395, C. Picheral). Dès lors les litiges relatifs à un contrat de travail conclus entre un État et un salarié doivent pouvoir être tranchés par une juridiction étatique sous réserve que les fonctions exercées par le salarié ne relèvent pas de la puissance publique (CEDH, 18 janv. 2011, n° 2555/03, Guadagnino c./ Italie et France, emploi d'assistante au service des publications de l'École française à Rome). De même, la France a été condamnée pour non-respect de ce droit à l'accès au juge dans une affaire où une salariée d'une ambassade, pour contester son licenciement, avait saisi le conseil des prud'hommes qui s'était déclaré incompétent. Les juges du fond n'avaient pas expliqué quelles étaient les raisons suffisantes justifiant l'immunité de juridiction (CEDH 29 juin 2011, n° 34869/05, *RDT* 2011, p. 470). La Cour de cassation dans un arrêt du 25 février 1969 de la 1re chambre civile, dit l'arrêt de la Société Levant Epxress Transport, a admis l'immunité de juridiction pour les litiges qui concernent un acte de puissance publique ou qui a été accompli dans l'intérêt du service public. L'immunité ne joue pas dans les litiges concernant les employés des ambassades n'exerçant aucune responsabilité particulière dans l'exercice du service public diplomatique *(*Cass. soc., 10 novembre 1998, 96-41534, *D.* 1999, p. 157 ; voir aussi pour apprécier le licenciement économique suite à la fermeture d'une délégation consulaire : cass. soc. 31 mars 2009, 07-45618, *JCP G* 2009, II, 10097*)* mais joue quand il s'agit d'un litige concernant l'exercice de la souveraineté (Cass. ch. mixte, 20 juin 2003, 00-45629, *JCP G* 2004, II, 10010). Quand il s'agit d'une organisation internationale, la Cour européenne valide cette immunité si les requérants ont d'autres voies de droit pour garantir leur droits prévus par la Convention (CEDH 18 février 1999, 28934/35 Beer et Regan c./ Allemagne et n° 26083/04 Waite et Kennedy c./ Allemagne). La Cour de cassation va dans le même sens et a admis par exemple l'immunité de juridiction dans un conflit opposant un salarié à l'OCDE, son employeur, en raison de l'existence d'un tribunal prévu par les statuts de l'OCDE mais elle vérifie que cet organisme juridictionnel chargé de juger les litiges individuels respecte bien les droits à un procès équitable (Cass. soc. 29 septembre 2010, 09-41030, *JCP soc.* 2011, 1037, voir aussi pour l'Unesco : Cass. soc. 11 février 2009, 07-44240, *Bull. civ.* V, n° 45).

Ensuite s'est posé le problème de la **conformité de la règle de l'unicité de l'instance** au regard de ce droit, puisqu'en cas de non-respect, la demande est irrecevable. Cette impossibilité juridique de saisir le juge avait un impact important avant le revirement du 16 novembre 2010, puisque cette règle s'appliquait même si aucune décision au fond n'avait été rendue par les juges (V. Fiche n° 24). La Cour de cassation a pourtant jugé cette règle conforme à l'article 6 dans des arrêts non publiés (Cass. soc. 28 octobre 1998, 96-43038 ; Cass. soc. 24 juin 2009, 08-40323, inédit), avant même le revirement de jurisprudence.

De même les **règles de prescription** ne portent pas atteinte à ce droit d'agir en justice dans la mesure où il existe des aménagements, des moyens qui permettent d'écarter la prescription en raison d'une incapacité à agir en justice, comme la fraude, l'existence d'un trouble mental ou le fait d'avoir une médiation, une conciliation (Cass. soc. 12 janvier 2011, 09-69348, *JCP soc.* 2011, 1167).

B. Le droit à une juridiction impartiale

La composition même des juridictions compétentes en droit social a été contestée devant la Cour européenne des droits de l'homme en raison de l'intervention de magistrats non professionnels ou de l'intervention de fonctionnaires. Pour la Cour, l'existence de magistrats non professionnels ayant des compétences particulières dans le domaine du travail est une caractéristique commune à de nombreux pays. Elle a ainsi reconnu l'impartialité des juridictions suédoises qui ont une composition échevinale et dont les magistrats non professionnels sont désignés par les organisations syndicales. Elle a d'ailleurs indiqué que le fait d'être du même syndicat que celui dont fait partie un des conseillers prud'homaux n'est pas en soi incompatible avec cette impartialité (CEDH AB Kurt Kellerman c./ Suède, 26 octobre 2004, 41579/98). La Cour de cassation a jugé que la composition des conseils des prud'hommes était conforme à l'article 6 de la Convention en raison du caractère paritaire de la juridiction, de la possibilité de faire appel à un juge départiteur, de la prohibition du mandat impératif et de l'existence de l'appel devant une juridiction supérieure hiérarchiquement composée de magistrats professionnels (Cass. soc. 19 décembre 2003, 02-414129, *Bull. civ.* V, n° 321).

Quant à la participation des fonctionnaires, la Cour européenne a jugé qu'en soit cela n'était pas contraire à l'article 6, mais il faut que leur indépendance soit garantie vis-à-vis de l'une des parties au litige et vis-à-vis de l'état. Ces fonctionnaires ne doivent donc pas recevoir d'instruction de leur supérieur hiérarchique (CEDH, 23 avril 1987, 9273/81, Ettl c./ Autriche). L'absence d'impartialité a ainsi été sanctionnée par la Cour de cassation en raison de la présence de fonctionnaire soumis au pouvoir hiérarchique du ministre chargé de la sécurité sociale à propos des tribunaux du contentieux (Ass. plén. 22 décembre 2000, 99-11615, *Bull.* n° 12) et de la Cour nationale de l'incapacité et de la tarification de l'assurance des accidents du travail (Ass. plén. 22 décembre 2000, 99-11303, *Bull.* n° 12). La loi du 17 janvier 2002 a modifié la composition de ces juridictions pour les rendre conformes à cette exigence.

Il reste que parfois la juridiction compétente ne présente pas toutes les garanties d'impartialité et d'indépendance nécessaires pour rendre une décision présentant toutes les garanties d'un procès équitable. Ce risque est d'autant plus élevé que les conseils des prud'hommes sont composés de magistrats non professionnels, élus parmi leurs pairs.

Ce risque peut concerner toute la juridiction. Il est alors possible de demander le dépaysement sur le fondement de l'article 47 du Code de procédure civile (V. Fiche n° 19). La question se pose de savoir si dans d'autres circonstances, il est possible de demander le renvoi sur le fondement de l'article 6 de la Convention européenne des droits de l'homme pour cause de de suspicion légitime entrainant un dysfonctionnement collectif du conseil des prud'hommes. Certaines cours d'appel l'ont admis (voir par exemple CA Douai, 30 avril 1999, n° 1999-100 : le renvoi a été admis pour un litige portant sur un licenciement économique alors que le DHR siégeait dans le bureau de jugement et avait le pouvoir de représenter la société devant le bureau de conciliation).

Ce risque peut ne concerner qu'un seul conseiller prud'homal. Alors que le Conseil des prud'hommes est déjà saisi, il est possible de demander la récusation d'un des conseillers pour qu'il soit écarté du conseil des prud'hommes saisi (V. Fiche n° 19). L'article L 1457-1 du Code du travail prévoit ainsi les 5 causes de récusation particulières, mais n'épuise cependant pas tous les problèmes de partialité qui peuvent exister devant le conseil des prud'hommes. La Cour de cassation depuis un arrêt du 18 novembre 1998 (Cass. soc. 18 novembre 1998, 94-43840, *Bull. civ.* V, n° 506) considère donc désormais que cette liste n'est plus limitative en se fondant sur l'article 6§1 de la Convention qui a donc un effet direct. Depuis, elle a donc admis des causes de récusation objectives mais aussi subjectives.

L'impartialité objective ou fonctionnelle interdit de cumuler des fonctions juridictionnelles dans une même affaire. Aujourd'hui, elle est appréciée *in concreto* puisqu'il faut rechercher quel est le degré d'implication réelle dans les affaires successives. Celui qui a exercé une mission avant le jugement ne peut plus ensuite la juger en toute impartialité. L'article L 1457-1 du Code du travail prévoit que le fait d'émettre un avis écrit dans une affaire est une cause de récusation, rejoignant ainsi la position de la CEDH pour qui le fait d'émettre un avis dans une affaire porte atteinte à cette exigence d'impartialité (arrêt Procola c./ Luxembourg, 28 septembre 1995, *D.* 1996, 301). Ainsi, un conseiller ayant statué dans la formation de référé pour accorder une provision ne peut plus ensuite juger au fond, mais il n'y a pas atteinte à l'impartialité objective quand ce juge des référés n'a pris qu'une mesure conservatoire (Ass. plén. 6 novembre 1998, 95-11006, *Bull.* n° 4 ; Ass. plén. 6 novembre 1998, 94-17709, *Bull.* n° 5). Quid alors de la conciliation préalable ? La question n'a jamais été tranchée. En revanche, le fait pour des conseillers prud'homaux d'avoir participé à des formations de jugement ayant statué sur des litiges analogues n'est pas de nature à faire naître un doute légitime sur leur impartialité (Cass soc. 18 février 2003, 01-11170, *RJS* 2003, 994).

L'impartialité subjective ou encore personnelle est liée aux risques qu'il a de ne pas rendre une décision équitable en raison de ses liens avec l'une des parties au litige. Ainsi, la Cour de cassation a affirmé, au visa de l'article 6, qu'une personne qui avait assisté une partie lors d'un procès prud'homal ne pouvait pas être membre de la juridiction appelée à se prononcer sur le différend opposant les mêmes parties (Cass. soc. 8 janvier 1997, 94-42241, *Bull. civ*. V, n° 11). De même, un conseiller prud'homal ne peut pas exercer de mission d'assistance ou de mandat de représentation devant le conseil des prud'hommes dont il est membre, la Cour de cassation ayant élargi les articles L 1453-2 et L 1453-3 écrits uniquement pour le président et le vice-président (Cass. soc. 3 juillet 2001, 99-42735, Bonnaffé c./ Ducrocq, *DS* 2001, p. 898, *D*. 2001, p. 2712). En revanche, le fait pour un conseiller prud'homal d'appartenir au même syndicat n'est pas suffisant pour faire naître un doute sur cette impartialité, la Cour de cassation (Cass. soc. 19 décembre 2003, 02-41429, *Bull. civ.* n° 321) suivant la CEDH sur ce point (arrêt AB Krut Kellerman précité).

Illustrations de cas de récusation de conseillers prud'homaux

> *Ainsi ont pu être récusés un conseiller qui avait été sous un lien de subordination avec l'une des parties et qui a été le supérieur hiérarchique de l'autre (Cass. soc. 27 janvier 2009, 07-42967,* JCP soc. *2009, 1169) ou un conseiller qui avait participé à une réunion des délégués du personnel au sein de la société (CA Bourges, 2 mars 2011, n° 01/00251) ou enfin un conseiller qui était intervenu en qualité de défenseur syndical dans un litige opposant la société à 56 de ses salariés (CA Grenoble, 4 juillet 2001, n° 01/2362).*

Lorsque la procédure de récusation n'a pas été mise en place, il est possible de demander l'annulation de la procédure en cas de doute légitime sur l'impartialité de l'un des conseillers (Cass. soc. 27 janvier 2009, 07-42967, JCP soc. 2009, 1169 : en l'espèce, l'un des conseillers employeurs avait été l'ancien DRH de la société défenderesse et ancien supérieur hiérarchique de la salariée demanderesse). Il en est de même lorsque le risque de partialité apparaît une fois le jugement rendu (Cass. soc. 8 janvier 1997, 94-42241, Bull. civ. V, n° 11).

III. Le droit à un procès équitable

Le droit à un procès équitable entraîne des conséquences en termes de règles procédurales.

A. Le droit à une justice rendue dans un délai raisonnable

Cette exigence d'un délai raisonnable pour obtenir une décision de justice **est appréciée de manière particulière en droit du travail**, car ces litiges ont une importance considérable pour la situation professionnelle de l'intéressé. Cette appréciation tient compte de la complexité de la décision, des voies de recours, du comportement des parties. La France a ainsi été condamnée pour non-respect de cette exigence dans une affaire qui avait duré 3 ans et 10 mois entre la saisine du conseil des prud'hommes et la décision de la Cour de cassation, mais le salarié en était à son troisième licenciement (CEDH, 14 novembre 2000, 38437/97, Delgado c./ France, *D.* 2001, p. 2787). L'absence de jugement dans un délai raisonnable ne remet pas en cause la validité de la décision prise, mais permet au plaideur d'assigner l'état en réparation du dommage pour fonctionnement défectueux du service de la justice (Cass. civ. 1re, 20 février 2008, 06-20384, *JCP soc.* 2008, 1529.

Cette exigence vaut également dans **l'exécution de la décision.** Cette exécution doit être garantie, y compris par le recours à la force publique. Cette conséquence connaît cependant des limites, les états ayant une marge d'appréciation et peuvent refuser l'exécution en raison de troubles à l'ordre public (voir pour un exemple où aucune méconnaissance de l'article 6 n'a été reconnue dans une affaire où un préfet a refusé d'exécuter une ordonnance d'expulsion de grévistes : CEDH 11 juillet 2013, 63684/09 Sofiran et BDA c./ France). Elle doit avoir lieu dans un délai raisonnable, qui là encore est apprécié de manière particulière en droit du travail en fonction des enjeux de la procédure, de la complexité de la décision et du comportement du requérant et de l'état. Ainsi un salarié qui attend 5 ans pour obtenir sa réintégration après la nullité du licenciement peut invoquer le non-respect de cette exigence (CEDH, 20 décembre 2007, 23657/03, Miclici c./ Roumanie, *JCP soc.* 2008, 34).

B. L'exigence d'un débat public

Selon la Cour européenne des droits de l'homme, chaque partie a le droit que sa cause soit entendue lors d'une audience publique, pour préserver la confiance dans la justice. Des exceptions sont cependant autorisées lorsqu'elles ont pour objet la protection de la vie privée ou en cas de harcèlement moral ou sexuel. Devant le bureau de jugement du conseil des prud'hommes, le principe est garanti conformément au droit commun (C. proc. civ., art. 22 et 433), le président pouvant décider que les débats auront lieu en chambre du conseil. Devant le bureau de conciliation, l'audience n'est publique que lorsque il utilise ses pouvoirs juridictionnels (C. trav., art. R 1454-15).

La question s'est posée à propos de la Cour nationale de l'incapacité et de la tarification de l'assurance des accidents du travail pour laquelle cette règle n'était pas prévue, aucune audience n'étant même organisée, en raison du secret médical nécessairement invoqué dans ces litiges. La Cour de cassation, dans un arrêt du 22 décembre 2000 (Ass. plén. 22 décembre 2000, 98-19376, *Bull.*

n° 12), a donc affirmé que cette règle n'était pas conforme à l'article 6, la Cour aurait dû convoquer les intéressés lors d'une audience qui leur permettent de faire valoir publiquement leurs droits. La loi du 17 janvier 2002 a modifié cette procédure pour respecter cette exigence.

C. L'exigence d'un débat contradictoire et de l'égalité des armes

Selon la Cour européenne des droits de l'homme, ce sont deux exigences distinctes qui découlent de l'article 6 : chaque partie doit avoir un égal accès aux pièces, doit avoir les mêmes moyens pour faire valoir ses arguments et il doit exister une égalité dans la participation des parties à la recherche des preuves (CEDH, 27 octobre 1993, Dombo Beheer, n° 14448/88). Le principe d'égalité des armes recherche donc un juste équilibre entre les parties. Le principe du contradictoire exige que chaque partie puisse faire connaître les éléments nécessaires au succès de ses prétentions mais aussi qu'elle puisse prendre connaissance et discuter de toute pièce présentée au juge. Ce principe doit aussi être respecté par le juge et implique donc aussi les tiers (CEDH 28 août 1991, 11170/84, Brandstetter). Ces deux exigences ont suscité des interrogations en droit social.

Concernant **le principe d'égalité des armes**, plusieurs dispositions du droit du travail aménagent la charge de la preuve en faveur du salarié, qui bien que demandeur n'a pas à établir tous les éléments de preuve nécessaires à ses allégations et à ses prétentions. Ainsi, la Cour de cassation a jugé conforme à cette exigence l'aménagement de la charge de la preuve réalisée par l'article L 1134-1 du Code du travail en matière de discrimination, en raison de la nécessité de protéger les droits fondamentaux de la personne humaine (Cass. soc. 28 janvier 2010, 08-41959, *Bull. civ.* V, n° 28; Cass. soc. 7 février 2012, 10-19505, *JCP soc.* 2012, 1150). De même, elle a jugé que l'intervention de la Halde dans les procès prud'homaux pour soutenir une demande d'un salarié en cas de discrimination ne porte pas atteinte à ce principe car les observations, appréciées souverainement par le juge, sont portées à la connaissance des deux parties, qui peuvent y répondre par écrit ou à l'oral (Cass. soc. 2 juin 2010, 08-40628, *JCP soc.* 2010, 1241). Enfin, la Cour de cassation en a également déduit la loyauté de la preuve (Ass. plén. 7 janvier 2011, 09-14316, *JCP E* 2011, 1053, Cass. soc. 23 mai 2012, 10-23521, *JCP soc.* 2012, 285 : pour un enregistrement personnel fait par un salarié et écouté de manière clandestine par l'employeur).

Concernant **le principe du contradictoire**, l'assemblée plénière de la Cour de cassation a considéré non conforme à ce principe les règles de procédure applicables avant la réforme du 17 janvier 2002 à la Cour nationale de l'incapacité et de la tarification de l'assurance des accidents du travail, selon laquelle le rapport du médecin, choisi à partir d'une liste fixée par le ministre chargé de la sécurité sociale, n'était pas communiqué aux parties (Ass. plén. 22 décembre

2000, 98-5567 et 98-21238, *Bull. civ.* n° 12). La réforme de 2002 est venue modifier ces règles pour respecter ce principe du contradictoire. En revanche, elle a estimé que respecte ce principe du contradictoire l'article L 1235-4 du Code du travail qui permet au conseil des prud'hommes saisi d'un licenciement sans cause réelle et sérieuse de condamner d'office l'employeur à rembourser les Assedics de tout ou partie des allocations-chômage dès lors que l'employeur peut demander le renvoi de l'affaire devant cette juridiction (Cass soc. 18 janvier 1989, 86-45714, *D.* 1989, p. 320, *RTDciv*. 1989, 374).

D. Le principe de prééminence du droit

Ce droit à un procès équitable implique le droit à l'obtention d'une décision de justice qui soit motivée et qui respecte le principe de sécurité juridique. À ce titre, la décision doit trancher définitivement le litige et le législateur ne peut intervenir dans le déroulement d'un procès en cours. La Cour européenne des droits l'homme a décidé d'écarter les lois dites de validation rétroactives au motif qu'elles constituent une ingérence du législateur dans l'administration de la justice afin d'influer sur le dénouement judiciaire du litige, remettant en cause le droit applicable au litige. Mais cette condamnation n'est pas absolue, car elles peuvent être valables si elles sont justifiées par un motif d'intérêt général impérieux et proportionné au but recherché (CEDH, 28 octobre 1999, 24846/94, 34165/96 à 34173/96, Zielinski et Pradal c./ France). La Cour de cassation applique désormais cette jurisprudence, même si la loi a été déclarée conforme à la constitution. Cette question a été soulevée à propos de l'article 29 de la loi Aubry du 13 juin 1998 qui a validé rétroactivement les dispositions conventionnelles relatives aux heures d'équivalence pour les gardes de nuit dans les établissements et services pour personnes inadaptées et handicapées. La Chambre sociale (Cass. soc. 24 avril 2001, 00-44148, *Bull. civ.* V, n° 130) a écarté cette disposition en raison de sa non-conformité à l'article 6 puis l'assemblée plénière (Ass. plén. 24 janvier 2003, 01-41757, *D.* 2003, 1648, *RDSS* 2003, 306) a rendu une décision contraire. La Cour européenne des droits de l'homme, saisie du litige, a déclaré cette disposition non conforme à l'article 1 du protocole additionnel n° 1 et à l'article 6 car il s'agit d'une ingérence illégitime dans la résolution des litiges, cette mesure n'étant justifiée que par des considérations financières (CEDH, Arnolin c./ France, 9 janvier 2007, n° 20127/03, *JCP soc.* 2007, 1302). La chambre sociale de la Cour de cassation a résisté à l'assemblée plénière en invoquant dans son visa l'arrêt Arnolin (Cass. soc. 13 juin 2007, 06-40823 à 06-40830, *Bull. civ.* V, n° 99).

À retenir

Le droit à un procès équitable est garanti par l'article 6 de la Convention européenne de sauvegarde des droits de l'homme. Cela a pour conséquences :

- **le droit à l'accès effectif à un tribunal :** il s'agit d'une liberté fondamentale entraînant la nullité de toutes les mesures prises par l'employeur en rétorsion d'une action en justice : cass. soc. 6 février 2013.

  Conformité à l'article 6 des règles de prescription et d'unicité de l'instance

  Les cas d'immunité de juridiction prévus pour les états ne sont pas des atteintes au droit à cet accès lorsqu'ils concernent les actes de puissance publique ou pour les actes accomplis dans l'intérêt du service public.

  Les cas d'immunité de juridiction prévus pour les organisations internationales sont valides si les requérants ont d'autres voies de droit pour garantir leurs droits ;
- **le droit à un tribunal impartial** : conformité de la composition des conseils de prud'hommes à l'article 6 : cass. soc. 19 décembre 2003, mais non-conformité de la composition des tribunaux du contentieux et de la CNITAAT (Ass. plén. 22 décembre 2000) avant la réforme du 17 janvier 2002.

  L'article 6 a permis de trouver des nouveaux cas de récusation des conseillers prud'homaux. Ainsi, sont garanties l'impartialité subjective et objective ;
- le droit à une justice rendue dans un **délai raisonnable** apprécié de manière spéciale en droit du travail et qui concerne le fait de rendre la décision mais aussi son exécution : arrêt de la CEDH 14 novembre 2000 Delgado c./ France et CEDH 20 décembre 2007 Miclici c./ Roumanie ;
- **exigence d'un débat public** : censure par la Cour de cassation 22 décembre 2000 pour non-respect de cette règle pour la CNITAAT ;
- exigence de respecter le **principe d'égalité des armes** : qui a pour conséquence la loyauté de la preuve (Ass. plén. 7 janvier 2011) ;
- exigence du **principe du contradictoire** ;
- **principe de prééminence du droit** : permet de censurer des lois de validation rétroactives, comme le contentieux d'un article de la loi Aubry validant rétroactivement les dispositions conventionnelles relatives aux heures d'équivalence pour les gardes de nuit.

Pour en savoir plus

- J.L. Cioffi, « L'influence de l'article 6 de la Convention européenne de sauvegarde des droits de l'homme en matière de récusation prud'homale », *DS* 2002, p. 168.

- S. Guinchard, « Procès équitable », *Répertoire procédure civile*, Dalloz, mars 2013.
- S. Hénnion-Moreau, « L'indépendance et l'impartialité des juridictions sociales », Mélanges J. Normand, 2003, p. 219.
- M. Keller et T. Grumbach, « La prétendue partialité du Conseil des prud'hommes ou « qui veut faire l'ange fait la bête » », *D.* 2003, p. 979.
- J. Mouly et J.P. Marguénaud, « Limpartialité des juridictions du travail devant la Cour européenne des droits de l'homme », *DS* 2005, p. 803.
- J. Mouly et J.P. Marguénaud, « La chambre sociale de la Cour de cassation, pionnière de la diffusion de la Convention européenne de sauvegarde des droits de l'homme en France », *JCP soc.* 2009, 1001.
- D. Roman, « Le contentieux technique de la sécurité sociale à l'épreuve du procès équitable », *DS* 2001, p. 734.
- C. Tétard-Blanquart, « Du risque de partialité devant le Conseil des prud'hommes », *JCP soc.* 2011, 1447.

Pour s'entraîner

Indiquez si la proposition est vraie ou fausse :

1) ***L'aménagement de la charge de la preuve réalisée par l'article L 1134-1 du Code du travail en matière de discrimination est contraire à l'article 6 de la Convention européenne des droits de l'homme.***

❑ ***vrai*** ❑ ***faux***

2) ***L'article 6 implique le droit à l'exécution des décisions de justice y compris avec la force publique.***

❑ ***vrai*** ❑ ***faux***

3) ***Le fait pour un conseiller prud'homal d'appartenir au même syndicat que l'une des parties peut faire naître un doute sur l'impartialité.***

❑ ***vrai*** ❑ ***faux***

4) ***Un conseiller ayant statué dans la formation de référé pour accorder une provision ne peut plus juger ensuite au fond.***

❑ ***vrai*** ❑ ***faux***

Réponses

1) Faux, solution jugée par la Cour de cassation le 28 janvier 2010 et le 7 février 2012.

2) Vrai, cette conséquence connaît cependant des limites notamment en raison de troubles à l'ordre public.

3) Faux, cela ne suffit pas ni pour la Cour de cassation ni pour la Cour européenne des droits de l'homme.

4) Vrai, il y a une atteinte à l'impartialité objective. En revanche, lorsqu'il ne prend qu'une mesure conservatoire, il n'y a plus d'atteinte (Ass. plén. 6 novembre 1998).

Fiche
18

La question prioritaire de constitutionnalité (QPC) et le contentieux social

Définition

QPC : question prioritaire de constitutionnalité : moyen qui permet à tout justiciable de soulever l'inconstitutionnalité d'une disposition à l'occasion d'un litige.

I. Le domaine de la QPC en droit social

La loi organique du 10 décembre 2009, entrée en vigueur le 1er mars 2010 permet désormais à chaque citoyen, à l'occasion d'un litige, de soulever l'inconstitutionnalité d'une disposition législative qui est normalement applicable dans le contentieux. Cette question prioritaire de constitutionnalité peut être posée devant toutes les juridictions civiles de première instance ou d'appel et donc devant les juridictions susceptibles d'intervenir dans le contentieux social (V. Fiche n° 20). Le juge saisi doit alors s'assurer que la question n'est pas dépourvue de caractère sérieux. Si ce n'est pas le cas, il doit transmettre sans délai la question à la Cour de cassation qui joue également un rôle de filtre : c'est elle qui décide de transmettre ou non la question au Conseil constitutionnel. Plusieurs conditions doivent être réunies pour que le renvoi soit décidé.

A. Les dispositions pouvant être contestées

Ne sont éligibles à ce contrôle que les dispositions législatives applicables au litige. Ce terme mérite plusieurs explications. Tout d'abord, cela vise non seulement les lois, mais aussi les textes à valeur législatif tels que les ordonnances de l'article 38 de la Constitution, mais aussi les accords nationaux interprofessionnels repris par la loi. Il faut préciser que ce n'est pas l'intégralité de la loi qui est soumise au contrôle, mais seulement la disposition pertinente qui est applicable au litige. Peu importe la date d'entrée en vigueur de la loi. En revanche en sont exclues les dispositions règlementaires et les lois qui transposent les directives communautaires en raison de la primauté du droit communautaire sur le droit interne (Cass. soc. 15 février 2011, 10-40063, QPC, inédit).

Le Conseil constitutionnel a également jugé qu'était soumise à ce contrôle la portée effective d'une norme qu'une interprétation jurisprudentielle constante confère à cette disposition, censurant la position de la Cour de cassation (C. const. 6 oct. 2010, n° 2010-39, QPC, *D.* 2010, p. 2293). La Chambre sociale suit désormais cette position en jugeant recevable la QPC mais pour l'instant a refusé de transmettre au Conseil de telles questions estimant les autres conditions non remplies. Ainsi, elle a refusé de renvoyer la question portant sur l'interdiction de licencier pour motif économique par un employeur appartenant à un groupe de société, issue d'un arrêt du 18 janvier 2011. Elle a estimé que cette décision ne prive pas l'employeur, du seul fait de son appartenance à un groupe de sociétés, de la possibilité de licencier son personnel pour motif économique quand il cesse son activité. Il s'agit d'une interprétation erronée de cette jurisprudence et la question ne présente donc pas un caractère sérieux (Cass. soc. 16 novembre 2011, 11-40071, *JCP soc.* 2012, 1028). La difficulté posée par cette jurisprudence réside dans le fait que la Cour de cassation est à la fois juge et partie : elle édicte non seulement la règle en vertu de son pouvoir d'interprétation de la solution et en même temps elle doit vérifier les conditions pour un éventuel contrôle de constitutionnalité. Il faut enfin signaler la distinction qui existe entre l'interprétation jurisprudentielle d'une règle législative soumise à la QPC et les règles jurisprudentielles qui sont exclues de ce contrôle. Le Conseil constitutionnel avait posé cette distinction en exigeant de préciser le texte précis interprété. La Cour de cassation suit cette position et a ainsi refusé de transmettre la QPC relative à la conformité à la liberté contractuelle de la règle jurisprudentielle imposant une contrepartie financière à la clause de non-concurrence (Cass. soc. 28 novembre 2012, 11-17941, *DS* 2013, p. 173 et *RDT* 2013, p. 269). C'est en effet des arrêts du 10 juillet 2002 qui avaient imposé cette condition. Bien qu'ayant cité dans leur demande les articles 1134 du Code civil et L 1121-1 du Code du travail, la Cour de cassation estime qu'il ne s'agit pas d'une interprétation mais bien d'une règle jurisprudentielle. Citer un texte ne suffira donc pas, si cela peut s'apparenter à un artifice. Reste à savoir quels sont les critères précis de distinction et la liste de ces règles jurisprudentielles en droit du travail. Les solutions rendues sur le fondement de l'adage « à travail égal, salaire égal » pourraient rentrer dans ce cadre.

B. La violation des droits et libertés garantis par le bloc de constitutionnalité

De l'autre côté, ne peuvent être invoqués que les droits et les libertés garantis par le bloc de constitutionnalité. Ne peut être citée une violation des articles 34 et 37 de la Constitution portant sur la répartition du domaine de la loi et du pouvoir réglementaire. Certaines règles posent cependant problème comme l'insuffisance de la loi, le défaut de clarté de la loi.

Peuvent être invoqués des droits reconnus par la déclaration des droits de l'homme et du citoyen de 1789 ou issus du préambule de la constitution de 1946 :

- l'égalité devant la loi, la présomption d'innocence;
- des droits sociaux individuels : liberté d'entreprendre, la liberté contractuelle, le droit au repos, le droit à la santé, la liberté d'expression, l'égalité entre les hommes et les femmes;
- des droits sociaux collectifs tels que le droit de grève, le droit de participation à la gestion des entreprises, la liberté syndicale, le droit à la négociation collective.

II. Les conditions de la QPC en droit social

Voyons les conditions de fond, puis les règles de procédure.

A. Les conditions de fond

Comme dans les autres matières, la Cour de cassation vérifie, au-delà du domaine, les conditions suivantes :

- la disposition ne doit pas déjà avoir été déclarée conforme à la constitution dans les motifs ou le dispositif d'une décision du Conseil constitutionnel;
- la question doit être nouvelle selon les termes du Conseil du 9 décembre 2010 : ne sont considérées comme nouvelles que les QPC qui invoquent une disposition constitutionnelle dont le Conseil constitutionnel n'a pas encore fait application. Or, la plupart des principes fondamentaux ont déjà été interprétés par le Conseil. À défaut, la Cour de cassation vérifiera alors la condition suivante :
- la question posée doit avoir un caractère sérieux. Cette condition est assez subjective et fait dire à certains auteurs que la Cour de cassation sort de son rôle et qu'en réalité elle exerce par ce biais un pré-contrôle de constitutionnalité.

Illustrations du caractère non sérieux de la demande :

N'est pas sérieuse la QPC portant sur la conformité au principe d'égalité de l'article L 641-4 du Code de commerce obligeant le liquidateur à licencier dans les 15 jours qui suivent le jugement de liquidation les salariés tout en en respectant l'obligation de reclassement, cette différence de traitement étant justifiée par la prise en charge des créances par l'AGS (Cass. soc. 6 oct. 2011, 11-40057, QPC. Act. proc. coll. *2011, n° 294). Il en est de même de la QPC portant sur la conformité à la liberté individuelle de chaque salarié d'agir en justice de l'article L 2132-3 du Code du travail qui donne qualité à agir à un syndicat pour défendre l'intérêt collectif de la profession (Cass. soc. 5 juin 2013, 12-27478, QPC,* RDT *2013, p. 450). Peut encore être citée, parmi toutes les décisions, celle qui a refusé de transmettre une QPC portant sur la conformité à la liberté d'entreprendre, au droit à un procès équitable, à la séparation des pouvoirs de la règle prévoyant la nullité du licenciement d'un salarié protégé sans autorisation (Cass. soc. 20 février 2013, 12-40095, QPC,* RDT *2013, p. 231).*

Illustration du caractère sérieux de la demande :

Est sérieuse la question concernant la conformité aux articles 6 et 16 de la Déclaration des droits de l'homme de 1789 de la règle prévoyant que la commission arbitrale des journalistes fixant et révisant, sans possibilité d'appel, les indemnités de licenciement de certains journalistes (Cass. soc. 9 mars 2012, 11-22849, QPC, JCP soc. *2012, 143).*

B. Les conditions de procédure

La question ne peut être soulevée d'office par le juge. Il s'agit d'une demande accessoire avancée par l'une des parties au litige qui, pour être recevable doit être formulée dans un écrit distinct et motivé. En revanche, si ce formalisme est respecté, elle peut être soulevée pour la première fois devant le juge du fond, en appel mais aussi en cassation. Il faut cependant préciser que le juge peut reformuler la question pour la rendre plus claire ou pour lui donner son exacte qualification, sans pour autant pouvoir la modifier (Cass. soc. 14 décembre 2010,10-40 050).

Cette demande peut avoir un effet dilatoire car elle peut permettre de gagner du temps. En effet, si les conditions de fond sont réunies, le juge saisi statue sans délai sur la décision de transmettre ou non à la Cour de cassation. Lorsque la disposition est contestée à la fois au regard de la constitution et au regard des normes internationales, le juge doit regarder d'abord le problème de l'inconstitutionnalité de la disposition. Cette transmission doit alors intervenir dans un délai de 8 jours. La Cour de cassation a 3 mois pour statuer sur le renvoi ou non au Conseil constitutionnel. En cas de renvoi, ce dernier a également 3 mois pour rendre sa décision. Pendant ce temps, le juge sursoit à statuer sauf si la personne est privée de liberté en raison de l'instance ou si la juridiction doit statuer rapidement en raison de l'urgence, comme en matière de référé. Mais cette procédure permet également d'avoir une réponse encadrée dans un délai relativement court.

La décision de renvoi ou de non renvoi n'est pas susceptible de recours.

III. Les conséquences d'une QPC transmise au Conseil constitutionnel en droit social

Le Conseil constitutionnel peut rendre plusieurs décisions.

A. La décision de conformité à la Constitution

Comme dans les autres matières, le Conseil constitutionnel peut considérer que la loi est conforme à la Constitution. Il s'agit du cas le plus fréquent. Il opère le contrôle par rapport aux dispositions citées dans la question mais également par rapport aux autres dispositions du bloc de constitutionnalité (Voir par exemple : conformité à la constitution de l'article L 2324-2 du Code du travail subordonnant la désignation d'un représentant syndical au comité d'entreprise à la condition d'y avoir des élus : C. const. 3 février 2012, n° 2011-216, QPC, *JCP soc.* 2012, 1187). Une fois cette décision de conformité rendue, il sera impossible de soulever à nouveau une QPC relative à la même disposition législative. De plus, le procès reprend devant le juge saisi qui devra donc appliquer la règle qui avait été contestée. Pour autant, la disposition peut encore faire l'objet d'un contrôle de conventionnalité devant les juges du fond : à l'occasion d'un litige, il peut être soulevé la non-conformité d'une loi à une convention internationale. Dans ce cas, le juge saisi doit opérer ce contrôle et en cas de non-conformité à cette convention, il lui revient d'écarter la disposition des normes applicables au litige. Elle ne disparaît donc pas de l'ordonnancement juridique et ce contrôle n'est soumis à aucune condition particulière. Une règle conforme à la constitution n'est pas pour autant conforme à une convention internationale comme la Convention européenne de sauvegarde des droits de l'homme et du citoyen ou les conventions de l'OIT. Selon la loi de 2009, la QPC doit être soulevée avant le contrôle de conventionnalité.

Illustration d'une QPC suivie d'un contrôle de conventionnalité :

Le Conseil constitutionnel a jugé conforme à la constitution les dispositions de l'article L. 1111-3 du Code du travail précisant les modalités de calcul des effectifs (C. const. 29 avril 2011, n° 2011-122 suite à une QPC transmise par la Chambre sociale de la Cour de cassation le 16 février 2011, 10-40062). Pour autant, l'une des parties invoque la non-conformité de cet article au regard de l'article 27 de la Charte sociale des droits fondamentaux portant sur le droit à l'information et à la consultation des travailleurs au sein de l'entreprise. La Cour de cassation a donc posé une question préjudicielle à la CJUE portant non seulement sur l'applicabilité directe de ce texte aux relations entre particuliers et en cas de réponse positive sur la conformité de ce texte du Code du travail à cette disposition communautaire (Cass. soc. 11 avril 2012, 11-21609, JCP soc. *2012, 1301). La CJUE a décidé que ce texte n'était pas conforme au droit de l'Union incluant l'article 27 de la Charte et la directive 2002-14, mais pour autant l'article 27 de la Charte n'est pas directement applicable dans un litige entre particuliers (CJUE, 15 janvier 2014, aff. C-176/12, Association Médiation sociale c./ Union sociale des syndicats CGT et a.).*

B. La décision de non-conformité à la Constitution

Le Conseil constitutionnel peut également déclarer la disposition non conforme à la constitution et donc l'abroger : la norme jugée non conforme est non seulement écartée du litige mais disparaît aussi de l'ordonnancement juridique. Cette abrogation peut être différée, pour permettre au législateur de voter à nouveau une loi qui serait conforme, ou immédiate, créant ainsi parfois un vide législatif que le parlement se doit de combler au plus vite.

Illustration d'une abrogation immédiate :

> *Il en a été ainsi par exemple de l'abrogation par le Conseil constitutionnel des dispositions du Code pénal sanctionnant le harcèlement sexuel (Cons. const. 4 mai 2012, n° 2012-240,* JCP soc. *2012, 1258), en raison du manque de précision de l'infraction et donc du non-respect du principe de légalité des délits et des peines, ce que certains auteurs avaient déjà dénoncé (Voir la Controverse : « La définition du harcèlement sexuel est-elle satisfaisante ? »,* RDT *2011, p. 348). La loi du 6 août 2012 n° 2012-954 donne désormais une nouvelle définition plus précise. Dans l'attente de la réforme, le juge saisi de la QPC a donc dû juger le litige en écartant cette loi qui avait disparu de l'ordre juridique.*

C. La décision de conformité assortie d'une réserve d'interprétation

Le Conseil constitutionnel peut enfin émettre une réserve d'interprétation : la disposition est conforme à la constitution sous réserve qu'elle soit interprétée dans le sens indiqué par le Conseil. Dans l'affaire en cours, le juge saisi doit évidemment tenir compte de cette réserve d'interprétation. Mais, la Cour de cassation doit aussi modifier sa jurisprudence et suivre cette réserve si elle retenait une interprétation différente.

Illustration d'une décision de conformité assortie d'une réserve d'interprétation :

> *Il en a été ainsi en matière de compétence du TASS pour les demandes de réparation des accidents du travail et des maladies professionnelles. Suite à la décision du Conseil constitutionnel du 18 juin 2010 (2010-8, QPC,* JCP soc. *2010, 1361), la Cour de cassation fixe une séparation plus nette de compétence entre le conseil des prud'hommes et le TASS : le salarié ne peut plus désormais demander la réparation de son préjudice à l'occasion d'un litige portant sur la mauvaise exécution du contrat de travail au conseil des prud'hommes (Cass. soc. 30 septembre 2010, 09-41451, Procédures 2010, comm. 377). Il en a été de même pour le licenciement des salariés protégés exerçant leur mandat à l'extérieur de l'entreprise (voir l'exercice).*

Pour en savoir plus

- J.-F. Akandji-Kombé, « Question prioritaire de constitutionnalité et droit social. Premier Bilan et perspectives », *RDT* 2010, p. 628.
- J.-F. Akandji-Kombé et M.-F. Mazars, « QPC : La cour de cassation filtre-t-elle trop ? », *RDT* 2010 p. 622.

- V. Bernaud, « Le Conseil constitutionnel, la Cour de cassation et les questions prioritaires de constitutionnalité relatives au droit du travail », *DS* 2011, p. 141.
- V. Bernaud, « Vers un renouvellement du droit constitutionnel du travail par les « décisions QPC » », *DS* 2011, p. 1011.
- V. Bernaud et F. Petit, « La Cour de cassation face aux premières QPC en matière de droit du travail », *D.* 2010, chron. 2264.
- A. Bugaba, « La QPC et le droit constitutionnel du contrat de travail », *JCP soc.* 2011, 1265.
- R. Brihi, « La QPC et le droit syndical », *JCP soc.* 2011, 1268.
- J.-F. Cesaro, « La QPC sociale, l'Eldorado des causes perdues ? », *JCP soc.* 2011, 1266.
- O. Dutheuiller de Lamothe, « Existe-t-il un droit constitutionnel du travail ? », *JCP soc.* 2012, 1050.
- G. Jolivet, « Les relations de travail à l'épreuve de la QPC », *JCP soc.* 2010, 1353.
- C. Radé, « La QPC et le droit du travail : a-t-on ouvert la boîte de Pandore ? », *DS* 2010, p. 873.
- A. Teissier, « La QPC sociale : vers de nouvelles stratégies judiciaires ? », *JCP soc.* 2011, 1267.

À retenir

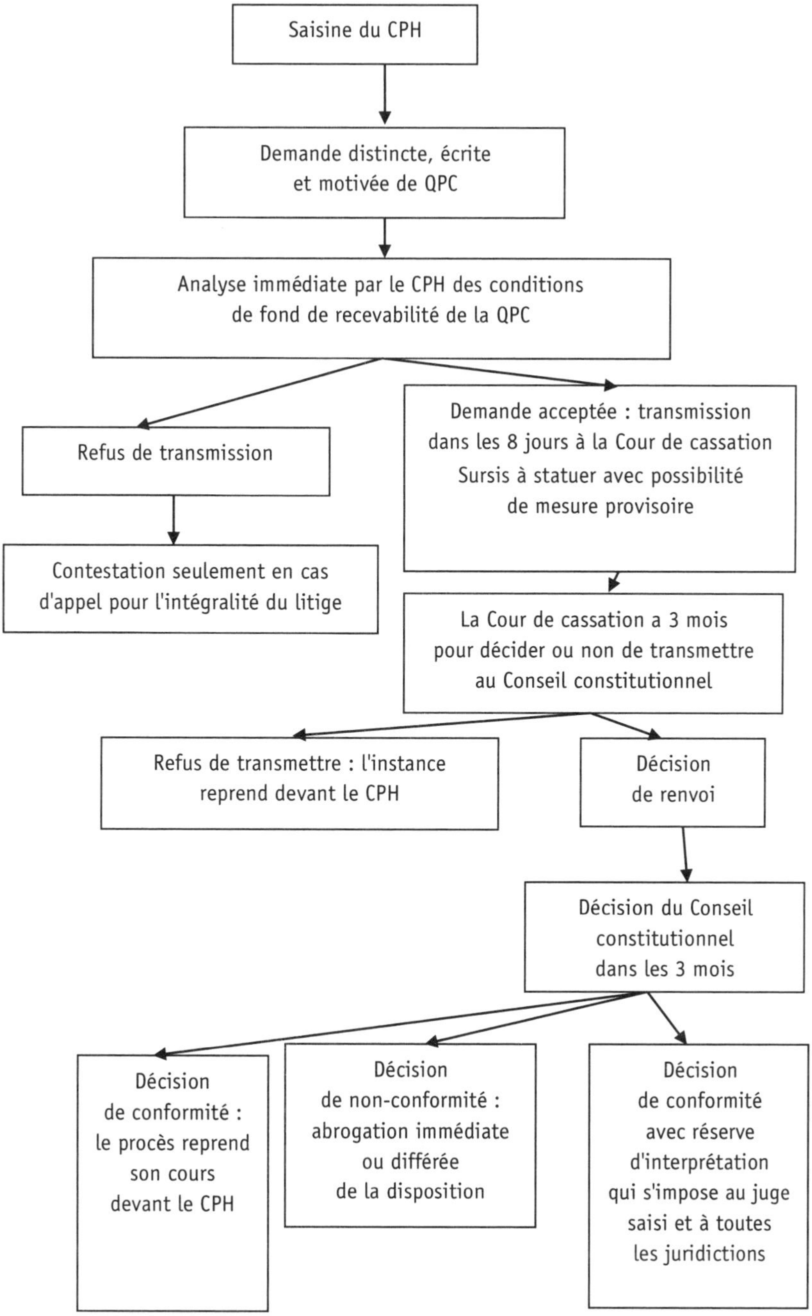
Saisine du CPH
Demande distincte, écrite et motivée de QPC
Analyse immédiate par le CPH des conditions de fond de recevabilité de la QPC
Refus de transmission
Contestation seulement en cas d'appel pour l'intégralité du litige
Demande acceptée : transmission dans les 8 jours à la Cour de cassation Sursis à statuer avec possibilité de mesure provisoire
La Cour de cassation a 3 mois pour décider ou non de transmettre au Conseil constitutionnel
Refus de transmettre : l'instance reprend devant le CPH
Décision de renvoi
Décision du Conseil constitutionnel dans les 3 mois
Décision de conformité : le procès reprend son cours devant le CPH
Décision de non-conformité : abrogation immédiate ou différée de la disposition
Décision de conformité avec réserve d'interprétation qui s'impose au juge saisi et à toutes les juridictions

Pour s'entraîner

Commentez l'arrêt du Conseil constitutionnel du 14 mai 2012, n° 2012-242, QPC, JCP soc. 2012, 1311; Act. proc. coll. 2012, n° 210.

Le Conseil constitutionnel a été saisi le 7 mars 2012 par la Cour de cassation (chambre sociale, arrêt n° 906 du 7 mars 2012), dans les conditions prévues à l'article 61-1 de la Constitution, d'une question prioritaire de constitutionnalité posée par l'association «Temps de vie», relative à la conformité aux droits et libertés que la Constitution garantit des articles L. 2411-1, L. 2411-3 et L. 2411-18 du code du travail.

LE CONSEIL CONSTITUTIONNEL,

Vu la Constitution;

Vu l'ordonnance n° 58-1067 du 7 novembre 1958 modifiée portant loi organique sur le Conseil constitutionnel;

Vu le code du travail;

Vu le code de la sécurité sociale;

Vu le code pénal;

Vu le règlement du 4 février 2010 sur la procédure suivie devant le Conseil constitutionnel pour les questions prioritaires de constitutionnalité;

Vu les observations produites pour l'association requérante par la SCP Meurice, avocat au barreau de Lille, enregistrées les 26 mars et 3 avril 2012;

Vu les observations produites par le Premier ministre, enregistrées le 29 mars 2012;

Vu les pièces produites et jointes au dossier;

Me Meurice pour la requérante, Me Hélène Masse-Dessen, avocat au Conseil d'État et à la Cour de cassation pour Mme Mireille L., défenderesse à la présente procédure, et M. Xavier Pottier désigné par le Premier ministre, ayant été entendus à l'audience publique du 26 avril 2012;

Le rapporteur ayant été entendu;

1. Considérant qu'aux termes de l'article L. 2411-1 du code du travail : «Bénéficie de la protection contre le licenciement prévue par le présent chapitre, y compris lors d'une procédure de sauvegarde, de redressement ou de liquidation judiciaire, le salarié investi de l'un des mandats suivants :

«1° Délégué syndical;

«2° Délégué du personnel;

«3° Membre élu du comité d'entreprise;

«4° Représentant syndical au comité d'entreprise;

« 5° Membre du groupe spécial de négociation et membre du comité d'entreprise européen ;

« 6° Membre du groupe spécial de négociation et représentant au comité de la société européenne ;

« 6° bis Membre du groupe spécial de négociation et représentant au comité de la société coopérative européenne ;

« 6° ter Membre du groupe spécial de négociation et représentant au comité de la société issue de la fusion transfrontalière ;

« 7° Représentant du personnel au comité d'hygiène, de sécurité et des conditions de travail ;

« 8° Représentant du personnel d'une entreprise extérieure, désigné au comité d'hygiène, de sécurité et des conditions de travail d'un établissement comprenant au moins une installation classée figurant sur la liste prévue au IV de l'article L. 515-8 du code de l'environnement ou mentionnée à l'article L. 211-2 du code minier ;

« 9° Membre d'une commission paritaire d'hygiène, de sécurité et des conditions de travail en agriculture prévue à l'article L. 717-7 du code rural et de la pêche maritime ;

« 10° Salarié mandaté, dans les conditions prévues à l'article L. 2232-24, dans les entreprises dépourvues de délégué syndical ;

« 11° Représentant des salariés mentionné à l'article L. 662-4 du code de commerce lors d'un redressement ou d'une liquidation judiciaire ;

« 12° Représentant des salariés au conseil d'administration ou de surveillance des entreprises du secteur public ;

« 13° Membre du conseil ou administrateur d'une caisse de sécurité sociale mentionné à l'article L. 231-11 du code de la sécurité sociale ;

« 14° Membre du conseil d'administration d'une mutuelle, union ou fédération mentionné à l'article L. 114-24 du code de la mutualité ;

« 15° Représentant des salariés dans une chambre d'agriculture, mentionné à l'article L. 515-1 du code rural et de la pêche maritime ;

« 16° Conseiller du salarié inscrit sur une liste dressée par l'autorité administrative et chargé d'assister les salariés convoqués par leur employeur en vue d'un licenciement ;

« 17° Conseiller prud'homme » ;

2. Considérant qu'aux termes de l'article L. 2411-3 du code du travail : « Le licenciement d'un délégué syndical ne peut intervenir qu'après autorisation de l'inspecteur du travail.

« Cette autorisation est également requise pour le licenciement de l'ancien délégué syndical, durant les douze mois suivant la date de cessation de ses fonctions, s'il a exercé ces dernières pendant au moins un an.

« Elle est également requise lorsque la lettre du syndicat notifiant à l'employeur la désignation du délégué syndical a été reçue par l'employeur ou lorsque le salarié a fait la preuve que l'employeur a eu connaissance de l'imminence de sa désignation comme délégué syndical, avant que le salarié ait été convoqué à l'entretien préalable au licenciement » ;

3. Considérant qu'aux termes de l'article L. 2411-18 du code du travail : « Conformément à l'article L. 231-11 du code de la sécurité sociale, la procédure d'autorisation de licenciement et les périodes et durées de protection du salarié membre du conseil ou administrateur d'une caisse de sécurité sociale sont celles applicables au délégué syndical, prévues par l'article L. 2411-3 » ;

4. Considérant que, selon l'association requérante, en conférant aux salariés exerçant un mandat de membre du conseil ou d'administrateur d'une caisse de sécurité sociale une protection contre le licenciement sans que ces salariés soient tenus d'en informer leur employeur, ces dispositions portent aux droits des employeurs une atteinte qui méconnaît tant la liberté que le principe d'égalité devant la loi ;

5. Considérant que la question prioritaire de constitutionnalité porte sur le 13° de l'article L. 2411-1 du code du travail, ainsi que sur ses articles L. 2411-3 et L. 2411-18 ;

6. Considérant qu'il est loisible au législateur d'apporter à la liberté d'entreprendre et à la liberté contractuelle, qui découlent de l'article 4 de la Déclaration des droits de l'homme et du citoyen de 1789, des limitations liées à des exigences constitutionnelles ou justifiées par l'intérêt général, à la condition qu'il n'en résulte pas d'atteintes disproportionnées au regard de l'objectif poursuivi ;

7. Considérant que les dispositions contestées prévoient que les salariés exerçant un mandat de membre du conseil ou d'administrateur d'une caisse de sécurité sociale ne peuvent être licenciés qu'après autorisation de l'inspecteur du travail ; qu'en accordant une telle protection à ces salariés, le législateur a entendu préserver leur indépendance dans l'exercice de leur mandat ; qu'il a ainsi poursuivi un but d'intérêt général ; qu'en subordonnant la validité du licenciement de ces salariés à l'autorisation de l'inspecteur du travail, les dispositions contestées n'ont porté une atteinte disproportionnée ni à la liberté d'entreprendre ni à la liberté contractuelle ;

8. Considérant que, si les dispositions du titre III du livre IV de la deuxième partie du code du travail prévoient des incriminations réprimant de peines délictuelles le fait de licencier un salarié protégé en méconnaissance des dispositions relatives à la procédure d'autorisation administrative du licenciement, ces dispositions n'ont pas pour effet de déroger au principe, prévu par l'article 121-3 du code pénal, selon lequel il n'y a pas de délit sans intention de le commettre; que, par suite, les dispositions contestées n'exposent pas l'employeur à des sanctions pénales réprimant la méconnaissance d'obligations auxquelles il pourrait ignorer être soumis;

9. Considérant qu'en outre, le licenciement d'un salarié protégé en méconnaissance des dispositions relatives à la procédure d'autorisation administrative est nul de plein droit; qu'un tel licenciement expose l'employeur à l'obligation de devoir réintégrer le salarié et à lui verser des indemnités en réparation du préjudice subi du fait de son licenciement irrégulier;

10. Considérant que la protection assurée au salarié par les dispositions contestées découle de l'exercice d'un mandat extérieur à l'entreprise; que, par suite, ces dispositions ne sauraient, sans porter une atteinte disproportionnée à la liberté d'entreprendre et à la liberté contractuelle, permettre au salarié protégé de se prévaloir d'une telle protection dès lors qu'il est établi qu'il n'en a pas informé son employeur au plus tard lors de l'entretien préalable au licenciement; que, sous cette réserve, le 13° de l'article L. 2411-1 du code du travail et les articles L. 2411-3 et L. 2411-18 du même code ne sont pas contraires à la liberté d'entreprendre;

11. Considérant qu'enfin, les dispositions contestées, qui ne soumettent pas à des règles différentes des personnes placées dans une situation identique, ne méconnaissent pas le principe d'égalité devant la loi;

12. Considérant que les dispositions contestées ne sont contraires à aucun autre droit ou liberté que la Constitution garantit; qu'elles doivent être déclarées conformes à la Constitution sous la réserve énoncée au considérant 10,

DÉCIDE :

Article 1er.- Le 13° de l'article L. 2411-1 du code du travail, ainsi que les articles L. 2411-3 et L. 2411-18 du même code sont conformes à la Constitution sous la réserve énoncée au considérant 10.

Article 2.- La présente décision sera publiée au Journal officiel de la République française et notifiée dans les conditions prévues à l'article 23-11 de l'ordonnance du 7 novembre 1958 susvisée.

Réponses

Le Conseil constitutionnel était saisi de la conformité au principe de liberté contractuelle et d'entreprendre du statut protecteur des salariés ayant un mandat extérieur à l'entreprise. Dans cette décision du 14 mai 2012, le Conseil affirme que ce régime est conforme mais émet une réserve d'interprétation qui va avoir des conséquences sur la position de la Cour de cassation.

I. Une conformité de principe du régime dérogatoire du licenciement des salariés ayant un mandat extérieur

A. Un régime dérogatoire...

Ce régime suppose de demander une autorisation à l'inspection du travail pour licencier ce personnel. Cela vise non seulement les salariés ayant un mandat à l'intérieur de l'entreprise comme les DS, DP, membre du CE mais aussi ceux qui ont un mandat à l'extérieur, comme en l'espèce les membres du conseil d'administration d'une mutuelle. Mais il pourrait aussi s'agir d'un conseiller prud'homal, du représentant des salariés dans une chambre d'agriculture, etc. ainsi que tous les mandats cités dans l'article L 2411-1 du Code du travail.

Les textes visent le licenciement, mais la Cour de cassation a une interprétation extensive et l'applique à d'autres modes de rupture lorsque l'employeur est à l'origine de la rupture du contrat, tels que la rupture anticipée du CDD, la mise à la retraite, etc.

Les sanctions sont lourdes en cas de non-respect : il s'agit d'un des rares cas de nullité du licenciement avec possibilité pour le salarié de demander sa réintégration auprès de l'employeur et indemnisation importante, correspondant aux salaires qu'il aurait dû percevoir entre son licenciement et sa réintégration effective. De plus, l'employeur encourt des sanctions pénales puisqu'il s'agit d'un cas de délit d'entrave.

Ce régime dérogatoire porte donc atteinte à la liberté d'entreprendre qui implique la liberté de choisir ses collaborateurs mais aussi de s'en séparer, et à la liberté contractuelle qui permet de conclure ou de rompre les contrats. Pourtant, il est conforme à ces deux principes à valeur constitutionnelle.

B. ... Pourtant conforme à la constitution

Il s'agit en effet d'une atteinte qui est justifiée et proportionnée :

– justifiée car ce régime permet la défense de l'intérêt collectif des salariés en protégeant le mandat de ces salariés, leur indépendance et leur fonction. Le rôle de l'inspecteur du travail est de vérifier l'existence d'un motif légitime à la rupture, qu'il ne s'agit pas d'une mesure de rétorsion, de pression sur le salarié protégé ou une mesure discriminatoire. Il va également vérifier la procédure, les mesures éventuelles de reclassement;

– proportionnée dans la mesure où la rupture n'est pas impossible et des voies de recours existent contre la décision de l'inspection du travail (recours gracieux, hiérarchique et contentieux devant le tribunal administratif).

II. Une conformité du régime dérogatoire du licenciement des salariés ayant un mandat extérieur sous réserve

A. Une réserve bouleversant la jurisprudence de la Cour de cassation

Le Conseil estime que ce régime est conforme à la Constitution sous réserve que le salarié informe l'employeur de l'existence de son mandat extérieur au plus tard au jour de l'entretien préalable. Pour le Conseil, le risque d'avoir une sanction pénale suppose que l'employeur soit au courant de l'existence de ce mandat en raison du caractère intentionnel des délits. De plus, cette obligation d'information peut aussi se justifier par l'obligation de loyauté qui incombe aussi au salarié (C. civ., art. 1134 et C. trav., art. L 1222-1).

Cela remet en cause la jurisprudence de la Cour de cassation qui n'avait pas, jusqu'à cette décision, imposé cette obligation d'information. Pendant un temps, elle avait même affirmé que peu importait la connaissance ou non par l'employeur de l'existence de ce mandat, il devait respecter ce statut. Les règles de publicité de ces mandats les rendent opposables *erga omnes*. Elle a même été plus loin puisqu'elle a admis que cette protection devait être respectée alors même que la publicité n'avait pas été réalisée (Cass. soc. 22 septembre 2010, 08-45227). La seule exception concernait la fraude. Depuis, elle a nuancé un peu sa position en considérant que le non-respect par le salarié de son obligation d'information pouvait avoir des répercussions sur son indemnisation : le statut protecteur devait donc être respecté et à défaut, le salarié pouvait obtenir sa réintégration et une indemnisation moindre en fonction de son manquement à cette obligation (Cass. soc. 16 février 2011, 10-10592, *JCP soc.* 2011, 1233). Le Conseil constitutionnel impose donc de prévenir l'employeur pour rendre opposable ce statut.

La Cour de cassation devait donc faire évoluer sa jurisprudence, ce qu'elle a fait dans un arrêt du 14 septembre 2012 pour un conseiller prud'homal (11-21307, *RDT* 2013, p. 48 et *JCP soc.* 2012, 1468) puis dans un arrêt du 26 mars 2013 (11-28269, *JCP soc.* 2013, 1252) à propos du conseiller des salariés lors des entretiens de licenciement.

B. Une réserve assez générale

Cette réserve vise *a priori* tous les mandats extérieurs, puisque pour les mandats exercés dans l'entreprise, l'employeur est présumé être courant, étant informé ou participant à sa désignation en organisant par exemple les élections. Les arrêts postérieurs de la Cour de cassation confirment d'ailleurs cette position. De plus, tous les modes de rupture concernés par ce régime devront s'aligner avec cette position.

Cependant des questions restent en suspens ou mériteront d'être précisées lorsque par exemple aucun entretien individuel n'est organisé dans la procédure à suivre, comme en cas de mise à la retraite : quand le salarié devra-t-il prévenir son employeur ?

Fiche 19

Présentation générale du conseil de prud'hommes

Définition

Conseil de prud'hommes : juridiction d'exception de première instance composée de conseillers élus par leurs pairs et compétente pour trancher les litiges individuels nés de la relation de travail.

I. La composition du conseil des prud'hommes

Cette juridiction a été mise en place à Lyon sous l'Ancien Régime pour résoudre des litiges opposant les Soyeux et les Canuts. Supprimée à la Révolution, elle a été rétablie en 1806 et leur nombre a augmenté tout au long du XIXe siècle, au fur et à mesure du développement industriel. Elle est régie par les articles L 1411-1 et s. du Code du travail.

A. Une juridiction composée de conseillers prud'homaux élus

L'organisation des élections

Il s'agit d'une juridiction composée de manière paritaire de conseillers salariés et de conseillers employeurs, élus par leurs pairs en principe pour 5 ans à partir des listes syndicales. Les dernières élections ont eu lieu le 3 décembre 2008, mais leur mandat est prorogé par la loi du 15 octobre 2010 n° 2010-1215 au plus tard jusqu'au 31 décembre 2015. Cette parité se retrouve au niveau de la présidence du conseil : le président étant assisté d'un vice-président appartenant à l'autre collège de conseillers.

Sont électeurs les employeurs, les salariés français ou non ainsi que les demandeurs d'emplois, de plus de 16 ans, à condition de ne pas avoir eu de condamnation les privant de leurs droits civiques. Ils sont inscrits sur les listes électorales selon leur collège, leur section et la commune auxquels ils sont rattachés (C. trav., art. L 1441-1 et s.).

Sont éligibles les électeurs de plus de 21 ans et de nationalité française (C. trav., art. L 1441-16).

Une composition jugée conforme à l'article 6 de la Convention européenne des droits de l'homme

Pour mettre fin à une réticence de certaines cours d'appel, la Cour de cassation a estimé que cette composition particulière des conseils des prud'hommes est conforme à l'article 6 de la Convention européenne de sauvegarde des droits de l'homme au regard des exigences d'impartialité. Elle affirme que « cette exigence est assurée en matière prud'homale, par la composition même des conseils de prud'hommes, qui comprennent un nombre égal de salariés et d'employeurs élus, par la prohibition d'ordre public de tout mandat impératif, par la faculté de recourir à un juge départiteur extérieur aux membres élus et par la possibilité, selon les cas, d'interjeter appel ou de former un pourvoi en cassation » (Cass. soc. 19 décembre 2003, 02-41429, *Bull. civ.* V, n° 321). Certains arguments sont ceux de la Cour européenne des droits de l'homme, notamment la possibilité d'exercer une voie de recours devant une juridiction composée de magistrats professionnels. Cette dernière a également admis l'impartialité de certaines juridictions du travail dont la composition fait intervenir des magistrats non professionnels désignés par des syndicats, cette intervention étant une caractéristique commune à de nombreux pays (CEDH, 26 octobre 2004, AB Kurt Kellerman c./ Suède, requête n° 41579/98) (V. Fiche n° 17).

L'impartialité des conseillers prud'homaux

Cette question se pose nécessairement, les conseillers pouvant être en relation professionnelle avec l'une ou l'autre des parties au litige.

Selon l'article 339 du Code de procédure civile applicable à toutes les juridictions, le conseiller doit tout d'abord s'abstenir de siéger s'il pense qu'il ne peut exercer sa charge en toute sérénité. À défaut, les parties peuvent demander la récusation de l'un des conseillers. Si l'article L 1457-1 du code du travail prévoit des causes de récusation particulières, la procédure de récusation est celle prévue par le droit commun, à savoir les articles 341 et suivants du Code de procédure civile. La demande de récusation qui doit être faite avant la clôture des débats doit mentionner le motif et le conseiller prud'homal concerné par cette demande doit en recevoir une copie. Le juge récusé a 8 jours pour accepter ou refuser. En cas de refus, la chambre sociale de la Cour d'appel statue sur cette demande. Le conseil des prud'hommes doit suspendre l'instance jusqu'à la décision et ne peut statuer sur le fond en présence du conseiller dont la récusation est sollicitée (Cass. soc. 3 juin 2009, 07-44212, *JCP soc.* 2009, 1379). Seul le requérant à récusation est partie à la procédure de récusation, les interventions des autres parties sont alors irrecevables (Cass. soc. 21 novembre 2012, 11-22455, *JCP soc.* 2013, 1064).

Les causes de récusation prévues dans cet article L 1457-1 sont :

- l'existence d'un intérêt personnel, le seul fait d'être affilié à un même syndicat ne suffisant pas ;
- être parent ou conjoint ;
- être déjà partie à un litige dans l'année qui a précédé la récusation ;
- avoir donné un avis écrit dans l'affaire ;
- être employeur ou salarié de l'une des parties.

Sous l'influence de l'article 6 de la Convention européenne des droits de l'homme (V. Fiche n° 17), la Cour de cassation a admis d'autres causes de récusation et a jugé ce texte non limitatif (Cass. soc. 18 novembre 1998, 94-43840, *Bull. civ.* V, n° 506). De plus, lorsque le risque de partialité apparaît une fois le jugement rendu, la Cour de cassation, sur le même fondement, a admis la nullité de la décision à condition que le salarié prouve qu'il ignorait la cause de suspicion avant la clôture des débats (Cass. soc. 8 janvier 1997, 94-42241).

Il est également possible de demander la délocalisation du litige et le renvoi devant un autre conseil des prud'hommes dans un département limitrophe (Voir pour un exemple récent : Cass. soc. 26 novembre 2013, 12-11740, *RDT* 2014, p. 8) dans deux cas. D'une part, ce renvoi est possible sur le fondement de l'article 47 du Code de procédure civile lorsqu'un des conseillers est partie à un litige qui relève de la juridiction dans laquelle il exerce ses fonctions. La notion de partie à un litige est entendue non seulement comme partie intervenant en son nom propre mais aussi comme représentant légal de l'une des parties (Cass. soc. 5 décembre 1990, 87-42544, *Bull. civ.* V, n° 620). Encore faut-il qu'il soit effectivement le représentant légal de l'une des parties. Que tel n'est pas le cas par exemple du directeur des ressources humaines (Cass. soc. 20 mars 1997, 95-42755, *Bull. civ. V*, n° 121) ou d'un directeur financier (Cass. soc. 19 juillet 1994, 90-46074, *Bull. civ.*, V, n° 246). Si c'est le salarié qui demande ce renvoi, il n'est pas obligé d'utiliser les autres options de compétence de l'article R 1412-1 du Code du travail (Cass. soc. 27 mai 1998, 96-41311, *Bull. civ.* V, n° 285). Lorsque toutes les conditions de l'article 47 sont réunies, le juge doit accéder à cette demande qui peut être présentée à tout moment, sous réserve de l'abus (Cass. soc. 11 juillet 2002, 00-44407, *Bull. civ.* V, n° 255). L'instance est alors poursuivie dans l'état où elle se trouvait sans qu'il soit nécessaire de reprendre la conciliation (Cass. soc. 7 novembre 1991, 93-43806, *Bull. civ.* V, n° 291). D'autre part, ce renvoi peut concerner tous les conseillers pour cause de suspicion légitime entraînant un dysfonctionnement collectif du conseil des prud'hommes.

Le statut des conseillers prud'homaux

Les conseillers prud'homaux salariés sont des salariés protégés contre le licenciement, leur protection étant celle applicable aux délégués syndicaux (C. trav., art. L 2411-1). Ainsi pour être licencié, l'employeur doit obtenir l'autorisation préalable de l'inspection du travail. Cette procédure s'applique pendant la durée de leur mandat mais aussi pendant les 6 mois qui suivent la publication des candidatures par le préfet et les 6 mois qui suivent l'expiration de leur mandat malgré l'ambiguïté résultant de la recodification du Code du travail (Cass. soc. 13 mars 2012, 10-21785, *JCP soc.* 2012, 1251 : solution fondée sur le principe de la recodification à droit constant). Ce régime de protection concerne tous les modes de rupture à l'initiative de l'employeur.

Le mandat étant exercé à l'extérieur de l'entreprise, il convient de mentionner le revirement de jurisprudence en date du 14 septembre 2012 (11-21307, *RDT* 2013, p. 48 et *JCP soc.* 2012, 1468 ; confirmation Cass. soc. 26 mars 2013, 11-28269, *JCP soc.* 2013, 1252 ; Voir auparavant : Cass. soc. 16 février 2011, 10-10592, *JCP S* 2011, 1233) qui fait suite à une réserve d'interprétation émise par le Conseil constitutionnel saisi d'une QPC (C. const. 14 mai 2012, 2012-242, QPC, *JCP soc.* 2012, 1311 ; *Act. proc. coll.* 2012, n° 210 ; V. Fiche n° 18). Le Conseil constitutionnel indique en effet que ces dispositions ne sauraient, sans porter une atteinte disproportionnée à la liberté d'entreprendre et à la liberté contractuelle, permettre au salarié de se prévaloir d'une telle protection dès lors qu'il est établi qu'il n'en a pas informé son employeur au plus tard lors de l'entretien préalable de licenciement. La Cour de cassation applique donc désormais cette solution, le bénéfice de la protection étant conditionné par l'information préalable de l'employeur.

Le non-respect de cette procédure est sanctionné par le délit d'entrave, par la nullité du licenciement, le salarié pouvant demander sa réintégration dans l'entreprise et par l'octroi de dommages-intérêts.

B. L'intervention d'un juge départiteur

Il intervient dans moins de 10 % des litiges lorsque les conseillers sont à égalité et n'arrivent donc pas à se départager. Le juge départiteur est un juge d'instance désigné chaque année par le premier président de la Cour d'appel en principe dans le ressort de la Cour d'appel mais aussi depuis une loi du 13 décembre 2011 dans celui du TGI, dans le but de spécialiser un juge d'instance dans ce type de contentieux (*JCP soc.* 2012, 1035).

Cette procédure de départage peut intervenir devant le bureau de conciliation, de jugement et devant la formation de référé. La décision de renvoyer l'affaire devant la même formation présidée par ce juge professionnel est prise sans motivation et dans le secret du délibéré. Lors de l'audience en départage, il est possible de présenter des demandes nouvelles. Le juge départiteur a une voix comme les autres conseillers prud'homaux.

II. L'organisation du conseil de prud'hommes

Suite à la réforme de la carte judiciaire réalisée par deux décrets du 29 mai 2008 (n° 2008-514 précisant leur siège et leur ressort, et 2008-215) qui a supprimé 62 conseils sur les 271 et a créé un conseil, sont présents 210 conseils des prud'hommes en France. Chaque conseil des prud'hommes est organisé de la même manière. Il faut noter que le greffe est assuré par des fonctionnaires de l'État.

A. La division du conseil de prud'hommes en sections

Chaque conseil est divisé en 5 sections, bénéficiant d'une compétence exclusive : industrie, commerce, agriculture, activités diverses et encadrement. Chacune de ces sections a une compétence exclusive, la section industrie ne pouvant juger par exemple un litige opposant un salarié agricole avec son employeur. Pour déterminer la section compétente, il convient de rechercher l'activité principale de l'employeur. Cette règle connaît une exception importante : pour la section encadrement, peu importe l'activité de l'employeur. Ce qui compte est la qualité de cadre ou assimilé du salarié partie au litige. De manière plus précise, il faut que ce dernier ait la qualité d'ingénieur ou être un salarié ayant acquis une formation technique, administrative, juridique, commerciale ou financière et exerce un commandement par délégation de l'employeur. Chaque section comprend au moins 3 conseillers employeurs et 3 conseillers salariés.

B. L'existence d'un bureau de conciliation et d'un bureau de jugement

Dans chaque formation, il y a un bureau de conciliation et un bureau de jugement. Cette organisation traduit une règle de procédure spécifique : toute affaire doit faire l'objet d'une tentative de conciliation obligatoire et préalable devant le bureau de conciliation. Ce n'est qu'en cas d'échec que le bureau de jugement est saisi. Cette phase est parfois écartée, notamment en cas d'action en requalification d'un contrat à durée déterminée en un contrat à durée indéterminée (V. Fiche n° 25). Le bureau de conciliation est composé d'un conseiller employeur et d'un conseiller salarié.

C. La désignation d'un président et d'un vice-président

Chaque année, les conseillers prud'homaux se réunissent en assemblée générale et en assemblée de section pour élire leur président et vice-président. Si le président est choisi parmi les conseillers salariés, alors le vice-président est élu parmi les conseillers employeurs et vice-versa. Le rôle du président concerne les problèmes de répartition des affaires entre les sections. Par ailleurs, il assure l'administration et la discipline intérieure de la juridiction (C. trav., art. R 1423-31).

D. La formation de référé

Il s'agit d'une formation commune à l'ensemble des sections, obligatoire dans chaque conseil et instauré depuis un décret du 12 septembre 1974. Cette formation est **collégiale** pour respecter le principe de la parité y compris en référé. Ce n'est donc pas un juge unique ni le président du conseil des prud'hommes qui assure cette fonction comme c'est le cas devant le TGI par exemple. Elle est composée d'un conseiller prud'homal employeur et d'un conseiller prud'homal salarié. En cas d'égalité des voies, le renvoi à une audience ultérieure présidée par le juge départiteur est prévu (C. trav., art. R. 1454-2). C'est le règlement intérieur du conseil des prud'hommes qui fixe les jours et heures habituelles des audiences de référé.

À retenir

- **La composition du conseil des prud'hommes**
  - Composé de manière paritaire de conseillers salariés et employeurs élus par leurs pairs.
  - Composition jugée conforme à l'article 6 de la Convention européenne de sauvegarde des droits de l'hommes.
  - Procédure de récusation particulière pour garantir l'impartialité des conseillers.
  - Intervention d'un juge départiteur en cas d'égalité des voies.
  - Les conseillers prud'homaux sont des salariés protégés en cas de licenciement.
- **Organisation du conseil des prud'hommes**
  - Division des conseils en 5 sections ayant une compétence exclusive : industrie, commerce, agriculture, activités diverses et encadrements.
  - Existence d'un bureau de jugement et d'un bureau de conciliations.
  - Présence obligatoire et commune à toutes les sections d'une formation de référé collégiale.

Pour en savoir plus

- Controverse, « Réformer le conseil des prud'hommes ? », *RDT* 2014, p. 85.
- B. Blohorn-Brenneur, « Bicentenaire de la création des conseils de prud'hommes : bilan et perspectives », *D.* 2006, p. 1324 ;
- J.L. Cioffi, « Libres propos sur le juge départiteur », *DS* 2014, p. 161.
- F. Guiomard, « Quelles réformes pour la justice sociale ? », *RDT* 2014, p. 129.
- E. Serverin, « Le projet de refonte de la carte des prud'hommes, au mépris de son histoire », *RDT* 2008, p. 49.
- C. Tétard-Blanquart, « Du risque de partialité devant le Conseil des prud'hommes », *JCP soc.* 2011, 1147.

Pour s'entraîner

Indiquez si la proposition est vraie ou fausse :

1) ***Le conseil des prud'hommes ne comprend aucun magistrat professionnel.***

❑ ***vrai*** ❑ ***faux***

2) ***Le président du conseil des prud'hommes rend les décisions en référé.***

❑ ***vrai*** ❑ ***faux***

3) ***Un conseiller prud'homal salarié ne peut pas siéger dans un conseil des prud'hommes jugeant son employeur.***

❑ ***vrai*** ❑ ***faux***

4) ***Pour bénéficier de son statut protecteur, le conseiller prud'homal salarié doit prévenir son employeur de cette fonction.***

❑ ***vrai*** ❑ ***faux***

Réponses

1) Vrai, en principe, cependant un juge départiteur peut intervenir en cas d'égalité des voies. Il s'agit d'un magistrat professionnel du tribunal d'instance.

2) Faux, car il existe une formation collégiale de référé commune à toutes les sections.

3) Vrai, car il s'agit de l'une des causes de récusation prévues par le Code du travail justifiées par les exigences d'impartialité.

4) Vrai, depuis la réserve d'interprétation du Conseil constitutionnel du 14 mai 2012. Auparavant, il n'était pas nécessaire qu'il prévienne son employeur. La seule exception prévue était la fraude. Le manquement à cette obligation d'information et à son devoir de loyauté avait uniquement des conséquences sur son indemnisation.

La compétence matérielle du conseil de prud'hommes

Fiche **20**

Définition

Compétence d'attribution ou matérielle : détermination de la juridiction pouvant trancher le litige au regard de l'objet de la demande.

I. La compétence d'attribution du conseil de prud'hommes

A. Les caractères exclusif et d'ordre public de cette compétence

Selon l'alinéa 1 de l'article L 1411-4 du Code du travail, « le conseil des prud'hommes est seul compétent, quel que soit le montant de la demande, pour connaître des différends mentionnés au présent chapitre. Toute convention contraire est réputée non écrite ». Ce texte prévoit donc à la fois le caractère exclusif et d'ordre public de la compétence d'attribution du conseil des prud'hommes.

Le caractère exclusif

Le conseil de prud'hommes se voit attribuer **de manière expresse une compétence exclusive.** Il s'agit donc d'une véritable juridiction d'exception. Cela a plusieurs conséquences. Tout d'abord en cas de litiges connexes, la juridiction saisie d'une demande mais qui devrait trancher un litige individuel né d'un contrat de travail devrait décliner sa compétence pour cette demande particulière (Cass. soc. 15 mai 1974, arrêt Delbecq, *D.* 1974, p. 702), car seul le conseil des prud'hommes est compétent pour le trancher. Par ailleurs, l'article 49 du Code de procédure civile est écarté. Selon ce texte, le juge de l'action est aussi en principe le juge de l'exception, c'est-à-dire que lorsqu'une juridiction est saisie d'une demande relevant de sa compétence, elle peut connaître aussi toutes les autres demandes incidentes et les moyens de défense, sauf ceux relevant de la compétence exclusive d'une autre juridiction. Dans ce cas, la juridiction saisie au principal doit alors interroger le conseil de prud'hommes par une question préjudicielle et surseoir à statuer. Il faut cependant noter que lorsque le tribunal d'instance est saisi d'un litige électoral, il s'est parfois reconnu compétent, en raison du caractère décisif de la question sur la demande principale, pour se prononcer sur l'existence d'un contrat de travail alors que cette question relève du conseil des prud'hommes (Cass. soc. 5 juin 1985, 84-60656, *Bull. civ.* V, n° 327 ; Cass. soc. 8 février 2012, 11-14802, *JCP soc.* 2012, 1172 ; Voir *contra* : Cass. soc. 20 juillet 1983, 82-60442, *Bull. civ.* V, n° 463). Cette question doit cependant être en relation avec l'objet de la demande. Si le tribunal d'instance est compétent en raison de l'objet de la demande, il pourra ensuite trancher les moyens soulevés.

Le caractère d'ordre public

L'article L 1411-4 Code du travail répute non écrite toute convention dérogeant à la compétence du conseil des prud'hommes. Dans l'ordre interne, il est donc interdit de prévoir **une clause donnant attribution à une autre juridiction** dans un contrat de travail (V. aussi C. trav., art. L 1221-5 ; Cass. soc. 9 mai 1962, 61-40118, *Bull. civ.* IV, n° 420) ou dans le règlement intérieur ou un accord collectif (Cass. soc. 31 janvier 1983, inédit pour un litige opposant un avocat à son personnel). La question se pose pour savoir si cette disposition interdit aussi le recours aux clauses compromissoires et aux compromis d'arbitrage. Il aurait pu être défendu que **les clauses compromissoires,** par lesquelles les parties s'engagent à recourir à un arbitrage avant même l'existence du litige, sont nulles, car l'article 2061 du Code civil qui autorise cette clause dans les contrats conclus en raison d'une activité professionnelle réserve le cas des dispositions particulières contraires. La Cour de cassation ne va pas jusqu'à prononcer la nullité de ces clauses mais les déclare inopposables aux salariés en raison de cet article L 1411-4 du Code du travail (Cass. soc. 30 novembre 2011, 11-12905, *JCP soc.* 2012, 1049). Il faut cependant noter une exception prévue par l'article L 7112-4 du Code du travail pour les journalistes professionnels ayant exercé au moins 15 ans d'activité professionnelle et uniquement pour le contentieux de leur indemnité de licenciement. Dans les autres cas, lorsqu'une convention collective prévoit le recours à une commission de conciliation, elle ne lie pas les parties et elle n'empêche pas la saisine par le salarié du conseil de prud'hommes (Cass. soc. 9 décembre 1981, *Bull. civ.* V, n° 954). L'avis qu'elle rendrait ne lierait pas davantage le juge (Ass. plén., 6 février 1976, *DS* 1976, p. 472). Reste enfin la question du **compromis**, car dans ce cas, le recours à l'arbitrage apparaît après la survenance du litige et souvent d'ailleurs après la rupture du contrat de travail. Le risque d'une éventuelle pression disparaît donc. Avant la réforme de 1982, le Code du travail autorisait expressément leur existence dès lors que ce compromis était conclu après la rupture du contrat. Aujourd'hui, la question n'est pas clairement tranchée et la doctrine est divisée quant à sa validité (V. par exemple : B. Boubli, Conseil de prud'hommes, Compétence matérielle, *JCL. Travail*, Fasc. 81-20, n° 100 ; J. Pélissier, A. Supiot et A. Jeammaud, Droit du travail, Précis Dalloz, 23e édition, n° 1155, citant un arrêt Cass. soc. 5 nov. 1984, *Rev. arbitrage* 1986, p. 1 ; V. *contra* : Les grands arrêts du droit du travail, 3e édition, p. 82.).

B. Description de la compétence du conseil des prud'hommes

Bien qu'exclusive, cette compétence est délimitée par les articles L 1411-1 et suivants du Code du travail. Il est compétent pour tous les litiges nés à l'occasion des relations individuelles de travail entre employeur et salarié. Encore faut-il que ce contrat existe réellement (Cass. soc. 25 janvier 2012, 10-13858, *JCP soc.* 2012, 1291). Aucun taux de compétence n'est mis en place (C. trav., art. L 1411-6). La jurisprudence a tendance à avoir une lecture extensive de cette compétence. Plusieurs précisions sont à apporter.

- **Peu importe la nature du contrat de travail** : il peut s'agir d'un contrat à durée indéterminée, mais aussi d'un contrat à durée déterminée, d'un contrat d'apprentissage, à temps partiel, contrat dit aidé etc. Il faut cependant préciser que le contrat doit être de droit privé. Ainsi, l'article L 1411-2 du Code du travail prévoit la compétence du conseil de prud'hommes pour les litiges concernant les personnels des services publics lorsqu'ils sont employés dans les conditions du droit privé, comme les salariés d'un service public industriel et commercial. De même depuis un arrêt de l'assemblée plénière du 20 décembre 1996, le personnel fonctionnaire mis à disposition d'une entreprise privée peut saisir le conseil de prud'homme s'il travaille dans les conditions de droit privé. La jurisprudence fluctue sur les conditions et est plus ou moins sévère. Ainsi depuis 2010, elle admet la compétence du conseil sans nécessairement vérifier l'existence d'un lien de subordination. Il suffit que le fonctionnaire soit sous la direction de l'organisme privé, même s'il n'y a pas transfert ni du pouvoir disciplinaire ni de l'obligation de payer le salaire (Cass. soc. 15 juin 2010, 09-69453, *RDT* 2010, p. 510).
- **L'objet de la demande** peut porter sur **la qualification** de contrat en contrat de travail, sur la détermination de l'employeur, sur la formation ou non du contrat de travail (non-respect d'une promesse d'embauche, vice du consentement...), sur **son exécution** comme le non-paiement d'heures supplémentaires, le non-respect des temps de repos ou bien encore sur **la rupture** du contrat. Il est à noter que la recodification opérée en 2008 a supprimé la précision selon laquelle le conseil de prud'hommes était compétent pour les litiges liés à des licenciements collectifs pour motif économique. Pourtant, cette nouvelle rédaction ne supprime pas cette compétence. En effet, après la notification des licenciements pour motif économique, les salariés ont un intérêt à agir pour contester le motif, la procédure, l'obligation de reclassement ou bien encore les critères

d'ordre. Même si plusieurs salariés sont concernés, ils forment chacun une demande individuelle et donc le conseil de prud'hommes est compétent pour trancher chacune d'entre d'elles même s'il les juge en même temps. La loi de sécurisation du 14 juin 2013 remet cependant en cause cette compétence, car dans le grand licenciement économique le contentieux relèvera désormais des tribunaux administratifs (V. *infra*).

Illustrations de la compétence du conseil de prud'hommes en cas de discrimination à l'embauche

Quel est le tribunal compétent pour juger d'une discrimination à l'embauche, puisque le contrat de travail par hypothèse n'est pas conclu ? Cette question a donné lieu à un débat. Une circulaire 93-10 du 15 mars 1993 a donné la compétence au TGI ou au TI en fonction du montant de la demande des dommages-intérêts en s'appuyant sur la compétence de droit commun de ces juridictions et le fait qu'il n'y avait pas de contrat. La Cour de cassation adopte une autre position dans une décision du 28 novembre 2007 (07-40787, RJS *2/08, n° 138) et reconnaît, au contraire, la compétence du conseil des prud'hommes.*

- L'article L 1411-3 du Code du travail a élargi cette compétence aussi **aux litiges entre salariés**, à condition que le litige soit né à l'occasion du travail. S'il s'agit d'un litige d'ordre personnel, le conseil de prud'hommes n'est pas compétent (V. par ex : Cass. soc. 15 juin 1995, *CSBP* 1995, p. 233 pour un problème de diffamation).

Illustration de la compétence du CPH pour un litige entre salariés

Dans un arrêt du 18 mars 2008 (07-40835, JCP soc. *2008, 1327), il s'agissait d'un litige entre deux musiciens d'un même orchestre, leur employeur. L'un d'entre eux était chargé de reverser aux autres artistes le cachet perçu suite au spectacle et c'est à l'occasion de ce versement que le litige est né. La Cour de cassation a reconnu la compétence du conseil de prud'hommes.*

- La jurisprudence a également étendu cette compétence **aux questions accessoires** dès lors qu'elles ne relèvent pas de la compétence exclusive d'une autre juridiction. De plus, la demande doit présenter un lien direct et nécessaire avec le contrat de travail.

Illustration de la compétence du CPH pour des litiges accessoires

La Cour de cassation a reconnu la compétence du conseil de prud'hommes pour un problème de droit de la propriété intellectuelle ou le paiement de droits d'auteur (Cass. soc. 2 juin 2004, 02-17516, RJS *2004, n° 948 ; Cass. soc. 21 mai 2008, 07-15462,* RDT *2008, p. 472) ou pour un problème d'exécution d'un pacte d'actionnaire en cas de licenciement du salarié-actionnaire (Cass. soc. 9 juillet 2008, 06-45800,* JCP soc. *2008, 1638). Dans cette décision, le salarié agit contre son employeur pour contester son licenciement prononcé pour faute grave et pour obtenir une indemnisation liée au pacte d'actionnaire qui prévoyait la cession immédiate de ces actions à un prix prédéterminé en cas de licenciement. Cette demande est née à l'occasion de la rupture du contrat de travail, et en est la conséquence directe et nécessaire (voir contra auparavant :*

Cass. soc. 18 octobre 2007, 06-45331, D. *2008, p. 262). Il en est de même de la demande en paiement de dommages-intérêts en réparation d'un préjudice subi par un salarié qui n'avait pas pu bénéficier de distribution d'actions de la société à la différence d'autres salariés (Cass. soc. 11 septembre 2012, 11-26045). En revanche, relève de la compétence du tribunal de commerce le litige d'un salarié actionnaire de sa société qui conteste les résultats de cette société et donc le montant des dividendes versés aux actionnaires (Cass. soc. 16 septembre 2008, 07-20444,* JCP soc. *2008, 492). Le fait que l'actionnaire soit aussi salarié n'a aucune incidence sur l'objet du litige.*

Il faut enfin noter que le conseil de prud'hommes reste compétent en cas d'ouverture d'une procédure collective à l'encontre de l'employeur, le tribunal de la procédure collective, en principe le tribunal de commerce ne pouvant trancher les litiges individuels nés de la relation de travail (V. Fiches n° 30 et 31).

C. Comment soulever ou contester l'incompétence ?

L'incompétence peut être dénoncée par l'un des plaideurs ou prononcée d'office par le juge, lorsqu'il s'agit d'une violation d'une règle de compétence d'ordre public. La dénonciation par l'un des plaideurs se fait par un déclinatoire de compétence qui doit être présenté avant toute défense au fond ou fin de non-recevoir et en même temps que les autres exceptions. Il doit indiquer le motif et la juridiction qui serait compétente (C. proc. civ., art. 75).

En cas de décision d'incompétence rendue par le conseil des prud'hommes, l'une des parties peut former un contredit dans un délai de 15 jours à compter de son prononcé en application de l'article 82 du Code de procédure civile. Ce délai ne peut commencer à courir que si la date de prononcé du jugement a été portée à la connaissance des parties et si cet avis est mentionné dans le jugement. En application de l'article R 1454-25 du Code du travail, la date du prononcé du jugement est rappelée aux parties par émargement au dossier ou par la remise d'un bulletin par le greffier. À défaut, le délai ne court pas (Cass. soc. 27 février 2013, 11-27312, *JCP soc.* 2013, 1244, *RDT* 2013, 230).

II. La compétence matérielle d'autres juridictions

D'autres juridictions sont susceptibles d'intervenir dans le contentieux opposant un salarié à son employeur. Il sera nécessaire d'étudier la compétence des autres juridictions judiciaires puis des juridictions administratives et répressives.

A. La compétence des autres juridictions judiciaires de première instance

L'article L 1411-4 alinéa 2 exclut expressément tous les litiges qui relèvent de la compétence exclusive d'une autre juridiction. Plusieurs autres juridictions sont susceptibles de trancher un litige opposant un employeur à ses salariés.

Compétence du tribunal d'instance (TI)

Le tribunal d'instance est également appelé **le juge des élections**, car il est compétent pour trancher les litiges relatifs aux élections ou à la désignation des représentants du personnel. Il statue alors en dernier ressort (COJ, art. R 221-27 à R. 221-30 ; V. Fiche n° 28). Il est compétent par exemple sur la constitution des listes électorales, sur la qualité de syndicat représentatif, sur les conditions du scrutin, etc. Il est également compétent pour le contentieux des élections des conseillers prud'homaux (C. trav., art. R 1441-53 et s.).

Il peut également être saisi pour **les conflits opposant les armateurs et les marins** (COJ, art. R 221-13). En revanche depuis une loi du 27 juin 2005, il n'est plus compétent pour les litiges opposant les assistants maternels à leur employeur, ce contentieux relevant désormais du Conseil de prud'hommes (V. auparavant : Cass. soc. 28 juin 1995, 93-46658, *Bull. civ.* V, n° 221).

Compétence du tribunal de grande instance (TGI)

En raison de la place de l'article L 1411-1 et s. dans le Code du travail, le conseil de prud'hommes n'est compétent que pour les conflits individuels et non **pour les conflits collectifs** qui relèvent alors du Tribunal de grande instance en vertu de sa compétence de droit commun. Cette interprétation est ancienne et toute la difficulté a été de déterminer le critère du conflit collectif. Depuis un arrêt du 19 octobre 1937, il faut regarder l'objet de la demande. Si l'objet de la demande est individuelle, c'est le conseil de prud'hommes qui est compétent, peu importe la portée de la décision et le moyen invoqué, comme l'interprétation d'une convention collective (arrêt Toussaint, 23 juin 1960, *Bull. civ.* IV, n° 688). Dans cet arrêt de principe, plusieurs salariés font la même demande, à savoir l'application d'une nouvelle classification issue de la convention de branche. Pour autant, chacun d'entre eux a une demande individuelle et l'objet de leur demande n'est pas de trancher sur le plan collectif le problème de l'application de cette disposition conventionnelle. Le tribunal de grande instance est compétent pour les demandes d'application des accords collectifs sans prétention individuelle, formulées par exemple par un syndicat (Cass. soc. 21 novembre 2012, 11-15057, *JCP soc.* 2013, 1094). De même, le tribunal de grande instance est compétent sur les obligations de négocier avec les syndicats, sur le fonctionnement des institutions représentatives du personnel, sur la mise en cause de la responsabilité d'un syndicat lors d'une grève, sur la désignation des experts par les représentants du personnel. Il faut enfin noter que le tribunal de grande instance pouvait intervenir dans les licenciements collectifs pour motif économique, à côté du conseil de prud'hommes qui intervient pour les demandes individuelles. Son rôle était donc limité au contentieux collectif, avant la notification des licenciements, portant par exemple sur la consultation des représentants du personnel ou sur la procédure à suivre, sur la demande d'une expertise comptable par le comité d'entreprise, sur la mise en place d'un plan de sauvegarde de l'emploi à la demande du comité d'entreprise (Cass. soc. 6 juillet 1999, 97-22488, *Bull. civ.* V, n° 330; Cass. soc. 14 octobre 1997, 96-18876). Cette compétence a été remise en cause par la loi du 14 juin 2013, au profit du tribunal administratif.

Compétence du tribunal des affaires de sécurité sociale (TASS)

La TASS est une juridiction spécialisée de première instance qui est compétente pour le contentieux général de la sécurité sociale. Il peut intervenir en cas de contestation de l'affiliation et des cotisations des salariés, des prestations dues à un assuré ou à ses ayant droits, mais aussi pour contester la prise en charge ou le refus de prise en charge d'un accident du travail ou d'une maladie professionnelle par les caisses de sécurité sociale.

Une autre juridiction est également susceptible d'intervenir dans le contentieux technique : il s'agit de la CNITAAT (Cour nationale de l'incapacité et de la tarification de l'assurance des accidents du travail) qui est compétente pour les demandes portant sur la fixation du taux des accidents du travail, les ristournes, les cotisations supplémentaires et le classement du risque. Elle statue alors en premier et dernier ressort. Elle intervient également comme juridiction de second degré dans un autre contentieux technique, à savoir le degré d'invalidité ou d'inaptitude au travail, le contentieux étant porté devant le tribunal du contentieux de l'incapacité en première instance.

Compétence du tribunal de commerce

Cette compétence concerne des contentieux accessoires à un litige opposant un employeur à l'un de ses salariés. C'est le cas par exemple lorsqu'est en jeu le non-respect d'une clause de non-concurrence insérée dans un contrat de travail. Le conseil des prud'hommes reste compétent pour trancher le litige de la validité de la clause et celui de la violation de la clause par le salarié, mais cet ancien employeur peut ensuite saisir le tribunal de commerce et assigner la société qui l'a embauché sur le fondement de la responsabilité délictuelle pour obtenir l'indemnisation de son préjudice (Cass. com. 26 octobre 2010, 09-71313, *JCP soc.* 2010, 1561). Le tribunal de commerce est également compétent pour statuer sur le contentieux opposant un capitaine de navire à son employeur.

B. La compétence des juridictions administratives

Les juridictions administratives sont compétentes lorsqu'il s'agit de contester une décision administrative. Il s'agit alors d'un recours contentieux qui coexiste avec le recours gracieux. Elles interviennent pour trancher les litiges suivants :

- opposant un fonctionnaire à son employeur personne morale de droit public ou un salarié d'un service public administratif engagé dans les conditions du droit public ;
- pour les recours contre les décisions de l'inspection du travail, notamment celles relatives à l'autorisation de licencier un salarié protégé (V. Fiche n° 29) ;
- pour les recours concernant les contrats d'insertion conclus entre un employeur privé et une personne morale de droit public comme l'état ou un conseil général (Cass. soc. 27 mars 2008, 06-45929, *JCP soc.* 2008, 1444). Le contentieux relatif au contrat conclu entre cet employeur et le salarié relève en revanche du conseil des prud'hommes.

La loi du 14 juin 2013 n° 2013-504 portant sur la sécurisation de l'emploi donne une compétence nouvelle en matière de grand licenciement collectif pour motif économique en raison de l'existence d'une homologation ou d'une validation par la Direccte du plan de sauvegarde de l'emploi qu'il soit établi par acte unilatéral ou par accord collectif. Le nouvel article L 1235-7-1 du Code du travail attribue **un bloc de compétence au tribunal administratif pour contrôler le plan de sauvegarde de l'emploi, la régularité de la procédure de consultation et pour statuer sur les injonctions délivrées par la Direccte pendant la procédure de licenciement.** Sont exclus les recours gracieux et hiérarchiques, pourtant courants dans le contentieux des décisions administratives. Ne sont donc plus compétents ni le conseil des prud'hommes, ni le tribunal de grande instance qui pouvait décider de suspendre une procédure en cas d'irrégularité dans la consultation des institutions représentatives du personnel. Avant la notification du licenciement, ce sera en réalité la Direccte qui pourra délivrer des injonctions à l'employeur de procéder à une consultation régulière, car elle reste informée de l'existence d'un projet de licenciement économique dès le lendemain de la première réunion du comité d'entreprise. Une question reste en suspens : La décision de refus de validation du plan de sauvegarde de l'emploi est-elle susceptible de recours, l'article L 1235-7-1 ne visant expressément que la décision de validation ou d'homologation ? Tout en dénonçant les inconvénients, certains refusent ce recours, car l'employeur peut présenter une nouvelle demande auprès de la Direccte (G. Loiseau, La loi de sécurisation de l'emploi et le licenciement économique, *CSB* 2013, n° 254, p. 314 ; *contra* : M. Cesaro, Le contrôle administratif des grands licenciements économiques, *CSB* 2013, p. 434). Pour sécuriser les licenciements économiques, cette procédure contentieuse est encadrée dans des délais très courts, puisque le délai de prescription est de 2 mois et le jugement doit être rendu dans les 3 mois. À défaut, la Cour administrative d'appel est compétente et doit statuer dans les 3 mois. Le conseil des prud'hommes reste compétent pour la contestation de la cause réelle et sérieuse du licenciement, la mise en œuvre des critères d'ordre et pour indemniser ou réintégrer les salariés si le licenciement est annulé. Selon l'article L 1235-10, les salariés peuvent demander la nullité de leur licenciement s'il a été notifié sans décision de la Direccte ou si cette décision est annulée par le tribunal administratif. Cela soulèvera peut-être un contentieux devant le tribunal des conflits pour préciser la compétence de chacun des ordres de juridiction.

Il faut enfin noter que la solution retenue par la loi de sécurisation de l'emploi n'est pas la même que celle adoptée pour la rupture conventionnelle qui fait aussi l'objet d'une homologation par la Direccte. En effet, l'article L 1237-14 du Code du travail conserve la compétence du conseil des prud'hommes.

C. La compétence des juridictions répressives

Les juridictions répressives de droit commun sont compétentes en cas d'infraction. Il n'existe aucune juridiction spécialisée en droit pénal du travail. Le tribunal de police est donc compétent en cas de contravention, le tribunal correctionnel pour les délits tels le délit d'entrave, de discrimination ou de travail dissimulé et enfin la Cour d'assises en cas de crimes.

Il faut noter que les juridictions répressives peuvent être saisies par le salarié victime, par les syndicats sur le fondement de l'article L 2132-3 du Code du travail et de manière indirecte par l'inspection du travail. En effet, l'inspecteur du travail peut rédiger des procès-verbaux qui sont ensuite éventuellement transmis au parquet, qui pourra décider ensuite d'engager des poursuites contre l'employeur. Ce procès-verbal permet de prouver une infraction en droit du travail. Il n'a de force probante qu'au regard de cette infraction et que jusqu'à la preuve contraire. De plus, le juge dispose d'un pouvoir d'appréciation. Il faut noter que parfois une mise en demeure préalable est nécessaire donnant à l'employeur un délai pour se mettre en conformité. Cette condition concerne essentiellement les infractions en matière d'hygiène et de sécurité.

À retenir	
Compétence du conseil des prud'hommes	• Elle est d'ordre public et exclusive : – pour les litiges individuels nés de la relation de travail entre l'employeur et le salarié ; – pour les litiges nés à l'occasion du travail entre salariés ; – pour les questions accessoires ne relevant pas de la compétence exclusive d'une autre juridiction.

À retenir	
Compétence du TI	• Litige entre armateurs et marins. • Juge des élections.
Compétence du TGI	• Conflits collectifs en droit du travail.
Compétence du TASS	• Contentieux général de la sécurité sociale : affiliation, cotisations, contestation d'un refus ou d'une prise en charge d'un accident du travail.
Compétence du TA	• Recours contre les décisions de l'inspection du travail concernant par exemple l'autorisation de licencier un salarié protégé. • Recours concernant les contrats d'insertion. • Nouvelle compétence dans les grands licenciements économiques pour la consultation et le plan de sauvegarde de l'emploi depuis la loi du 14 juin 2013.

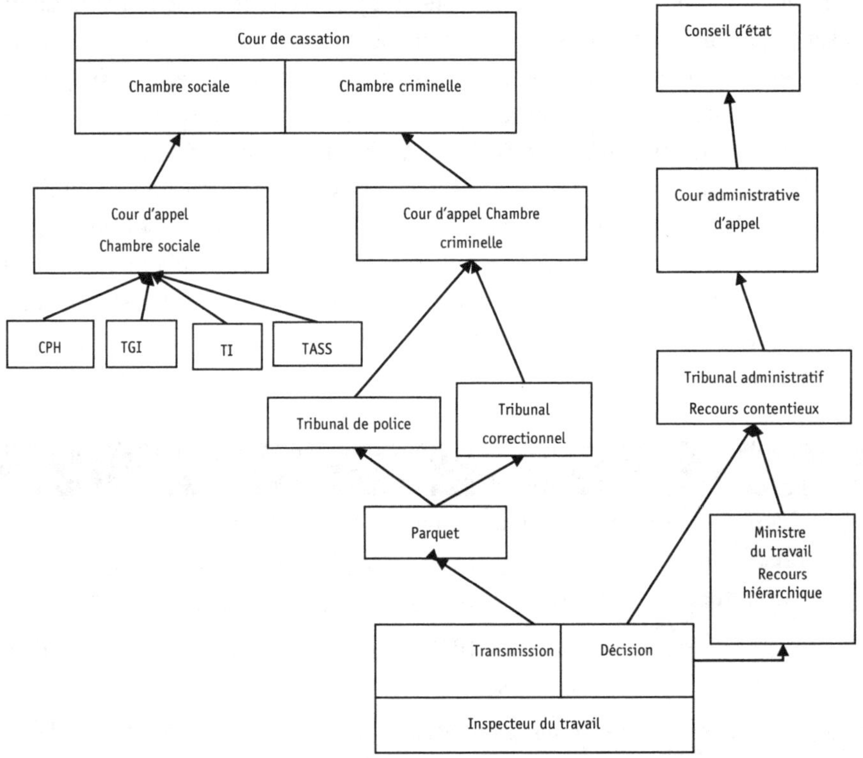

Pour en savoir plus

- Controverse : « Dispersion du contentieux du travail ? », *RDT* 2013, p. 536.
- T. Clay, « L'arbitrage en droit du travail : quel avenir après le rapport Barthélémy-Cette ? », *DS* 2010, p. 930.
- F. Duquesne, « Le tribunal de grande instance face au licenciement économique collectif », *DS* 2002, p. 606.
- F. Guiomard et E. Serverin, « Les voies de contestation des décisions unilatérales des employeurs, à l'horizon de la loi sur la sécurisation de l'emploi », *RDT* 2013, p. 197.
- G. Dumortier, « Le juge administratif face à la cessation d'activité comme motif économique », *RDT* 2013, p. 394.
- R. Vatinet, « Sur le devenir des contentieux des plans de sauvegarde de l'emploi », *JCP soc.* 2013, 1210.

Pour s'entraîner

Résoudre le cas pratique suivant :

Laurent est chercheur au CNRS. Il a reçu une proposition d'une entreprise privée, fabricant de produits pharmaceutiques et de médicaments. Le ministère a accepté sa mise en disposition et il est donc entré au service de cette entreprise, Médicam. Dans le cadre de ses activités de recherche, il a découvert une molécule de nature à révolutionner le traitement de la maladie de Parkinson. Il a donc déposé un brevet pour protéger sa découverte. Lors de ses travaux, il a été blessé et en principe, une prime d'assurance aurait dû lui être versée en raison d'un contrat d'assurance conclu par Médicam pour l'ensemble de ses salariés. Cette somme s'élèverait à 10 000 euros. Il vous indique aussi que la CPAM a refusé la prise en charge de son accident du travail. Sa mission étant finie, il démissionne et réintègre le CNRS. Malheureusement, la rupture de son contrat de travail ne se déroule pas comme il le souhaitait : il n'a reçu ni son certificat de travail, ni le paiement de son treizième mois depuis 2 ans, ni le versement de cette prime d'assurance. La société Médicam lui refuse aussi la possibilité de lever les options de ces actions en raison du mode de rupture du contrat. Il se demande quel juge il doit saisir.

Réponse

Laurent est titulaire d'un contrat de travail pendant son détachement avec une entreprise privée et son litige porte sur l'exécution et la rupture de son contrat de travail. Le fait qu'il soit fonctionnaire ne modifie pas cette solution, car pendant sa mise à disposition, son statut est en quelque sorte suspendu. Le Conseil des prud'hommes est donc *a priori* compétent pour ce litige individuel né entre lui et son employeur, la société Médicam (Ass. Plén. 20 décembre 1996, 92-40641, *DS* 1997, p. 710 ; *D.* 1997, p. 275).

L'est-il alors pour toutes les demandes ?

En vertu du principe d'unicité de l'instance, le demandeur doit joindre toutes ses demandes dès lors qu'elles dérivent d'un même contrat de travail entre les mêmes parties et dont le fondement est déjà né (C. trav., art. R 1452-6). Donc en l'espèce, il doit soulever le problème de la délivrance du certificat de travail, du versement du 13e mois et de la prime d'assurance. Grâce à la théorie de l'accessoire, cette prime représente un avantage social complémentaire et accessoire au contrat de travail, ce qui permet d'être jugé par le Conseil des prud'hommes, même s'il ne s'agit pas directement d'un problème du contrat de travail (Cass. soc. 19 janvier 1999, 96-44688 et 97-43785, *DS* 1999, p. 315). Le Conseil des prud'hommes est également compétent pour statuer sur sa demande portant sur la levée de ces options bien que cela concerne d'actions, car la demande est liée directement à la rupture de son contrat de travail. Là encore, il s'agit d'une demande accessoire.

En revanche en cas de litige éventuel portant sur le brevet d'invention, la règle de l'unicité de l'instance est inapplicable dans la mesure où le litige n'est pas encore né. Par ailleurs, ces questions relèvent de la compétence exclusive du TGI depuis une loi du 2 janvier 1968 (Cass. soc. 18 février 1988, 85-40213, *Bull. civ.* V, n° 126). De plus, le refus de la prise en charge de son accident du travail relève de la compétence du TASS, qui doit être saisi dans un délai de 2 mois à compter de la notification de la décision de refus de prise en charge.

La compétence territoriale du conseil des prud'hommes

Fiche 21

Définition

Compétence territoriale : règle qui permet de déterminer parmi les juridictions matériellement compétentes celle qui pourrait trancher le litige en fonction de sa localisation.

I. La compétence territoriale en droit interne

A. Les règles légales

L'article R 1412-1 du Code du travail prévoit une règle particulière : le conseil des prud'hommes territorialement compétent est celui dans le ressort duquel est situé l'établissement où est effectué le travail. Par ailleurs, lorsque le salarié est demandeur, il dispose de deux autres choix. Il peut aussi saisir celui dans le ressort duquel l'engagement a été conclu, c'est-à-dire le lieu où le salarié a accepté l'offre (Cass. soc. 11 janvier 2002, 00-44197, *D.* 2003, p. 1711). Il peut enfin saisir celui dans le ressort duquel l'employeur est établi. Il s'agit du lieu du siège social mais aussi du lieu d'un établissement où il existe un responsable ayant le pouvoir de représenter l'employeur alors même que le salarié travaille sous l'autorité d'un directeur situé dans un autre ressort (Cass. soc. 16 mai 2007, 06-42717, *JCP soc.* 2007, 1681).

Lorsque le travail est effectué en dehors de tout établissement, la demande est portée devant le conseil des prud'hommes du domicile du salarié, même s'il est demandeur. Il peut s'agir par exemple d'un chef d'équipe travaillant constamment sur des chantiers extérieurs mobiles (Cass. soc. 19 mai 1988, *JCP E* 1988, II, 15270, n° 1).

En cas de pluralité de défendeurs, la Cour de cassation applique l'article 42 du Code de procédure civile et permet au salarié demandeur de saisir à son choix la juridiction du lieu où demeure l'un d'eux. Cette prorogation de compétence suppose ensuite l'identité de l'objet de la demande (Cass. soc. 16 février 2011, 10-16423, *JCP soc.* 2011, 1191).

B. Les aménagements contractuels

Les clauses dérogeant à la compétence territoriale du conseil des prud'hommes sont nulles en application de l'article R 1412-4 du Code du travail (Cass. soc. 9 mai 1962, *Bull. civ.* IV, n° 420).

II. La compétence territoriale en droit international

Pour déterminer la compétence territoriale de la juridiction susceptible d'intervenir dans un conflit international entre un employeur et un salarié, il faut regarder la règle de conflit de juridictions. Cette règle est indépendante des règles de conflit de lois qui déterminent la loi applicable à un contrat de travail international (V. Fiche n° 4). Plusieurs règles existent notamment en raison de la présence de conventions internationales ainsi que d'un règlement de Bruxelles.

A. La compétence territoriale en application du règlement de Bruxelles

La convention de Bruxelles du 27 septembre 1968 est devenue un règlement communautaire applicable directement dans les états membres de l'Union. Il s'agit du règlement de Bruxelles I 44/2001 du 22 décembre 2000 entré en vigueur le 1er mars 2002. Ce règlement instaure des règles de compétence spéciales qui interdisent à l'État membre de se référer à ses propres règles de compétence pour déterminer quelle est la juridiction compétente (Cass. soc. 20 septembre 2006, 04-45717, *JCP soc.* 2006, 1906). Le principe posé est celui du domicile du défendeur quand il réside dans un des états membres. Si ce n'est pas le cas, la règle de conflit dépend alors du droit interne. Par conséquent, lorsque l'employeur est demandeur, il saisit la juridiction où le salarié a son domicile. Lorsque le salarié est demandeur, il bénéficie d'une option prévue par l'article 19 du règlement : il a le choix entre le tribunal où l'employeur défendeur a son domicile et celui où il accomplissait habituellement son travail. Cette règle s'applique aussi lorsque l'employeur fait l'objet d'une procédure collective et que le salarié souhaite contester son licenciement (Cass. soc. 27 novembre 2013, 12-20426, *Act. proc. coll.* 2013, n° 296). Lorsque plusieurs lieux d'exécution habituelle se sont succédé, il faut rechercher dans toute la durée de la relation de travail celui où le salarié a accompli la plus grande partie de son temps de travail en application de la jurisprudence Weber du 27 février 2002 (CJCE, 27 février 2002, aff. C 37/00, *Rec.* I, n° 2013). En cas de pluralité de lieux stables, il convient alors de se référer au dernier lieu (Cass. soc. 31 mars 2009, 08-40367, *Bull. civ.* V, n° 93, *RDT* 2010, p. 63). En revanche à défaut d'un tel lieu, le salarié peut choisir le tribunal du lieu où se trouve ou où se trouvait l'établissement qui a embauché le salarié. Ce critère du lieu d'embauche reste cependant marginal. Le règlement prévoit donc une asymétrie des solutions, car l'option n'est ouverte qu'au salarié.

Illustration de la notion de lieu de travail habituel : Cass. soc. 20 septembre 2006, 05-40491, DS 2006, p. 1202

> *Plusieurs chauffeurs-routiers sont embauchés par une société allemande ayant son siège en Allemagne. Ils effectuent leurs déplacements à travers plusieurs pays de l'Union européenne mais à partir de Charleville-Mézières. Suite à leur licenciement pour motif économique en application du droit allemand, ils saisissent le conseil des prud'hommes de Charleville-Mézières en utilisant l'option de l'article 19 du règlement, qui se déclare compétent. L'employeur soutient au contraire qu'il est impossible de déterminer le lieu d'exécution habituelle du travail et par conséquent, la juridiction compétente ne peut être que celle de son domicile ou celle où l'engagement a été conclu, c'est-à-dire la juridiction allemande. La Cour de cassation rejette le pourvoi en indiquant que le lieu habituel de travail s'entend comme du lieu « à partir duquel le salarié doit organiser ses activités pour le compte de l'employeur et qui est le centre effectif de ses activités professionnelles », soit Charleville-Mézières. Par conséquent, doit être écarté le lieu d'embauche, ce critère de rattachement n'intervenant qu'à défaut de lieu de travail habituel. La Cour de cassation suit ainsi la position de la Cour de Justice de l'Union européenne. Il s'agit désormais d'une jurisprudence constante (V. pour un exemple récent pour des pilotes d'avions : Cass. soc. 4 décembre 2012, 11-27302,* JCP soc. *2013, 1155).*

Les difficultés d'application en présence de co-employeurs : Cass. soc. 30 novembre 2011, 10-22964, DS 2012, p. 140

> *Dans cette décision rendue dans l'affaire de la société Jungheinrich, la Cour de cassation reconnaît la compétence du juge saisi en application du règlement de Bruxelles, juge du lieu d'exécution de la prestation de travail, pour se prononcer sur la qualité d'employeur de la personne assignée. En l'espèce, le salarié a saisi le juge français en indemnisation suite au dépôt de bilan de son employeur mais il assigne aussi devant le juge français la société mère de droit allemand. La Cour de cassation estime que le juge saisi pouvait aussi se prononcer sur la qualité de co-employeur de la société mère. Il faut noter qu'en cas de pluralité de défendeurs, l'article 6 du règlement de Bruxelles prévoit qu'ils peuvent être attraits dans un autre état si les demandes les concernant sont liées par un lien suffisant et étroit. Cette disposition n'est cependant pas applicable dans les relations de travail (arrêt Glaxosmithkline, 22 mai 2008,* aff. *C 462/06). Par conséquent, si le juge ne lui reconnaît pas la qualité d'employeur, il sera attrait en application du principe du domicile du défendeur sans concentration possible des demandes devant une seule juridiction. Le risque de conflits de solution est donc important.*

B. La compétence territoriale en application de la Convention de Lugano

Cette convention du 16 septembre 1988, révisée en 2007, concerne les rapports avec les états membres de l'AELE. Elle prévoit la même règle que le règlement de Bruxelles mais l'option est ouverte également à l'employeur.

C. La compétence territoriale en application du droit interne

En dehors de l'Union européenne et en l'absence de conventions bilatérales réglant ce problème, il convient de rechercher la règle de conflit de juridiction prévue par notre droit interne. L'hypothèse pourrait concerner par exemple un salarié recruté en France par une société américaine pour travailler aux États unis.

La première règle posée réside dans l'extension de la compétence internationale des critères de compétence territoriale interne. L'arrêt Dawson (Cass. soc. 2 juin 1983, 80-41875, *Bull. civ.* V, n° 301) étend ainsi l'article R 1412-1 du Code du travail au contentieux international. Il s'agissait d'un citoyen américain travaillant en France pour une société américaine. Le conseil des prud'hommes français, du lieu d'exécution de la prestation était compétent en application de ce texte, même si la loi américaine avait été choisie pour régir le contrat de travail.

La seconde règle prévue par les articles 14 et 15 du Code civil donne un privilège de juridiction lorsque l'une des parties au litige est de nationalité française. Lorsqu'il est demandeur, il peut toujours saisir une juridiction française. Lorsqu'il est défendeur, il peut demander à être jugé par une juridiction française. Ces textes sont applicables pour les litiges relevant du droit du travail et cela quelle que ce soit la loi applicable au contrat de travail. Ce choix d'une loi étrangère ne vaut pas renonciation à ce privilège de juridiction (Cass. soc. 20 juin 1979, 78-40458, *Bull. civ.* V, n° 551).

D. La détermination de la juridiction compétente en application d'une clause

L'article 21 du règlement de Bruxelles autorise de telles clauses mais dans deux cas :

- lorsque la convention attributive de compétence est conclue après la naissance du différend ;
- ou lorsqu'elle permet au seul travailleur, mais non à l'employeur de saisir une autre juridiction que celle qui est compétente en application de règlement.

En dehors du champ d'application de ce règlement, la question de la validité des clauses attributives de compétence est très discutée, car les solutions de la Cour de cassation sont fluctuantes. Un arrêt de la Cour indique que « la clause attributive de compétence incluse dans un contrat de travail international ne peut faire échec aux dispositions impératives de l'article R 1412-1 du Code du travail applicable dans l'ordre international » (Cass. soc. 29 septembre 2010, 90-40688, *JCP soc.* 2011, 1036). Cette décision semble remettre en cause des arrêts antérieurs dans lesquels la clause attributive de compétence a été jugée valable, notamment l'arrêt Air Zaïre (Cass. soc. 30 janvier 1991, 87-42086, *Bull. civ.* V, n° 41), qui a admis la validité de cette clause dans une affaire où le salarié travaillait à l'étranger. Dans l'arrêt du 29 septembre 2010, le lieu d'exécution de la prestation était la France et il n'est donc pas certain qu'il s'agisse d'un véritable revirement de jurisprudence. Le lieu d'exécution serait donc un critère déterminant pour apprécier la validité ou non de cette clause. Le droit applicable au contrat est parfois aussi un critère retenu : ainsi dans un arrêt du 21 janvier 2004, (01-44215, *Bull. civ.* V, n° 24), la Cour de cassation valide la clause prévue dans un contrat soumis au droit américain qui reconnaît leur validité et qui était exécuté aux USA mais aussi en France en raison d'un détachement. La clause compromissoire est inopposable aux seuls salariés (Cass. soc. 16 février 1999, Château Saint-Christophe, *RJS* 5/99, n° 720; Cass. soc. 28 juin 2005, *JCP soc.* 2005, 1245), quelle que soit la loi applicable au contrat de travail international. Elle est en revanche opposable à l'employeur.

À retenir

La compétence territoriale du CPH en droit interne	
Art. R 1412-1	• Principe : celui dans le ressort duquel le travail est exécuté. • À défaut d'exécution dans un établissement : celui du domicile du salarié. • Option possible ouverte au seul salarié entre : – celui dans le ressort duquel l'engagement a été conclu; – celui dans le ressort duquel l'employeur est établi • Nullité de clauses dérogeant à ces règles.
La compétence territoriale en droit international	
Règlement de Bruxelles du 22 décembre 2000	• Principe posé : domicile du défendeur. • Option au profit du seul salarié avec le lieu d'accomplissement habituel du travail et, à défaut, le lieu d'embauche.
Convention de Lugano	• Même solution mais l'option est ouverte aussi à l'employeur.
Règle de conflit de juridictions en droit interne	• Extension de la compétence territoriale de droit interne : lieu d'exécution de la prestation de travail avec une option au profit du salarié avec le lieu d'établissement de l'employeur et celui d'embauche. • Privilège de juridiction prévue par les articles 14 et 15 du Code civil en raison de la nationalité française de l'une des parties.

Pour en savoir plus

- C. Derache et P. Didier, « Contrat de travail international et juridiction compétente : modèles de clauses », *JCP soc.* 2011, 1194.

Pour s'entraîner

Résoudre le cas pratique suivant :

Un salarié Italien est recruté par une société allemande pour travailler en France sur différents chantiers, dont le dernier est à Limoges. Il est domicilié à Strasbourg. Suite à la rupture de son contrat de travail, il souhaite assigner son ex-employeur. Quelle juridiction est compétente ?

Réponse

C'est le règlement de Bruxelles qui s'applique dans la mesure où les deux parties sont domiciliées dans des états membres de l'Union européenne : le salarié en France et l'employeur en Allemagne, lieu du siège social et correspondant à sa nationalité. Peu importe en revanche la nationalité des parties (art. 2 du règlement). Par conséquent, le salarié dispose d'une option en application de l'article 19. Il peut saisir celui du domicile du défendeur, qui est le principe posé par le règlement mais aussi celui du lieu d'exécution habituelle de la prestation de travail. Il a donc le choix entre les juridictions allemandes et celles françaises. Existe-t-il un lieu habituel de travail puisque le salarié est affecté sur différents chantiers ? Le lieu habituel s'entend comme du lieu « à partir duquel le salarié doit organiser ses activités pour le compte de l'employeur et qui est le centre effectif de ses activités professionnelles ». En l'espèce, il semble qu'il existe plusieurs lieux de travail habituels qui se sont succédé dans le temps. Dans ce cas selon le règlement, il faut retenir le dernier lieu d'exécution, soit le conseil des prud'hommes de Limoges. En aucun cas, il ne faut ensuite rechercher parmi les différents conseils des prud'hommes celui qui serait compétent en application de l'article R 1412-1 du Code du travail. Le règlement est directement applicable et donne donc immédiatement la solution (Cass. soc. 20 septembre 2006, 04-45717, *DS* 2006, p. 1200).

Les parties au procès prud'homal

Fiche **22**

Définition

Intérêt à agir : condition de recevabilité d'une action en justice consistant dans l'avantage qu'aurait une partie à voir sa prétention reconnue par le juge légitime.

Qualité à agir : condition de recevabilité d'une action en justice consistant à attribuer la possibilité d'agir en justice à certaines personnes déterminées.

I. La détermination des parties au procès prud'homal

Pour pouvoir être partie à un procès prud'homal, il faut réunir plusieurs conditions : non seulement avoir le droit d'agir en justice (A), un intérêt à agir (B) et la qualité pour agir (C). Enfin, il se peut que des tiers interviennent au cours d'une instance prud'homale (D).

A. L'existence du droit d'agir

Pour que ce droit d'agir en justice existe, il faut tout d'abord avoir la personnalité juridique. Le salarié et l'employeur personne physique ont donc ce droit. Un certain nombre de groupements peuvent également se prévaloir de ce droit en raison de la reconnaissance de la personnalité juridique attribuée par la loi ou la jurisprudence : les sociétés immatriculées, les syndicats même non représentatifs à compter du dépôt des statuts en mairie, le comité d'entreprise, le comité d'établissement, le comité central d'entreprise, le comité de groupe, le CHSCT (Cass. soc. 2 décembre 2009, 08-18409 : reconnaissance du droit d'agir du CHSCT dans la constitution de partie civile mais action irrecevable faute d'un préjudice direct et personnel). En revanche, ni l'unité économique et sociale (UES) ni la section syndicale, ni l'établissement ni le groupe ne peuvent agir en justice car ces groupements n'ont pas la personnalité juridique.

Il faut noter également que **le droit d'agir du salarié est protégé** par certains textes contre d'éventuelles pressions de l'employeur. Ainsi, le salarié qui introduit une instance ne peut être sanctionné ou licencié pour avoir exercé ce droit, sauf éventuellement en cas d'abus. Parfois, le Code renforce cette protection en prévoyant la nullité du licenciement prononcé en représailles d'une action en justice. Il en est ainsi par exemple en matière de discrimination (C. trav., art. L 1134-4) ou d'égalité professionnelle entre les hommes et les femmes (C. trav., art. L 1144-3). La Cour de cassation a, pendant longtemps refusé une interprétation extensive de ces cas. Ainsi n'a pas pu être annulé le licenciement d'un salarié qui avait agi en justice en se fondant sur l'adage « à travail égal salaire égal » (Cass. soc. 20 février 2008, 06-40085, *Bull. civ.* V, n° 38). Elle se fondait sur la règle « pas de nullité sans texte ». De plus, elle a refusé de considérer le droit d'agir en justice comme étant une liberté fondamentale, ce qui aurait également pu autoriser la nullité du licenciement (Cass. soc. 13 mars 2001, 99-45735, *Bull. civ.* V, n° 87, *DS* 2001, 1117 : il s'agissait d'une demande de requalification d'un CDD en CDI). Cependant, devant la résistance de certains juges du fond qui invoquent l'article 6 de la Convention européenne de sauvegarde des droits de l'homme (V. Fiche n° 17), elle a opéré un revirement de jurisprudence et ce droit est désormais reconnu comme une liberté fondamentale (Cass. soc. 6 février 2013, 11-11740, *RDT* 2013, p. 154, *DS* 2013, p. 414 ; voir l'exercice). Sont également protégés d'autres conséquences de ce droit d'agir en justice comme la liberté de témoigner sauf mauvaise foi (Cass. soc. 29 octobre 2013, 12-22447, *DS* 2014, p. 81, *RDT* 2013, p. 740) et le fait de pouvoir obtenir l'exécution de la décision de justice (Cass. soc. 9 octobre 2013, 12-17882, *RDT* 2014, p. 58).

B. L'intérêt à agir

Conformément à l'article 31 du Code de procédure civile, l'action n'est ouverte qu'à ceux qui ont un intérêt légitime juridiquement protégé au succès ou au rejet d'une prétention. Très souvent l'intérêt est reconnu lorsque la partie agit pour défendre un droit substantiel. Cet intérêt est apprécié au jour de l'introduction de la demande en justice. Cette notion pose rarement problème en droit du travail. Mais son absence entraîne l'irrecevabilité de la demande, puisqu'il s'agit d'une fin de non-recevoir.

Illustration d'une absence d'intérêt à agir : cass. soc. 16 novembre 2010, 09-40555, JCP soc. 2010, 567

Dans cette décision, la Cour de cassation a considéré que n'avait plus un intérêt à agir un ancien salarié dans une instance engagée devant le tribunal d'instance pour faire reconnaître l'existence d'une unité économique et sociale entre son ancien employeur et d'autres sociétés. La Cour indique que cette action suppose que la personne appartienne à la collectivité de travail dont il s'agit d'assurer la représentation. En l'espèce, ce salarié qui avait été licencié pour motif économique cherchait à élargir le périmètre de la priorité de réembauchage auprès des autres membres de l'UES.

C. La qualité pour agir

En principe la personne qui a un intérêt à agir a également qualité pour agir en justice, étant la mieux placée pour défendre son propre intérêt. Dans ce cas, les deux conditions se confondent. La loi peut parfois attribuer la qualité à agir à certaines personnes, considérées comme plus à même de défendre ces intérêts.

Illustration d'un défaut de qualité à agir : Cass. soc. 2 mars 2011, 10-13547, DS 2011, p. 877

> *La Cour de cassation considère que si le comité d'entreprise a un intérêt à agir pour contester la dénonciation irrégulière d'un accord collectif portant sur les heures de délégation, cette dénonciation ayant des conséquences sur son fonctionnement, en revanche il n'a pas qualité pour agir. En effet, cette action est réservée aux syndicats parties ou signataires de l'accord en application de l'article L 2231-1 du Code du travail.*

Illustration de la reconnaissance de la qualité à agir : Cass. soc. 15 janvier 2013, 11-27651, JCP soc. 2013, 1152

> *La Cour de cassation admet que chacun des membres du CHSCT peut demander en référé la convocation du CHSCT en cas de défaillance de l'employeur sur le fondement de l'article L 4614-10 du Code du travail, ce droit n'appartenant pas de manière collective au CHSCT. Il n'est donc pas tenu de désigner un salarié particulier et de lui donner un mandat pour exercer cette action.*

Cette qualité pose problème pour les syndicats qui se voient attribuer le rôle de la défense des intérêts professionnels. Ils ont donc qualité pour agir dans la défense de leurs propres intérêts comme n'importe quelle personne morale. Mais la loi leur a également attribué deux actions spécifiques :

- **l'action syndicale** : Cette action a été reconnue dans un arrêt du 5 avril 1913 et consacrée par la loi du 12 mars 1920. Selon l'article L 2132-3 du Code du travail, tout syndicat, même non représentatif ou constitué sous la forme d'une association (Cass. soc. 13 octobre 2010, 09-14418, *JCP soc.* 2011, 1010), a qualité pour intervenir comme partie principale devant n'importe quelle juridiction pour défendre l'intérêt collectif de la profession et demander la réparation d'un préjudice direct ou indirect causé à la profession. Il défend alors un intérêt particulier, l'intérêt collectif de la profession. Le syndicat ne remplace pas le salarié qui agit également en son nom propre et demande la réparation de son propre préjudice (V. par exemple : Cass. soc. 6 décembre 2011, *DS* 2012, p. 313). Il faut non seulement que le syndicat ait une existence légale (Cass. crim. 22 mai 2007, 06-84748, *JCP soc.* 2007, 1764) mais aussi qu'il démontre la défense de l'intérêt collectif. La Cour de cassation a refusé de renvoyer une QPC portant sur la compatibilité de cette disposition à la liberté individuelle de chaque salarié d'agir en justice, estimant que cette question n'était pas sérieuse et que cette action découle de la liberté syndicale (Cass. soc. 5 juin 2013, 12-2748, *RDT* 2013, p. 450) ;

Illustrations de la défense de l'intérêt collectif

Par exemple, les syndicats sont recevables à agir pour défendre l'intérêt collectif en cas de travail dissimulé (Cass. soc. 6 décembre 2011, DS 2012, p. 313) ou d'inapplication d'une convention collective (Cass. soc. 30 novembre 2010, 09-42990, JCP soc. 2011, 1066) ou des irrégularités dans la désignation des salariés protégés (Cass. soc. 15 juin 2011, 10-60392, JCP soc. 2011, 1309, pour le représentant des salariés) ou pour la défense de l'emploi même lorsqu'il est menacé par un tiers (Cass. soc. 10 janvier 2012, 09-16691, JCP soc. 2012, 1215).

- **l'action de substitution** : le syndicat agit ici à la place du salarié sans avoir reçu un mandat exprès de sa part. Le salarié est seulement averti et peut s'y opposer pendant 15 jours et intervenir à l'instance. Depuis un arrêt du 1er février 2000 (98-46201, *DS* 2000, 516), il s'agit d'une action personnelle du syndicat qui n'est pas tenu de donner le nom des salariés en faveur desquels il agit. Les actes de procédure sont établis au nom du syndicat qui supporte les frais. Le salarié peut intervenir à l'instance. Les cas d'action en substitution sont limitativement énumérés par le Code du travail, avec des conditions parfois particulières, notamment pour savoir si cette action est réservée aux syndicats représentatifs.

Illustrations d'actions de substitution

À titre d'exemple, peuvent être citées les actions résultant des dispositions régissant le licenciement pour motif économique (C. trav., art. L 1235-8), résultant des règles relatives à l'égalité de traitement des hommes et des femmes (C. trav., art. L 1144-2), ou encore celles prévues pour lutter contre le harcèlement (C. trav., art. L 1154-2) ou bien encore l'action prévue pour les salariés en contrat à durée déterminée (C. trav., art. L 1247-1).

D. L'intervention de tiers

À l'occasion d'un litige opposant un salarié à son employeur, peuvent être mis en cause des tiers. Il s'agit alors de leur rendre la décision opposable. Il en est ainsi par exemple lorsque l'employeur fait l'objet d'une procédure collective, les organes de cette procédure seront alors mis en cause (V. les Fiches n° 30 et 31). L'article L 1411-6 du Code du travail prévoit également cette hypothèse lorsqu'un organisme se substitue aux obligations légales de l'employeur, comme par exemple une association qui établit les fiches de paye pour ses adhérents (Cass. soc. 28 février 2006, 03-44781, *DS* 2006, p. 680). Dans ce cas, il s'agit d'appeler ce tiers en garantie. Il faut cependant préciser que cette possibilité ne concerne que les obligations légales et non les obligations prévues par des accords collectifs (Cass. soc. 16 novembre 2010, 10-12156 : pour une caisse de prévoyance qui gérait le système de prévoyance mis en place par une convention de branche).

II. La représentation des parties au procès prud'homal

Par principe, la représentation est exclue devant le conseil des prud'hommes en raison du caractère oral de la procédure (V. Fiche n° 23). Les parties doivent donc être présentes lors de l'audience. Par dérogation, une partie peut être représentée si elle justifie d'un motif légitime ne lui permettant pas de se présenter à l'audience (C. trav., art. R 1453-1).

Il faut également indiquer que l'article R 1453-2 du Code du travail fait une liste des personnes habilitées à assister ou représenter les parties au procès prud'homal. Il s'agit :

- des avocats, seules personnes à ne pas devoir justifier d'un mandat spécial;
- du conjoint, concubin ou partenaire d'un PACS;
- d'un salarié ou d'un employeur appartenant à la même branche d'activité;
- les délégués permanents ou non des organisations syndicales;
- pour l'employeur par une personne de l'entreprise ou de l'établissement.

Pour la Cour de cassation, il s'agit d'une liste limitative (le père ne peut donc représenter son fils : Cass. soc. 11 mai 1993, 88-44230, *CSB* 1993, 161, B. 82). Il faut cependant préciser que le Code de commerce a prévu également que le représentant des salariés, organe désigné dans le cadre des procédures collectives puisse assister ou représenter les salariés devant le conseil des prud'hommes dans leur action concernant la contestation de leurs créances salariales ou le refus de l'AGS de prendre en charge leurs créances (C. com., art. L 625-4 alinéa 1 et 3; V. Fiches n° 10, 30 et 31).

Lorsqu'un syndicat est partie à un litige, il peut être représenté par un avocat, une personne justifiant d'un pouvoir spécial, ou d'une disposition des statuts l'habilitant à le représenter en justice (Cass. soc. 20 décembre 2006, 06-60017, *JCP soc.* 2007, 1608). Le président d'honneur d'un syndicat n'a pas qualité pour le représenter en justice (Cass. soc. 23 juillet 1980, 80-60204, *Bull. civ.* V, n° 683).

À retenir	
Le droit d'agir en justice est considéré comme une liberté fondamentale : cass. soc. 6 février 2013	
Les parties au procès prud'homales	• Nécessité de réunir plusieurs conditions : – l'existence d'un droit d'agir en justice subordonné à l'existence de la personnalité juridiques ; – l'existence d'un intérêt à agir ; – l'existence d'une qualité à agir. • Les syndicats peuvent agir en justice sur le fondement de trois actions : – leur intérêt propre ; – la défense de l'intérêt collectif par le biais de l'action syndicale ; – la défense d'un intérêt particulier par le biais de l'action en substitution.
La représentation des parties au procès prud'homal	• La représentation est possible en présence d'un motif légitime et par les personnes énumérées limitativement à l'article R 1453-1 du Code du travail : – avocats ; – conjoint, concubin, partenaire d'un Pacs ; – salarié ou employeur appartenant à la même branche d'activité ; – délégués des organisations syndicales ; – par une personne de l'entreprise pour représenter l'employeur.

Pour en savoir plus

- P. Moussy, « Oralité et représentation des parties », *DO.* 2004, p. 106.
- A. Supiot, « La protection du droit d'agir en justice », *DS* 1985, p. 774.

Pour s'entraîner

Commentez l'arrêt suivant :

Cour de cassation, chambre sociale, Audience publique du mercredi 6 février 2013

N° de pourvoi : 11-11740 11-11742 11-11743 11-11744 11-11745 11-11746 11-11747 11-11748

Publié au bulletin

LA COUR DE CASSATION, CHAMBRE SOCIALE, a rendu l'arrêt suivant :

Vu la connexité, joint les pourvois P. 11-11 740, R 11-11.742, S 11-11.743, T 11-11.744, U 11-11.745, V 11-11.746, W 11-11.747 et X 11-11.748;

Sur le moyen unique :

Vu les articles L. 1121-1, L. 1243-1, R. 1455-6 du code du travail, ensemble les articles 1315 du code civil et 6 §1 de la Convention de sauvegarde des droits de l'homme et des libertés fondamentales;

Attendu qu'il résulte de l'article R. 1455-6 du code du travail que le juge des référés peut, même en l'absence de disposition l'y autorisant, ordonner la poursuite des relations contractuelles en cas de violation d'une liberté fondamentale par l'employeur; que lorsque la rupture illicite d'un contrat à durée déterminée avant l'échéance du terme comme intervenue en dehors des cas prévus par l'article L.1243-1 du code du travail, fait suite à l'action en justice engagée par le salarié contre son employeur, il appartient à ce dernier d'établir que sa décision est justifiée par des éléments étrangers à toute volonté de sanctionner l'exercice, par le salarié, de son droit d'agir en justice;

Attendu, selon l'arrêt attaqué, que M. X... et sept autres salariés de la société France télécom, engagés depuis plusieurs années dans le cadre d'une succession de contrats à durée déterminée, ont saisi, le 18 juin 2009, la juridiction prud'homale pour voir prononcer la requalification de la relation de travail en contrat à durée indéterminée; que le 26 juin 2009, sur leur lieu de travail, un huissier a signifié à ces salariés la rupture anticipée de leur contrat pour le motif suivant : «surestimation de l'augmentation des flux d'appels clients due à une baisse plus importante que prévue du taux de réitération clients»; qu'estimant que cette rupture intervenait en réaction à leur action en justice, les salariés ont saisi en référé la juridiction prud'homale pour faire cesser le trouble manifestement illicite et voir ordonner leur réintégration; que le syndicat CGT FAPT Vaucluse est intervenu à l'instance;

Attendu que pour rejeter leur demande, l'arrêt énonce que si une atteinte à la liberté fondamentale d'agir en justice peut être alléguée, c'est à la condition pour les salariés de rapporter concrètement la preuve que la rupture du contrat de travail était en réalité une mesure de rétorsion de la part de l'employeur découlant de la seule saisine de la juridiction; que la preuve du lien de causalité entre la rupture et l'action en requalification ne peut résulter des seules modalités des démarches mises en œuvre par l'employeur ou d'une décision de rupture anticipée du contrat à durée déterminée et qu'au stade du référé, la prétention du caractère manifestement illicite de la mesure prise par l'employeur doit être indubitable, ce qui n'était pas le cas en l'espèce;

Qu'en statuant ainsi, alors qu'elle avait constaté que la rupture anticipée des contrats à durée déterminée qui ne reposait sur aucun des motifs prévus par l'article L. 1243-1 du code du travail, faisait suite à l'action en justice de chacun des salariés pour obtenir la requalification de la relation de travail en contrat à durée indéterminée, ce dont il résultait qu'il appartenait à l'employeur d'établir que sa décision était justifiée par des éléments étrangers à toute volonté de sanctionner l'exercice, par les salariés, de leur droit d'agir en justice, la cour d'appel qui a inversé la charge de la preuve a violé les textes susvisés;

PAR CES MOTIFS : CASSE ET ANNULE, dans toutes leurs dispositions, les arrêts rendus le 7 décembre 2010, entre les parties, par la cour d'appel de Nîmes; remet, en conséquence, la cause et les parties dans l'état où elles se trouvaient avant lesdits arrêts et, pour être fait droit, les renvoie devant la cour d'appel de Montpellier;

Réponses

La Cour de cassation devait se prononcer sur la rupture anticipée d'un contrat à durée déterminée, et se demander si elle était légitime au regard de l'article L 1243-1 du Code du travail dans une espèce où cette rupture faisait immédiatement suite à une action engagée par les salariés en requalification de leur contrat à durée déterminée en contrat à durée indéterminée. À cette occasion, la Cour reconnaît que le droit d'agir en justice est une liberté fondamentale et en tire les conséquences dans le cas d'espèce. D'autres conséquences pourraient en découler.

I. Une consécration de la reconnaissance du droit d'agir en justice en une liberté fondamentale

A. Une consécration attendue

Cette question avait déjà été posée à la Cour de cassation pour un licenciement qui avait été prononcé suite à une action en justice d'un salarié qui réclamait une réparation pour violation de l'adage à travail égal salaire égal (Cass. soc. 20 février 2008, 06-40085, *Bull. civ.* V, n° 38).

La Cour de cassation avait refusé une interprétation par analogie de l'article L 1134-4 du Code du travail qui prévoit la nullité du licenciement en cas de discrimination et de l'article L 1144-3 portant sur l'égalité entre les hommes et les femmes. Pourtant, cette solution aurait pu se défendre dans la mesure où depuis l'arrêt Ponsolle du 29 octobre 1996, l'adage à travail égal salaire égal vient de ces dispositions d'égalité entre les hommes et les femmes. La position de la Cour était déjà contestable et certains juges du fond ont résisté à la Cour de cassation en reconnaissant ce droit fondamental appartenant à tous les salariés (ex : Paris, 15 septembre 2011, *RDT* 2011, p. 640 dans le cadre d'une requalification d'un CDD en un CDI).

B. Une consécration reposant sur de solides fondements

Ce droit d'agir en justice est en effet une liberté individuelle protégée par l'article L 1121-1 du Code du travail, qui interdit d'y porter atteinte sauf en cas de motif légitime et d'atteinte proportionnée. Ce texte est d'ailleurs visé par la Cour de cassation. Il est donc en principe interdit d'y porter atteinte. D'autres textes annulent les mesures de rétorsion suite à certaines actions engagées par le salarié comme en matière de discrimination. Il est difficile de comprendre pourquoi les autres actions ne sont pas de la même manière protégée pour permettre au salarié d'agir contre son employeur pendant l'exécution de son contrat, sans qu'il soit finalement obligé d'attendre la rupture pour protéger ses droits substantiels. Enfin, il faut citer l'article 6 de la Convention européenne des droits de l'homme, cité également dans son visa et qui doit permettre de garantir de manière effective l'accès au juge. Il est reconnu aussi par l'arrêt de la Cour européenne des droits de l'homme Golder du 21 février 1975. Il faut également signaler que l'article 6 a un effet direct horizontal et peut donc être invoqué dans les relations entre particuliers, et donc entre un salarié et son employeur. D'autres textes internationaux garantissent ce droit comme l'article 8 de la Déclaration universelle des droits de l'homme de 1948, l'article 47 de la Charte des droits fondamentaux. Par conséquent, peu importe désormais l'objet de la demande, toute action en justice est considérée comme une liberté fondamentale.

II. Les conséquences de la reconnaissance du droit d'agir en justice en une liberté fondamentale

A. Les conséquences reconnues en l'espèce

Elle estime par conséquent que la rupture anticipée du contrat à durée déterminée est illégitime, car il s'agissait d'une mesure de rétorsion suite à cette action. La Cour interprète souplement l'article 1315 du Code civil concernant la charge de la preuve.

En effet, elle indique qu'en l'absence de motif prévu par l'article L 1243-1 du Code du travail, à savoir la force majeure, la faute grave du salarié ou l'accord des parties, c'est à l'employeur d'apporter la preuve que cette rupture ne constituait pas une mesure de rétorsion suite à cette action des salariés en requalification de leur contrat. La succession dans le temps des événements est donc favorable aux salariés qui n'ont pas à prouver directement que le motif de la rupture est précisément cette action en justice.

Les conséquences de la rupture anticipée sont en général l'indemnisation du salarié qui peut obtenir les salaires qu'il aurait dû percevoir jusqu'au terme prévu. En l'espèce, ce n'est pas ce que les salariés ont demandé et obtenu puisqu'ils ont sollicité auprès de la formation de référé du conseil des prud'hommes la poursuite de leur relation de travail. La Cour de cassation a considéré que non seulement la formation de référé était compétente mais également qu'elle pouvait, même en l'absence de disposition l'y autorisant, ordonner la poursuite de la relation, car précisément il s'agit d'une violation d'une liberté fondamentale. Il est difficile de savoir si la solution serait identique en l'absence de liberté fondamentale, comme la liberté de se vêtir.

B. Les autres conséquences possibles

Tout d'abord, il est possible de considérer que s'il s'agissait d'un licenciement rompant un contrat de travail à durée indéterminée, le salarié pourrait obtenir la nullité de son licenciement et donc sa réintégration auprès du conseil des prud'hommes, puisque la violation d'une liberté fondamentale est sanctionnée par la nullité du licenciement même en l'absence de texte précis (Cass. soc. 31 mars 2004, 01-46960, *DS* 2004, p. 666). Cela rend donc inutiles toutes les dispositions qui prévoient expressément cette conséquence pour certaines actions en justice. Il faut également signaler que toutes les autres mesures de rétorsion, comme une sanction disciplinaire pourraient également faire l'objet d'une annulation par un raisonnement *a fortiori*.

Ensuite, seront concernées les mesures de rétorsion prises par l'employeur au regard d'autres conséquences du droit d'agir en justice. La Cour de cassation a déjà étendu cette solution à des sanctions prises par un employeur à l'encontre d'un salarié qui avait témoigné contre son employeur, portant atteinte à la liberté de témoignage (Cass. soc. 29 octobre 2013, 12-22447, *DS* 2014, 81, *RDT* 2013, p. 740) ou à l'encontre d'un salarié qui s'est opposé à une modification de son contrat de travail qui ne respectait pas une décision de justice, portant atteinte au droit à l'exécution de la décision (Cass. soc. 9 octobre 2013, 12-17882, *RDT* 2014, p. 58 ; V. aussi : Cass. soc. 18 décembre 2013, 12-27383). Il pourrait en être de même pour l'exercice d'une voie de recours par le salarié.

La portée de cette décision publiée est donc importante et va bien au-delà du cas de la rupture anticipée du contrat à durée déterminée.

L'exercice de l'action prud'homale

Fiche **23**

Définition

Assignation : citation à comparaître en justice faite par acte d'huissier.

Déclaration : appelée aussi requête : acte par lequel le demandeur saisit la juridiction sans que son adversaire en ait été préalablement informé.

Fin de non-recevoir : moyen de défense qui tend à faire déclarer l'adversaire irrecevable en sa demande, sans examen au fond.

I. Les principes généraux de l'action prud'homale

L'action prud'homale est soumise, comme toutes les autres actions, aux principes directeurs de la procédure civile. Mais elle se caractérise également par son caractère oral.

A. Les principes directeurs de la procédure civile appliqués à l'action prud'homale

Deux principes importants doivent être rappelés : le principe dispositif et le principe du contradictoire.

Le principe dispositif

Ce principe traduit le caractère accusatoire de la procédure civile et le fait que le procès est la chose des parties. Il permet de déterminer quel est le rôle respectif des parties et du juge. Il revient aux parties d'introduire l'instance et de fixer le cadre du litige en fonction de leurs prétentions respectives. Il faut cependant souligner que les conditions de recevabilité des demandes nouvelles sont dérogatoires au regard du principe de l'immutabilité du litige en raison du principe de l'unicité d'instance spécifique à la procédure prud'homale (V. Fiche n° 24). Quant au juge, il lui revient de veiller au bon déroulement de l'instance, de contrôler les délais, de contrôler les faits, de leur donner leur exacte qualification juridique et de trancher le litige conformément aux règles de droit applicables.

Ce rappel rapide doit cependant être précisé concernant la charge de la preuve des faits allégués par les parties. En effet, bon nombre de textes dérogent à l'article 1315 du Code civil qui prévoit que la charge de la preuve incombe en principe au demandeur de l'allégation. Ce n'est qu'à défaut de texte particulier que l'article 1315 du Code civil s'applique comme en matière d'abus de droit. Ainsi, la preuve de la discrimination a été aménagée sous l'influence du droit communautaire. En application de l'article L 1134-1 du Code du travail, le salarié demandeur apporte des éléments de fait laissant supposer l'existence d'une discrimination directe ou indirecte. Au vu de ces éléments, il incombe au défendeur de prouver que sa décision est justifiée par des éléments objectifs étrangers à toute discrimination. Le juge forme ensuite sa conviction au vu des éléments apportés et éventuellement après avoir ordonné des mesures d'instruction. De même en matière de licenciement, le juge forme sa conviction au vue des éléments de preuve apportés par les deux parties et le doute profite au salarié. Cette règle édictée à l'article L 1235-1 du Code du travail fait cependant l'objet d'une interprétation stricte par la Cour de cassation qui refuse de l'appliquer par exemple à la prise d'acte. Ainsi, il revient au salarié d'apporter la preuve des manquements de l'employeur pour justifier la rupture du contrat, et à défaut, elle produit les effets d'une démission (Cass. soc. 19 décembre 2007, 06-44754, *Bull. civ.* V, n° 219). C'est le même aménagement prévu pour le contentieux des sanctions disciplinaires (C. trav., art. L 1333-1). Pour le contentieux portant sur le licenciement d'une femme enceinte, le juge forme sa conviction en fonction des éléments de preuve apportés par l'employeur et le doute profite à la salariée (C. trav., art. L 1225-3).

Il faut également indiquer que le Code du travail a établi un certain nombre de présomptions, renversant ainsi la charge de la preuve. Il en est ainsi par exemple de la présomption de faute inexcusable en cas d'accident du travail dont est victime un salarié embauché en contrat à durée déterminée et affecté à des postes présentant des dangers particuliers dès lors qu'il n'a pas été formé (C. trav., art. L 4154-3). Les représentants du personnel sont également présumés utiliser leurs crédits d'heures conformément à leur mandat (Cass. soc. 11 juin 2008, 07-40823, *JCP soc.* 2008, 1497).

Quant aux modes de preuve, lorsqu'il s'agit de prouver des faits, la preuve est libre et peut donc être apportée par tous moyens, appréciés souverainement par le conseil des prud'hommes. Le juge retient alors les éléments de preuve pertinents et réguliers. Lorsque l'employeur ne produit que des attestations émanant de ses propres représentants, le juge pourrait les écarter en raison du manque de pertinence et d'impartialité et pourrait les vérifier en demandant l'audition du témoin, mesure d'instruction autonome (Cass. soc. 11 mai 1999, 97-41245, *JCP G*, 2000, II, 10269). Reste enfin le problème de la validité des modes de preuve apportés par l'employeur qui pourraient porter atteinte à la vie privée du salarié et qui seraient alors écartés du litige.

À quelles conditions la surveillance effectuée par l'employeur peut-elle être un élément de preuve recevable ?

La Cour de cassation rappelle qu'au nom du pouvoir de direction l'employeur a le droit de contrôler et de surveiller l'activité de son personnel durant le temps de travail, mais le dispositif de contrôle doit avoir été porté à la connaissance du salarié, comme une filature (Cass. soc. 4 février 1998, 95-43421, Bull. civ. V, *n° 64) ou la mise en place de caméras de vidéosurveillance (arrêt* Néocel, *Cass. soc. 20 novembre 1991, 88-4312,* Bull. civ. V, *n° 519; Voir pour un rappel : Cass. soc. 2 février 2011, 10-14263,* JCP soc. *2011, 1313 : caméras placées dans tout l'établissement et fonctionnant en permanence). Cette information des salariés est cependant écartée lorsque ces caméras sont installées dans des locaux où les salariés ne travaillent pas (Cass. soc. 31 janvier 2001, 98-44290,* Bull. civ. V, *n° 28). Par ailleurs, l'employeur doit procéder à une information collective auprès des représentants du personnel ainsi qu'à une déclaration auprès de la CNIL (Voir par exemple pour un système de géolocalisation : Cass. soc. 3 novembre 2011, 10-18036,* JCP soc. *2012, 1054). En outre, le procédé de surveillance ne doit pas faire appel à des stratagèmes, comme envoyer des salariés incognito pour en surveiller d'autres (Cass. soc. 18 mars 2008, 2 arrêts, 06-40852, 06-45093,* JCP soc. *2008, 1396). Enfin, ce procédé doit être proportionné au but recherché. Tel n'est pas le cas, selon la CNIL, lorsque les salariés sont filmés en continu, cette surveillance étant excessive au regard du but de lutte contre le vol (CNIL, n° 2009-201, du 16 avril 2009,* RDT *2010, p. 108).*

À quelles conditions l'employeur peut-il valablement apporter la preuve en utilisant les fichiers informatiques ?

L'employeur peut ouvrir les fichiers professionnels (Cass. soc. 21 octobre 2008, 07-41513, JCP soc. *2009, 1043), les fichiers étant présumés être professionnels, sauf si le salarié les qualifie de dossiers personnels (Cass. soc. 18 octobre 2006, 04-48025,* RDT *2006, 395). Le simple fait de mettre le prénom (Cass. soc. 8 décembre 2009, 08-44840) ou ses initiales (Cass. soc. 21 octobre 2009, 07-43877,* RDT *2010, p. 172) ou de les regrouper dans « mes documents » (Cass. soc. 10 mai 2012, 11-13884,* RDT *2012, p. 428,* JCP soc. *2012, 1331) ne suffit pas à révéler le caractère personnel des fichiers. Il peut aussi ouvrir les fichiers personnels des salariés, mais à condition que les salariés soient présents ou dûment appelés, cette condition étant écartée en cas de circonstances exceptionnelles (Cass. soc. 17 mai 2005, 03-40017,* DS *2005, 789). C'est la même solution qui est retenue pour l'ouverture des armoires des salariés (Cass. soc. 11 décembre 2001, 99-43030,* Bull. civ. V, *n° 377; Cass. soc. 15 avril 2008, 06-45902,* JCP soc. *2008, 1453). La Cour a cependant apporté une précision, à propos de la fouille de sac, en indiquant non seulement le droit pour le salarié d'être informé, le droit de demander la présence d'un témoin, mais aussi le droit de s'y opposer (Cass. soc. 11 février*

2009, 07-42068, JCP soc. *2009, 1212). L'employeur peut enfin saisir le président du TGI sur requête pour qu'il soit autorisé à ouvrir ses fichiers sous le contrôle d'un huissier et à condition de justifier d'un intérêt légitime pour l'entreprise, comme la lutte contre la concurrence déloyale (Cass. soc. 23 mai 2005, 05-17818,* RJS *8-9/07, n° 909; Solution identique si les fichiers ne sont pas qualifiés de personnels : Cass. soc. 10 juin 2008, 06-19229,* JCP soc. *2008, 1582).*

Enfin, il arrive parfois que le salarié a besoin de documents appartenant à l'employeur pour établir les faits allégués. Il pourrait être tenté de prendre ces documents et la question se pose de savoir s'il peut être poursuivi pour vol. Désormais, pour la chambre criminelle (Cass. crim., 11 mai 2004, 03-85521, *Bull. crim.* n° 117) et la chambre sociale de la Cour de cassation (Cass. soc. 30 juin 2004, 02-41720, *Bull. civ.* V, n° 187), le salarié peut produire en justice des documents qu'il a subtilisés à l'entreprise, à condition qu'il s'agisse de documents dont le salarié a eu connaissance dans l'exercice de ses fonctions et uniquement ceux qui sont strictement nécessaires à l'exercice de sa défense. Il ne peut alors être poursuivi pour vol et sa preuve est recevable devant le juge prud'homal (Voir pour un exemple où le vol a été écarté : Cass. crim. 16 juin 2011, 10-85079, *JCP soc.* 2011, 1450; voir un exemple où le vol a été au contraire reconnu : Cass. crim. 21 juin 2011, 10-87671, *JCP soc.* 2011, 1475).

Le juge peut parfois intervenir dans la recherche de la vérité, notamment par le biais du référé probatoire (V. Fiche n° 27). De plus, en vertu de l'article R 1454-1 du Code du travail, le bureau de conciliation ou de jugement peut nommer un conseiller rapporteur chargé d'instruire l'affaire. Le juge peut, même d'office décider de toute mesure d'instruction légalement admissible relativement aux faits dont dépend la solution du litige.

Illustration de mesures d'instruction ordonnées par le juge : Cass. soc. 24 septembre 2008, 07-42652, JCP soc. 2008, 1655

La Cour de cassation approuve la décision d'une Cour d'appel qui a demandé à auditionner à nouveau un témoin, pour rechercher la cause d'un licenciement, à savoir la malversation de fonds, considérée comme une faute lourde par l'employeur. Pour la Cour, le juge n'a pas suppléé la carence de l'employeur, qui apportait déjà des éléments de preuve et le doute ne profite au salarié que si le juge, malgré l'utilisation de ces pouvoirs, a toujours ce doute.

Le principe du contradictoire

Ce principe doit être aménagé pour préserver la liberté individuelle du salarié. Ainsi en est-il par exemple de la liberté syndicale du salarié qu'il faut ménager lorsque le syndicat souhaite prouver la présence de ses adhérents dans l'entreprise pour pouvoir ouvrir une section syndicale. Au nom de la liberté syndicale, le salarié n'est pas tenu d'informer son employeur de son appartenance à un syndicat. S'il donne son accord à la divulgation de son nom, la preuve de l'existence de deux adhérents nécessaires à l'ouverture d'une section syndicale ne pose pas de problème. En revanche en cas de refus du salarié de dévoiler publiquement son adhésion, il appartient au juge d'aménager la règle du contradictoire en autorisant le syndicat à lui fournir de manière non contradictoire les éléments nominatifs de la preuve dont il dispose. En revanche, les éléments non nominatifs sont communiqués à la partie adverse (Cass. soc. 14 décembre 2010, 10-60137, *JCP soc.* 2011, 1069).

B. Une procédure orale

Ce caractère est prévu par l'article R 1453-3 du Code du travail. Un décret du 1er octobre 2010 relatif aux procédures orales ne modifie que très ponctuellement les règles applicables devant le conseil des prud'hommes.

L'ensemble des éléments de fait, de droit et les demandes doivent être présentés à l'audience et les parties doivent comparaître à l'audience en principe de manière personnelle. Cela évite un formalisme trop lourd, permet au juge d'appréhender au mieux les faits, de pouvoir poser des questions. Cette caractéristique entraîne plusieurs conséquences :

- il n'existe pas d'obligation de déposer des conclusions écrites au greffe, même si en pratique cela est souvent fait pour développer une argumentation ;
- le juge doit se prononcer sur les demandes formulées contradictoirement devant lui à l'audience. Même si des conclusions ont été déposées, elles sont inopérantes si elles ne sont pas défendues oralement par les parties lors de l'audience. En cas de contradiction entre la présentation orale de l'argumentation et les conclusions, ce seront les déclarations verbales qui primeront. Les observations verbales sont consignées par le greffe ;
- les conclusions déposées ne peuvent suppléer l'absence de la partie à l'audience à laquelle il a été régulièrement convoqué (Cass. soc. 14 mars 2007, 05-43351, *JCP soc.* 2007, 1301 ; Voir pour une certaine souplesse : Cass. civ. 2e, 9 avril 2009, 07-44389, *JCP soc.* 2009, 1312).

L'oralité de la procédure pose parfois problème au regard du principe contradictoire qui doit être effectivement respecté. Le juge prud'homal doit donc veiller à son respect. Chaque partie dont donc être en mesure de discuter les prétentions et les preuves de l'autre partie, d'autant que la formulation des demandes nouvelles est très souple en raison du principe de l'unicité de l'instance. Il faut donc que le conseil des prud'hommes vérifie que les pièces ont bien été transmises, que les parties ont eu le temps d'organiser leur défense, d'autant que le ministère d'avocat n'est pas obligatoire. Il doit donc parfois renvoyer l'affaire lorsqu'au cours de l'audience l'une des parties formule une demande nouvelle non portée à la connaissance de l'adversaire (Cass. soc. 17 mars 1988, *Bull. civ.* V, n° 152).

Le décret du 1er octobre 2010 qui insère un article 446-1 alinéa 2 dans le Code de procédure civile prévoyant que les parties peuvent être autorisées à formuler leurs prétentions par écrit sans être présentes, est inapplicable au conseil des prud'hommes faute de texte spécifique l'autorisant de manière expresse.

II. L'exercice de l'action en demande

A. La saisine du conseil des prud'hommes

Selon l'article R 1452-1 du Code du travail, le conseil des prud'hommes est saisi soit par une déclaration soit par la présentation volontaire des parties devant le bureau de conciliation. Cette seconde modalité n'est soumise à aucune condition de validité particulière. Un procès-verbal est dressé pour constater la saisine du tribunal. La déclaration peut être verbale ou formulée par lettre recommandée. Elle doit indiquer les mentions prévues à l'article 58 du Code de procédure civile ainsi que les différents chefs de demande.

L'article 58 fait une liste des informations qui vont permettre au défendeur d'organiser sa défense. Sont donc mentionnés :

- le nom, les prénoms, profession, domicile, nationalité, date et lieu de naissance du demandeur ;
- le nom, les prénoms et le domicile de la personne contre laquelle la demande est faite ;
- l'objet de la demande ;
- date et signature du demandeur.

Il faut également mentionner les arguments de droit et de fait sur lesquels il fonde ses différentes demandes. Cette déclaration est envoyée au greffe du conseil des prud'hommes. Il n'y pas en principe d'assignation à comparaître par acte d'huissier. Il s'agit donc d'un mode de saisine très rapide et très simple à faire.

Les parties sont ensuite convoquées par le greffe du conseil des prud'hommes. Le demandeur est informé soit par lettre simple soit oralement s'il se présente au secrétariat de la date et de l'heure de la convocation. Le défendeur est convoqué par lettre recommandée avec accusé de réception ou par lettre simple contenant copie de la convocation. Cette convocation du défendeur vaut citation en justice. Ce n'est que si le défendeur ne vas pas chercher le recommandé, qu'une assignation rédigée par un huissier est établie sur le fondement de l'article 670-1 du Code de procédure civile.

B. Le versement de la contribution de 35 euros

Pour toutes les instances introduites depuis le 1er octobre 2011, le demandeur devait verser une contribution obligatoire de 35 euros introduite à l'article 1635 Bis Q du Code général des impôts (art. 54, loi 29 juillet 2011, *JCP soc.* 2011, 366 ; décret 28 septembre 2011, n° 2011-1202). Ce texte s'appliquait pour les instances prud'homales sauf devant les juridictions de sécurité sociale. La Cour de cassation a jugé que cela valait aussi pour le contentieux des élections professionnelles devant le tribunal d'instance, car même si l'article R 2324-25 du Code du travail indique qu'il s'agit d'une instance sans frais ni dépens, cette exception ne peut s'appliquer dans la mesure où elle est instaurée par un texte réglementaire. Or seul un texte législatif peut y déroger (Cass. soc. 28 mars 2012, 11-61180, *JCP soc.* 2012, 175). De plus, en étaient exonérés les bénéficiaires de l'aide juridictionnelle. Le demandeur devait en principe prouver son acquittement au moment de la saisine de la juridiction, mais une régularisation postérieure était possible. À défaut de la payer, la demande était irrecevable. Son paiement pouvait se faire par paiement électronique ou timbres fiscaux. Suite à une QPC transmise par la 2e chambre civile (Cass. civ. 2e, 26 janvier 2012, 11-401108), le Conseil constitutionnel a admis la conformité de ce dispositif à la constitution et au droit au recours effectif devant une juridiction (C. const. 13 avril 2012, 2012-231/234, QPC). Ce versement a été abrogé par l'article 128 de la loi de finances du 29 décembre 2013 n° 2013-1278, entrée en vigueur au 1er janvier 2014 (Voir le décret n° 2013-1280 du 29 décembre 2013 pour la mise en œuvre).

III. L'exercice de l'action en défense

A. Les fins de non-recevoir spécifiques à la matière prud'homale

Il s'agit d'un moyen de défense qui tend à faire déclarer l'adversaire irrecevable en sa demande, sans examen au fond. Elle peut être invoquée en tout état de cause. Parmi ces fins de non-recevoir prévues par l'article 122 du Code de procédure civile, le défendeur peut invoquer l'autorité de la chose jugée, le défaut d'intérêt ou de qualité pour agir. Les fins de non-recevoir d'ordre public doivent être relevées d'office par le juge.

Il convient ici de mettre l'accent sur celles qui peuvent présenter une spécificité à la procédure prud'homale. Tout d'abord, il faut noter que le moyen tiré du principe de **l'unicité de l'instance** en est une (Cass. soc. 19 novembre 1986, 84-45404, *Bull. civ.* V, n° 537), sans avoir le caractère d'ordre public (Cass. soc. 12 mars 1969, *Bull. civ.* V, n° 179 ; Cass. soc. 2 mai 2001, *RJS* 2001 ; n° 828 ; Cass. soc. 25 janvier 2012, *RJS* 2012, n° 383). Ensuite, la signature d'un **reçu pour solde de tout compte** non dénoncé dans les 6 mois qui suivent sa signature rend également irrecevable une demande pour toutes les sommes y figurant (Cass. soc. 5 juillet 1989, 86-42845, *Bull. civ.* V, n° 567). Ce document a à la fois une valeur probatoire et un effet libératoire pour l'employeur. Il en est de même de **la conclusion d'une transaction** après la rupture du contrat de travail. La transaction est un contrat par lequel les parties mettent fin à un litige né ou à naître dont les conditions de validité et les effets sont particuliers. Pour être valable, non seulement, il faut respecter les conditions de validité de tout contrat (cause, capacité, consentement et objet) mais également il doit comporter des concessions réciproques en fonction des prétentions des parties au moment de la signature du contrat (pour un exemple d'annulation : Cass. soc. 13 décembre 2007, 06-46302, *JCP soc.* 2008, 1220 ; pour un exemple de validité : Cass. soc. 27 janvier 2009, 07-41657, *JCP soc.* 2009, 1177). Le salarié ne peut pas renoncer par le biais d'une transaction aux droits dont il n'a pas la libre disposition, comme les mesures contenues dans un PSE (Cass. soc. 20 novembre 2007, 06-41410, *RDT* 2008, p. 101) ou le bénéfice de l'application de l'article L 1224-1 du Code du travail (Cass. soc. 28 septembre 2010, 09-40090). La transaction peut en revanche porter sur la liberté d'expression dès lors que l'atteinte est proportionnée et légitime (Cass. soc. 14 janvier 2014, 12-27284). De plus, la chambre sociale de la Cour de cassation exige que ce contrat soit conclu après la rupture du contrat de travail, le salarié n'étant plus sous la subordination de son employeur (arrêt Purier, Cass. soc. 29 mai 1996, 92-45115, *RJS* 7/96, n° 789 ; Cass. soc. 14 juin 2006, 04-43123, *JCP soc.* 2006, n° 1641). Une transaction conclue avant la notification de la rupture est sanctionnée par une nullité relative depuis un arrêt du 28 mai 2002 (Cass. soc. 28 mai 2002, 99-43852 et 99-43853, *JCP* 2002, II, 10147). Il est parfois difficile de déterminer cette date.

Illustration du contentieux portant sur la date de conclusion de la transaction

En témoigne l'arrêt rendu le 31 mai 2011 (10-14313, JCP soc. *2011, 1364). La salariée avait été informée de son licenciement pour motif économique. Pendant le délai de réflexion pour accepter la convention de reclassement personnalisé, elle signe une transaction qui est validée par la Cour de cassation en ces termes : la transaction est valablement conclue « par le salarié licencié lorsqu'il a eu connaissance effective des motifs de cette rupture par la réception de la lettre recommandée lui notifiant son licenciement, même lorsque l'effet de la rupture est différé du fait de la signature d'une convention de reclassement personnalisé ».*

Si la transaction est valablement conclue, elle produit les effets d'un contrat et a donc force obligatoire mais lui sont également attachés certains effets d'un jugement (C. civ., art. 2052) : elle a autorité de la chose jugée et rend donc irrecevable toute action en justice entre le salarié et l'employeur portant sur le même objet. Par ailleurs, sa conclusion entraîne désistement des instances en cours.

Illustration d'une transaction valable mais aux effets limités : Cass. soc. 13 mai 2003 (01-42826, inédit)

> *Suite à son licenciement, un chauffeur, chargé du ramassage du lait, signe avec son ancien employeur une transaction réglant de manière définitive le paiement d'heures supplémentaires et de repos compensateurs pour la période de juin 1998 à novembre 1999. Le salarié, en échange de ce paiement, renonce à toute action. La transaction est considérée comme valable en raison des concessions réciproques et de l'absence de vice du consentement. Mais quelques mois plus tard, le salarié saisit le conseil des prud'hommes pour demander un rappel de salaire et de primes en se fondant sur la convention collective applicable dans l'entreprise. La question qui se posait était de savoir si cette action était recevable en raison de la transaction signée. La Cour de cassation casse l'arrêt de cour d'appel qui avait répondu par la négative. La Cour estime que lorsqu'une transaction est conclue, le salarié renonce effectivement à tous ses droits, actions et prétentions relatifs au différend qui a donné lieu à la transaction et dont l'objet est d'y mettre un terme. En l'espèce, la transaction portait sur des heures supplémentaires et du repos compensateur et la demande en justice sur un autre objet, le rappel de salaire et de primes. Par conséquent, cette action en justice était recevable.*

B. Les délais de prescription

Comme dans toutes les matières, les demandes en matière prud'homale sont soumises à des délais de prescription qui, selon la Cour de cassation, ne portent pas atteinte au droit au respect des biens ni au droit de gagner sa vie et qui sont donc conformes au droit international (Cass. soc. 12 janvier 2011, 09-69348, *JCP soc.* 2011, 1167). Ces délais peuvent être suspendus ou interrompus selon le droit commun.

La réforme du 14 juin 2013 relative à la sécurisation de l'emploi a voulu réduire les délais de prescription. Ainsi l'article L 1471-1 indique que l'action qui porte sur l'exécution ou la rupture du contrat de travail se prescrit par 2 ans au lieu de 5 ans depuis la loi 2008 réformant de manière générale la prescription. L'exception prévue concerne les actions en réparation d'un dommage corporel qui selon le droit commun sont soumises à un délai de 10 ans (C. civ., art. 2226). Le point de départ est également précisé : le délai court à compter du jour où le titulaire d'un droit a connu ou aurait dû connaître les faits lui permettant de l'exercer. Il peut s'agir par exemple de la notification de la lettre de licenciement pour contester cette rupture, ou la remise d'un bulletin de salaires pour contester le paiement d'heures supplémentaires par exemple. Si le titulaire du droit n'a aucun moyen de connaître les faits lui permettant d'agir, le délai de prescription ne court pas (Voir pour un exemple : Cass. soc. 1er février 2011, 10-30160, *JCP soc.* 2011, 1192 ; Cass. soc. 25 septembre 2013, 11-27693, *Act.*

proc. coll. 2013-17, n° 256). En matière de créance salariale, le point de départ est la date d'exigibilité de la créance (Cass. soc. 14 novembre 2013, 12-17409).

De même, l'action en paiement ou en répétition des salaires se prescrit par 3 ans et non plus par 5 ans comme auparavant (nouvel article L 3245-1). Lorsque l'employeur est l'État ou une collectivité territoriale, le délai est de 4 ans à compter du premier jour de l'année qui suit celle au cours de laquelle les droits ont été acquis (Cass. soc. 29 octobre 2013, 12-21214). En revanche, lorsque le salarié est licencié et qu'il demande également un paiement de salaire, le délai pourrait être plus long selon certains auteurs puisqu'il partirait de la notification du licenciement et pourrait porter sur des sommes dues 3 ans avant la rupture, soit un total de 6 ans. Il faut également signaler que l'action visant au paiement de créances non salariales, telles que les dommages-intérêts ou les sommes dues au titre de la participation ou de l'intéressement, les indemnités kilométriques, n'est pas concernée par ce délai de 3 ans, sauf si la Cour de cassation fait une interprétation très large de la notion de créance salariale. Est-ce alors le délai de droit commun de 5 ans de l'article 2277 du Code civil ou celui de 2 ans, en considérant que ces sommes se rattachent à l'exécution du contrat de travail ? Le contentieux du champ d'application de l'ancien article L 3245-1 va donc ressurgir avec cette nouvelle rédaction.

Certains délais sont maintenus, comme 12 mois pour contester une rupture conventionnelle ou bien encore 5 ans pour un litige en matière de discrimination.

Principaux délais de prescription en matière sociale	
Paiement ou répétition de salaires (C. trav., nouvel art. L 3245-1)	3 ans
Paiement ou répétition de créances non salariales	2, 3 ou 5 ans
Exécution ou rupture du contrat de travail (C. trav., art. L 1471-1)	2 ans
Réparation d'un dommage corporel (C. civ., art. 2226)	10 ans
Discrimination (C. trav., art. L 1134-5)	5 ans
Harcèlement sexuel ou moral (C. trav., art. L 1152-1 et L. 1153-1)	5 ans
Contestation de la rupture conventionnelle (C. trav., art. L 1237-14)	12 mois
Contestation du licenciement économique (C. trav., art. L 1235-7) ou de la rupture du contrat suite à l'adhésion au CSP (C. trav., art. L 1233-67)	12 mois
Dénonciation du reçu pour solde de tout compte	6 mois

La loi a prévu des dispositions transitoires classiques dans ce domaine. Ainsi les actions introduites avant la promulgation de la loi sont poursuivies et jugées conformément à la loi ancienne. Pour les actions introduites après l'entrée en vigueur de la loi, les nouveaux délais s'appliquent aux prescriptions en cours sans que la durée totale de la prescription puisse excéder la durée prévue par la loi antérieure.

Illustration des dispositions transitoires de la loi du 14 juin 2013 concernant les nouveaux délais de prescription

Ainsi, si un salarié veut contester son licenciement qui lui a été notifié il y a 1 an, il peut encore agir pendant 2 ans et non plus 4 ans comme auparavant. Si la notification a eu lieu il y a 4 ans, il lui reste 1 an.

À retenir	
Les principes généraux de l'action prud'homale	• Respect des principes directeurs du procès : – principe dispositif : régime de la charge de la preuve aménagée en matière prud'homale et les modes de preuve doivent notamment respecter la vie privée du salarié ; – principe du contradictoire. • Une procédure orale sans ministère d'avocat obligatoire.
L'exercice de l'action en demande	• La saisine du conseil des prud'hommes se fait par : – une déclaration verbale au greffe ou formulée par lettre recommandée envoyée au greffe ; – présentation volontaire des parties devant le bureau de conciliation.
L'exercice de l'action en défense	• Les fins de non-recevoir spécifiques à la matière prud'homale : – unicité de l'instance ; – la signature d'un reçu pour solde de tout compte non dénoncé dans les 6 mois qui suivent ; – la conclusion d'une transaction après la rupture du contrat de travail.

À retenir

- Les principaux délais de prescription particuliers réformés par la loi du 14 juin 2013 :

Principaux délais de prescription en matière sociale	
Paiement ou répétition de salaires (C. trav., nouvel art. L 3245-1)	3 ans
Paiement ou répétition de créances non salariales	2, 3 ou 5 ans
Exécution ou rupture du contrat de travail (C. trav., art. L 1471-1)	2 ans
Réparation d'un dommage corporel (C. civ., art. 2226)	10 ans
Discrimination (C. trav., art. L 1134-5)	5 ans
Harcèlement sexuel ou moral (C. trav., art. L 1152-1 et L. 1153-1)	5 ans
Contestation de la rupture conventionnelle (C. trav., art. L 1237-14)	12 mois
Contestation du licenciement économique (C. trav., art. L 1235-7) ou de la rupture du contrat suite à l'adhésion au CSP (C. trav., art. L 1233-67)	12 mois
Dénonciation du reçu pour solde de tout compte	6 mois

Pour en savoir plus

- A. Bugada, « Conciliation(s), prescription(s) et plus encore... », *JCP soc.* 2013, 1290.
- R. De Quénaudon, « La réforme du droit de la prescription : aspects de droit du travail », *Petites Affiches* 2 avril 2009, n° 66, p. 53.
- H. Guyot, « La prescription en droit du travail après la loi du 17 juin 2008 », *JCP soc.* 2009, 1450.
- H. Guyot, « Prescription et conciliation », *JCP soc.* 2013, 1291.
- J. Raynaud, « Pour la réhabilitation, sous conditions, de la preuve dite déloyale en droit du travail », *JCP soc.* 2013, 1054.
- E. Serverin et T. Grumbach, « La réforme de la procédure orale en perspective prud'homale », *RDT* 2011, p. 193.

Pour s'entraîner

Commentez l'attendu de principe suivant :

Cass. soc. 15 juin 2010, 09-65062, JCP soc. 2010, 1412 : « attendu que le délai de douze mois prévu par le second alinéa de l'article L. 1235-7 du code du travail n'est applicable qu'aux contestations susceptibles d'entraîner la nullité de la procédure de licenciement collectif pour motif économique, en raison de l'absence ou de l'insuffisance d'un plan de sauvegarde de l'emploi »

Réponses

La Cour de cassation limite la portée du délai de prescription prévu à l'article L 1235-7 du Code du travail aux seuls contentieux portant sur les causes d'annulation de la procédure de licenciement. À l'époque, cela signifiait que seules les demandes portant sur l'insuffisance ou l'inexistence du plan de sauvegarde de l'emploi pouvaient entraîner la nullité de la procédure, avec une exception importante en cas de procédure collective ouverte à l'encontre de l'employeur. La sanction est alors de considérer le licenciement comme étant sans cause réelle et sérieuse, la nullité étant écartée pour le redressement et la liquidation judiciaire (C. trav. art. L 1235-10 dernier alinéa). Par conséquent, ce délai ne s'applique pas aux contestations portant sur l'absence de cause réelle et sérieuse ou sur la régularité de la procédure, qui n'entraîne pas la nullité du licenciement, mais seulement l'attribution de dommages-intérêts. De plus pour être opposable au salarié, ce délai doit être mentionné dans la lettre de licenciement. Dans tous ces cas, ce sont les délais de droit commun qui s'appliquent, soit à l'époque de la décision, un délai de 5 ans.

L'analyse de la Cour de cassation remet en cause la lettre même du texte qui vise toutes les contestations portant sur la régularité ou la validité du licenciement. Par ailleurs, elle remet en cause la volonté du législateur ainsi qu'une circulaire administrative du 30 décembre 2005 qui avait une lecture extensive du texte, voulant limiter le délai à toutes les contestations du licenciement économique. La Cour de cassation vise davantage à protéger le salarié et interprète strictement un délai de prescription plus court que le délai de droit commun.

Depuis cette décision, une loi Cherpion du 28 juillet 2011 a étendu le champ d'application de ce délai de 12 mois à la contestation portant sur la rupture du contrat suite à l'adhésion du salarié au contrat de sécurisation professionnelle (C. trav., art. L 1233-67), ce qui pourrait remettre en cause cette jurisprudence. Enfin, il faut s'interroger sur la portée de cette décision depuis la loi du 14 juin 2013. Elle n'a pas modifié la lettre de cet alinéa, mais elle a supprimé le premier alinéa qui prévoyait une contestation en référé par le comité d'entreprise portant sur la régularité de sa consultation. Pourtant cette loi a impact sur cette décision, car le cas d'annulation n'est plus l'insuffisance ou l'absence de plan de sauvegarde de l'emploi, mais la notification du licenciement sans décision d'homologation ou de validation de la Direccte ou suite à une annulation de cette décision par le tribunal administratif. Le contentieux devrait donc se restreindre, si la lecture de l'article L 1235-7 n'est pas modifiée par la Cour de cassation. De plus, le délai de droit commun pour contester une rupture du contrat de travail, quelle qu'elle soit, est désormais de 2 ans (C. trav., art. L 1471-1).

Fiche

24 L'unicité d'instance

Définition

Autorité de la chose jugée : effet attaché à une décision juridictionnelle définitive et qui rend irrecevable, sous réserve des voies de recours, un nouveau procès entre les mêmes parties, portant sur le même objet et ayant la même cause.

Fin de non-recevoir : moyen de défense qui tend à faire déclarer irrecevable une demande sans examen au fond et qui peut être invoqué en tout état de cause.

Péremption d'instance : extinction d'une action en raison de l'inaction d'une partie pendant 2 ans.

Unicité d'instance : règle qui impose aux parties d'une instance prud'homale de regrouper toutes les demandes les concernant et afférentes au même contrat de travail au sein de cette instance.

I. Le principe de l'unicité d'instance

A. Présentation générale

L'unicité d'instance est une règle de procédure spécifique au conseil des prud'hommes et applicable à la Cour d'appel statuant en matière prud'homale, qui date d'une loi du 27 mars 1907. Elle est inscrite à l'article R 1452-6 du Code du travail qui prévoit que toutes les demandes d'un même contrat de travail entre les mêmes parties doivent faire l'objet d'une seule instance. Il s'agit d'éviter de multiplier les recours. Elle a également pour objet de faciliter l'appel et d'éviter des procédés frauduleux visant à éviter l'appel par des montants limités des demandes. Cette règle a été jugée conforme à l'article 6 de la Convention européenne des droits de l'homme par la Cour de cassation (Cass. soc. 24 juin 2009, 08-40323, inédit; V. Fiche n° 17). Il s'agit d'une fin de non-recevoir qui cependant n'est pas d'ordre public (Cass. soc., 1er février 2011, 08-44568, *Procédures* 2011, comm. 133) et qui n'a donc pas être soulevée d'office par le juge.

➤ Attention

Ne pas confondre unicité d'instance et autorité de la chose jugée. L'unicité d'instance s'oppose à l'introduction de demandes qui n'avaient pas été présentées au cours d'une instance précédente alors qu'elles auraient pu l'être. L'autorité de la chose jugée s'oppose à la réitération d'une demande qui a déjà été jugée. Cette règle est prévue par l'article 1351 du Code civil.

B. Les conditions d'application de l'unicité d'instance

Cette règle concerne les demandes relatives au même contrat de travail opposant les mêmes parties. Ainsi si le salarié agit contre son employeur puis ensuite décide d'assigner par exemple l'AGS (Cass. soc. 13 juillet 2010, 09-40153, *RJS* 10/10, n° 800) ou les Assedics (Cass. soc. 26 mai 1999, 96-45238, *Bull. civ.* V, n° 237), la règle ne s'applique pas dans la mesure où les parties sont différentes.

C. Les conséquences de l'unicité d'instance

Cette règle produit plusieurs conséquences.

- le demandeur qui n'a pas respecté ce principe se voit opposer une fin de non-recevoir : il ne peut saisir à nouveau le conseil des prud'hommes pour que sa demande soit jugée, s'il pouvait la présenter au cours d'une instance précédente devant le conseil des prud'hommes ou pendante devant la Cour d'appel;
- la recevabilité des demandes nouvelles n'est pas soumise aux conditions de droit commun, comme un lien avec la demande principale. Elles sont recevables en tout état de cause, même en appel. Cette conséquence déroge ainsi à l'interdiction de présenter des demandes nouvelles en appel, même contre une partie à l'égard de laquelle un désistement a été constaté devant le conseil des prud'hommes, car le désistement d'instance n'emporte pas renonciation à l'action (Cass. soc. 21 janvier 2014, 12-20264 à 12-20266, FS+P+B). Il ne peut être opposé l'absence de tentative de conciliation (C. trav., art. R 1452-7; Cass. soc. 28 septembre 2004, *RJS* 12/04, n° 1313). Aucune forme particulière n'est exigée pour les présenter. Il suffit que l'instance soit toujours en cours;
- le demandeur doit regrouper finalement toutes ses demandes pour éviter l'irrecevabilité.

Illustration : cass. soc. 16 avril 2008, 06-44356

Un salarié saisit le conseil des prud'hommes pour contester la modification de son contrat de travail. Un jugement est rendu le 19 juin 2001 mais l'affaire est portée devant la Cour d'appel. Au cours de cette instance, le salarié assigne à nouveau son employeur le 5 février 2003 pour demander l'annulation de la sanction disciplinaire dont il a fait l'objet fin janvier 2003 et pour demander des dommages-intérêts pour discrimination syndicale et harcèlement. Ces demandes sont déclarées irrecevables en raison de l'unicité d'instance, que la Cour d'appel confirme. Dans cet arrêt de rejet, la Cour de cassation rappelle que les faits se sont déroulés avant la clôture des débats devant la cour d'appel saisie du recours contre le premier jugement. L'instance initiale étant toujours en cours, le salarié pouvait présenter ses demandes nouvelles en appel et n'était donc pas privé de son droit d'accès au juge. La règle de l'unicité d'instance s'opposait donc à l'introduction par le salarié d'une seconde instance devant le conseil des prud'hommes. Cette règle, en revanche, n'impose pas au salarié d'interjeter appel d'un jugement pour présenter ses demandes nouvelles.

II. Les limites de l'unicité d'instance

Plusieurs limites existent.

A. Une règle applicable uniquement au conseil des prud'hommes

Il s'agit d'une règle spécifique au conseil des prud'hommes ainsi qu'aux « juridictions statuant en matière prud'homale » (C. trav., art. R 1452-6, R 1452-7). Se pose alors la question de l'interprétation de cette expression : il en est ainsi du tribunal d'instance, solution confirmée par le renvoi fait par l'article R 1451-3 à l'unicité d'instance ainsi que pour la Cour d'appel. Il semble bien désormais que ce soit les seules exceptions. Ainsi, la Cour de cassation a refusé d'appliquer cette règle à un bâtonnier saisi d'un litige entre un avocat salarié et son employeur avocat (Cass. soc. 30 septembre 2005, 03-45839, *JCP soc.* 2005, 1338) et au tribunal de commerce compétent pour statuer sur un litige opposant un capitaine de navire à son employeur (Cass. soc. 23 janvier 2013, 10-20568, *JCP soc.* 2013, 1167). De même, elle ne peut empêcher une partie d'engager des poursuites devant les juridictions répressives (Cass. crim., 28 avril 2009, 07-82901).

B. Une première instance devant une juridiction étrangère

Lorsqu'une juridiction étrangère a été saisie pour trancher un litige opposant un salarié à son employeur, cette juridiction applique ses propres règles de procédure et n'est donc pas soumise à la règle de l'unicité de l'instance, règle de procédure prud'homale de droit français. Par conséquent, cette règle ne peut pas être opposée devant la juridiction prud'homale saisie ensuite : sa demande sera recevable même s'il s'agit des mêmes parties et de demandes se rapportant au même contrat de travail, sous réserve cependant de l'autorité de la chose jugée (Cass. soc. 8 février 2012, 10-27940, *JCP soc.* 2012, 1157).

C. La prétention née tardivement

Cette limite, prévue par l'article R 1452-6 du Code du travail, a été assouplie par la jurisprudence. Le texte indique en effet que le fondement doit être né après la saisine du conseil des prud'hommes mais pour la Cour de cassation, ce fondement doit être né après la clôture des débats (Cass. soc. 25 septembre 2013, 12-13965, *DS* 2014, p. 64). Tant que les débats au conseil des prud'hommes ou en Cour d'appel ne sont pas clos, il est possible au salarié de soulever cette nouvelle demande. À défaut, le recours devant le conseil serait irrecevable. À l'inverse, si les débats sont clos, le salarié peut saisir à nouveau le juge. Il n'est pas tenu de faire appel du jugement rendu antérieurement pour présenter cette demande nouvelle (Cass. soc. 8 décembre 2004, 02-44662, *RJS* 2/05, n° 195). Il faut également souligner que le fait d'avoir des éléments de preuve nouveaux postérieurs à l'extinction de l'instance ne constitue pas un fondement nouveau autorisant l'introduction d'une seconde instance (Cass. soc. 1er avril 2009, 08-41083, *JCP soc.* 2009, 1313).

Illustration : cass. soc. 4 janvier 1996, RJS 1996, n° 119

> *Un salarié se voit notifier son licenciement avant la clôture des débats devant le conseil des prud'hommes statuant en dernier ressort sur une première demande de sa part dérivant du même contrat de travail. Sa nouvelle saisine du conseil des prud'hommes en paiement d'indemnité de rupture doit être déclarée irrecevable en application de la règle de l'unicité de l'instance.*

D. Une première instance n'ayant pas donné lieu à un jugement au fond

Tout d'abord, si la première instance est la suite d'un référé, la règle de l'unicité de l'instance ne s'applique pas, car la formation de référé ne statue pas au principal. Il en est de même dans le sens inverse (Cass. soc. 26 mai 1999, 96-45238, *Bull. civ.* V, n° 237; Cass. soc. 24 mars 2010, 09-40938, *JCP soc.* 2010, 1279).

Ensuite, la règle de l'unicité de l'instance s'applique tant que le juge n'est pas dessaisi. Les demandes nouvelles sont recevables mais une nouvelle instance, portant sur des demandes dérivant du même contrat de travail, ne l'est pas. La notion de dessaisissement a évolué avec un arrêt du 16 novembre 2010 (09-70404, *JCP soc.* 2010, 1517, *RDT* 2011, p. 55, *DS* 2011, p. 432). Avant cette décision, le juge était dessaisi quand il avait rendu un jugement au fond, mais aussi en cas de désistement, de péremption d'instance, de procès-verbal de conciliation totale et même lorsque l'instance initiale était annulée pour irrégularité de procédure sans que le juge ait statué au fond (Cass. soc. 12 novembre 2003, 01-41901, *DS* 2004, p. 100). Il était donc impossible au demandeur de réitérer sa demande qui n'avait pas été jugée au fond. Désormais, depuis l'arrêt du 16 novembre 2010, il faut nécessairement un jugement statuant au fond. Dans cette affaire, l'instance initiale avait été annulée pour défaut de conciliation sans jugement au fond. La Cour a affirmé que « la règle de l'unicité de l'instance n'est applicable que lorsque l'instance précédente s'est achevée par un jugement au fond » et a estimé qu'en l'espèce elle n'était pas applicable. Par conséquent, le demandeur peut réitérer sa demande qui n'a pas été jugée au fond. Les décisions postérieures ont confirmé cette solution et l'ont appliqué à d'autres hypothèses. Ainsi, la règle ne s'applique plus en cas de désistement d'instance (Cass. soc. 9 mars 2011, 09-65213, *JCP soc.* 2011, 1237), d'acquiescement à la demande (Cass. soc. 4 octobre 2011, 10-15249, *JCP soc.* 2011, 1539) ou en cas de péremption d'instance (Cass. soc. 23 mai 2012, 10-24033, *JCP soc.* 2012, 280).

Enfin, elle ne s'applique pas non plus au recours en révision (Cass. soc. 13 juin 2012, 10-26296, *RDT* 2012, p. 401).

À retenir

Le principe de l'unicité d'instance : art. R 1452-6 du Code du travail	
Conditions d'application	• Toutes les demandes doivent être relatives au même contrat de travail. • Toutes les demandes doivent concerner les mêmes parties.
Conséquences	• Le demandeur doit regrouper toutes ses demandes nouvelles au sein d'une même instance, tant que le juge n'est pas dessaisi. • À défaut, il ne peut saisir à nouveau le conseil des prud'hommes : il s'agirait d'une fin de non-recevoir. • La recevabilité des demandes nouvelles au cours d'une même instance n'est soumise à aucune condition particulière de forme ou de fond.
Les limites au principe de l'unicité d'instance	• La règle ne s'applique pas à d'autres juridictions amenées à statuer en matière prud'homale : ne sont concernés que le conseil des prud'hommes, éventuellement le tribunal d'instance et enfin la Cour d'appel. • La règle ne s'applique pas si le juge saisi est une juridiction étrangère. • La prétention née après la clôture des débats n'est pas soumise à l'unicité d'instance. • La règle ne s'applique pas si la première instance n'a pas donné lieu à un jugement au fond depuis un arrêt du 16 novembre 2010, comme une annulation suite à un problème de procédure, une péremption d'instance ou de désistement d'instance.

Pour en savoir plus

- V. Orif, La règle de l'unicité de l'instance, LGDJ, Coll. Thèses, avril 2012
- Controverse, « Le renouveau de la règle de l'unicité de l'instance », *RDT* mars 2011, p. 156.
- P. Bailly, « Vertus et périls de l'unicité d'instance », *RJS* 2005, p. 327.
- A. Bugada, « L'unicité d'instance revue et corrigée ! », *Procédures* 2011, comm. 15.
- M.L. Divialle, « Sur l'étendue pratique du principe de l'unicité d'instance », *DS* 2005, p. 288.
- P. Lyon-Caen, « Le principe de l'unicité de l'instance doit-il être maintenu ? », *DS* 2004, p. 100.
- Ph. D'Ornano, « L'unicité de l'instance prud'homale », *JCP soc.* 2007, 1536.
- V. Orif, « Le renouveau de la règle de l'unicité de l'instance », *D.* 2011, p. 227.
- V. Orif, « Les pièges persistants de la règle de l'unicité d'instance », *DS* 2014, p. 64.

Pour s'entraîner

Commentez l'arrêt suivant : Cour de cassation, chambre sociale, 13 juin 2012, N° de pourvoi : 10-26857, Publié au bulletin

Attendu, selon l'arrêt attaqué (Bordeaux, 21 septembre 2010), que M. X..., engagé le 2 mai 1972 par la caisse primaire d'assurance maladie de Dordogne au sein de laquelle il exerçait en dernier lieu les fonctions d'agent de maîtrise, a saisi la juridiction prud'homale d'une demande de rappels de salaires de mai 1996 à mai 1999 ; que cette procédure a pris fin par une transaction avec l'employeur en juillet 2000 ; qu'en 2006, le salarié a de nouveau saisi la juridiction prud'homale et sollicité des dommages-intérêts en invoquant la discrimination et le harcèlement subis par lui en raison de ses activités syndicales ;

Sur le premier moyen :

Attendu que l'employeur fait grief à l'arrêt de rejeter la fin de non recevoir tirée de l'unicité de l'instance prud'homale et de le condamner à indemniser le salarié du préjudice subi par lui du fait de discrimination et harcèlement alors, selon le moyen :

1°/ que toutes les demandes dérivant du contrat de travail entre les mêmes parties doivent, qu'elles émanent du demandeur ou du défendeur, faire l'objet d'une seule instance, à moins que le fondement des prétentions ne soit né ou ne soit révélé que postérieurement à la saisine du conseil de prud'hommes ; que la règle de l'unicité de l'instance est applicable lorsque l'instance initiale s'est achevée soit par un jugement sur le fond, soit par une transaction ou un acquiescement de l'une des parties à la suite d'une décision de justice rendue sur le recours exercé à l'encontre d'un jugement sur le fond ; qu'en rejetant la fin de non-recevoir tirée de l'unicité de l'instance

après avoir constaté que les parties n'avaient pas saisi la juridiction de renvoi à la suite de la cassation du jugement du conseil de prud'hommes de Brive, parce qu'une transaction était intervenue pour mettre fin au litige, la cour d'appel, qui n'a pas tiré les conséquences légales de ses propres constatations, a violé les articles 384 du code de procédure civile et R. 1452-6 du code du travail;

2°/ qu'il résulte de la combinaison des dispositions des articles 2048 du code civil et R. 1452-6 du code du travail que seule une transaction intervenue entre les parties avant un jugement sur le fond ou avant une décision de justice rendue à la suite d'un recours à l'encontre d'un jugement sur le fond, limitée à son objet, et a pour effet d'empêcher le salarié de saisir une juridiction pour ce qui est de l'objet de la transaction; que dès lors que les causes d'un second litige relatif au même contrat de travail sont connues avant la transaction conclue à la suite d'un jugement sur le fond ou d'une décision de justice rendue postérieurement au recours exercé à l'encontre d'un jugement sur le fond, la règle de l'unicité de l'instance s'oppose à ce qu'une partie au contrat de travail, qui, disposait de la faculté de présenter de nouvelles demandes, introduise une nouvelle instance devant le conseil de prud'hommes; qu'en rejetant la fin de non-recevoir tirée de l'unicité de l'instance après avoir constaté que les parties n'avaient pas saisi la juridiction de renvoi à la suite de la cassation du jugement du conseil de prud'hommes de Brive et de la conclusion d'une transaction pour mettre fin au litige, au motif que la transaction qui était intervenue entre les parties était limitée à son objet et ne pouvait avoir pour effet d'empêcher le salarié de saisir une juridiction que pour ce qui était de l'objet de la transaction, la cour d'appel, qui n'a pas recherché si les causes d'un second litige relatif au même contrat de travail étaient connues avant la conclusion de la transaction, a privé sa décision de base légale au regard des articles 384 du code de procédure civile et R. 1452-6 du code du travail, ensemble l'article 2048 du code civil;

Mais attendu que, si une transaction conclue en cours d'instance produit les mêmes effets qu'un jugement sur le fond pour l'application de l'article R 1452-6 du code du travail, elle n'interdit toutefois pas d'engager par la suite une nouvelle procédure portant sur des prétentions dont le fondement est né ou s'est révélé postérieurement à la transaction;

Et attendu qu'il résulte des pièces de la procédure produites et de l'arrêt que la première instance a pris fin par une transaction conclue en juillet 2000 et que les seuls faits de discrimination retenus par la décision attaquée pour prononcer la condamnation se situent après l'année 2000, en sorte que cette prétention n'était pas atteinte par la règle de l'unicité de l'instance; que le moyen n'est pas fondé;

(...)

PAR CES MOTIFS : REJETTE le pourvoi;

Réponses

La cour de cassation a répondu à la question suivante : une transaction conclue au cours d'une instance interdit-elle d'engager par la suite une nouvelle instance en application de l'article R 1452-6 du Code du travail? Elle affirme que « si une transaction conclue en cours d'instance produit les mêmes effets qu'un jugement sur le fond en application de cet article, elle n'interdit toutefois pas d'engager par la suite une nouvelle procédure portant sur des prétentions dont le fondement est né ou s'est révélé postérieurement à la transaction ». La Cour de cassation assimile donc la transaction à un jugement au fond (I) permettant l'application de la règle de l'unicité d'instance (II).

I. Une assimilation de la transaction à un jugement à condition d'être conclue au cours d'une instance

L'article 2048 du Code civil fait produire à la transaction les mêmes effets qu'un jugement : elle met fin à un litige et a autorité de la chose jugée. Elle interdit donc de saisir à nouveau le juge pour refaire juger la même demande opposant les mêmes parties. La Cour de cassation lui fait donc produire aussi l'effet de l'unicité de l'instance, la transaction pouvant ainsi être assimilée à un jugement sur le fond puisque les parties se sont mises d'accord pour mettre un terme au litige grâce à des concessions réciproques. Cependant, cette règle ne vaut que si la transaction est conclue au cours d'une instance. L'interprétation *a contrario* est donc possible : une transaction conclue avant l'introduction d'une instance n'empêchera pas la saisine du juge pour des demandes qui ne sont pas l'objet de la transaction. La règle de l'unicité de l'instance n'a pas vocation à s'appliquer puisqu'il n'y a pas eu d'instance à proprement parler.

II. Une assimilation permettant l'application de l'unicité d'instance

Comme la transaction permet l'application de cette règle, elle rend irrecevable toute saisine du juge prud'homal portant sur des demandes nouvelles dérivant du même contrat de travail et entre les mêmes parties. Mais elle n'empêche pas la saisine du conseil des prud'hommes pour des demandes dont le fondement est né après. La Cour de cassation dans cette décision précise cependant le critère temporel : elle regarde la date de naissance du fondement non pas par rapport à la clôture des débats mais par rapport à la date de la conclusion de la transaction. En l'espèce, le fondement est né après la transaction, le salarié peut donc saisir à nouveau le conseil des prud'hommes.

Fiche
25 Le préalable de conciliation

Définition

Préalable de conciliation : tentative obligatoire de conciliation avant la saisine du bureau de jugement dans le but d'obtenir un accord des parties pour mettre fin au litige qui les oppose.

Appel-nullité : voie de recours portée devant la Cour d'appel en cas d'excès de pouvoir du juge de première instance lorsque l'appel est impossible.

I. Le domaine du préalable de conciliation

A. Principe

Il s'agit d'une étape obligatoire à tout contentieux relevant de la compétence du conseil des prud'hommes. C'est une règle ancienne, le nom même de la juridiction y fait référence : prud'hommes signifie hommes preux, en d'autres termes sages. Il s'agit d'essayer de trouver une solution amiable au litige devant une formation particulière du conseil des prud'hommes : le bureau de conciliation (V. Fiche n° 19). Le non-respect de cette étape est sanctionné par la nullité de la procédure qui peut être invoquée pour la première fois devant la Cour de cassation. La Cour d'appel peut cependant couvrir cette nullité en organisant elle-même lors du procès en appel cette tentative de conciliation.

Reste posée la question de la validité des clauses de conciliation pré-contentieuse prévues dans un contrat de travail ou un accord collectif qui remettraient en cause la compétence du bureau de conciliation. Depuis 1970, la Chambre sociale considère que les clauses prévues dans un accord collectif ne peuvent pas empêcher un salarié de saisir le conseil des prud'hommes. La question restait entière pour celles prévues dans certains contrats de travail comme celles concernant les médecins ou les sportifs professionnels. La Cour de cassation a tranché dans un arrêt du 5 décembre 2012 (Cass. soc. 5 décembre 2012, 11-20004, *JCP soc.* 2013, 1075) en affirmant clairement « qu'en raison de l'existence en matière prud'homale d'une procédure de conciliation préliminaire et obligatoire, une clause du contrat de travail qui institue une procédure de conciliation préalable en cas de litige... n'empêche pas les parties de saisir directement le juge prud'homal de leur différend». La clause n'est pas nulle mais elle est inefficace : le salarié comme l'employeur peuvent saisir le conseil des prud'hommes en raison de cette phase de conciliation obligatoire. Il faut noter cependant que devant le TGI les clauses de conciliation conventionnelles sont efficaces (Cass. soc. 13 janvier 2010, 08-18202, *Procédures* 2010, 232).

➤ **Attention**

Ce qui est obligatoire est la tentative de conciliation mais non le résultat.

B. Exceptions

Cette phase est écartée pour des raisons de rapidité dans un certain nombre de contentieux prévus expressément par la loi. Il en est ainsi :

- des actions en requalification de contrat à durée déterminée en contrat à durée indéterminée ou de contrats temporaires. Le bureau de jugement est directement saisi et il a un mois pour rendre sa décision (C. trav., art. L 1245-2). Dans une décision du 4 décembre 2002 (Cass. soc. 4 décembre 2002, 00-40255, *Bull. civ.* V, n° 369, *DS* 2003, p. 529), la Cour de cassation a opéré un revirement de jurisprudence et a admis que l'ensemble des demandes consécutives à cette demande principale pouvait être soumis directement au bureau de jugement. Une décision du 28 avril 2011 (09-43226, *JCP soc.* 2011, 1411) a confirmé cette solution en l'étendant même aux demandes préalables à celle de requalification, en l'espèce elle avait pour objet l'existence même d'un contrat de travail;
- il en est de même des actions ayant pour objet la contestation du refus de l'employeur d'accorder un congé sabbatique ou pour création d'entreprise;
- enfin, l'article L 625-5 du Code de commerce prévoit que les litiges portant sur la contestation du relevé des créances salariales ainsi que sur le refus de l'AGS de garantir les créances sont portés directement devant le bureau de jugement (V. Fiche n° 31). La Cour de cassation étend le champ d'application de cette solution aux actions ayant pour objet la condamnation d'un cessionnaire suite à l'adoption d'un plan de cession au versement de dommages-intérêts (Cass. soc. 29 octobre 2010, 08-43202). Il en est de même des actions ayant pour objet l'indemnisation pour licenciement économique irrégulier (Cass. soc. 23 octobre 2012, 11-15530, *JCP soc.* 2013, 1039 et *Act. proc. coll.* 2012, 299).

II. La procédure devant le bureau de conciliation

A. La présence des parties obligatoires

Lors de la conciliation, la présence personnelle des parties est obligatoire mais cette règle a été assouplie par un décret du 18 juillet 2008 qui a modifié les articles R 1454-12 et R 1454-43 du Code du travail.

Si le demandeur est absent, la conciliation ne peut avoir lieu que s'il est représenté par un mandataire muni d'un pouvoir spécial de conciliation. À défaut, la demande devient caduque sans possibilité de renvoi, sauf en cas de motif légitime d'absence. Il peut donc être intéressant de désigner un tel mandataire à titre conservatoire. En cas de caducité, la demande pourra être réitérée mais une seule fois.

Si le défendeur est absent, la conciliation peut également avoir lieu en présence d'un mandataire muni d'un pouvoir spécial de conciliation. Lorsqu'il est absent et non représenté sans motif légitime, l'affaire est renvoyée au bureau de jugement. S'il est absent pour un motif légitime ou s'il est représenté par un mandataire dépourvu d'un pouvoir spécial, un renvoi devant le bureau de conciliation est alors possible.

Il faut souligner que malgré l'absence du défendeur, le bureau de conciliation peut utiliser ces pouvoirs juridictionnels.

B. Les pouvoirs juridictionnels du bureau de conciliation

La mission principale du bureau de conciliation est de trouver une solution amiable. Mais il peut être amené à prendre certaines décisions juridictionnelles. L'article R 1454-14 du Code du travail fait une liste limitative des pouvoirs juridictionnels accordés au bureau de conciliation. Il peut ordonner sous astreinte les mesures d'instruction, demander des expertises, ou prendre, même d'office, des mesures pour la conservation des preuves. Il peut aussi ordonner la délivrance de documents tels que le certificat de travail. Il peut enfin ordonner le versement de provisions pour des sommes non sérieusement contestables et dans la limite de 6 mois. Un projet de réforme du début 2013 vise à renforcer le rôle du bureau de conciliation en lui donnant une mission dans la mise en état de la procédure prud'homale (F. Guiomard, « La justice prud'homale sous tous ses rapports », *RDT* 2013, p. 500, spéc. p. 503).

C. L'indemnité de conciliation

L'article 21 de la loi de sécurisation de l'emploi du 14 juin 2013 modifie l'article L 1235-1 du Code du travail et non l'article L 1411-1 et a donc un champ d'application *a priori* limité aux seules contestations portant sur la régularité de procédure et sur la cause réelle et sérieuse du licenciement, qu'il soit pour motif personnel ou économique. Les autres contentieux ne sont pas concernés par cette disposition. Il est prévu, qu'en plus des indemnités légales ou conventionnelles de licenciement, les parties mettent un terme à leur litige par un accord devant le bureau de conciliation qui peut leur proposer, cet accord devant prévoir une indemnité de conciliation forfaitaire et globale. Son montant est fixé par un décret du 2 août 2013, n° 2013-721 (*JO* du 7 août 2013, *JCP soc.* 2013, act. 360) intégré au code du travail à l'article D 1235-21. Il dépend de l'ancienneté du salarié :

- moins 2 ans : 2 mois de salaire ;
- entre 2 et 8 ans : 4 mois de salaire ;
- entre 8 et 15 ans : 8 mois de salaire ;
- entre 15 et 25 ans : 10 mois de salaire ;
- plus de 25 ans : 14 mois de salaire.

Ce barème est indicatif et reprend celui fixé par les partenaires sociaux dans leur accord du 11 janvier 2013. Si les parties se mettent d'accord sur ce montant qui n'est qu'indicatif, un procès-verbal actant du versement de cette indemnité de conciliation aura autorité de la chose jugée en dernier ressort. À défaut d'accord, le bureau de jugement sera désormais tenu de justifier le montant des indemnités allouées au salarié.

III. L'issue de la tentative de conciliation

A. L'échec de la conciliation

En cas d'échec, l'affaire est renvoyée au bureau de jugement afin qu'elle soit jugée en fait et en droit. Ce renvoi n'est possible en vertu de l'article R 1454-17 qu'à deux conditions :

- les deux parties sont présentes ou représentées ;
- l'affaire doit être en mesure d'être jugée. À défaut, le juge conciliateur ordonne des mesures d'instruction ou désigne un ou plusieurs conseillers rapporteurs. Les parties sont convoquées oralement avec émargement du dossier.

B. Le succès de la conciliation

Lorsqu'elle aboutit, le bureau de conciliation établit un procès-verbal constatant la conciliation des parties, et donc l'accord des parties. Ce procès-verbal n'est pas une décision de justice et n'a donc pas à être notifié aux parties. Il rend irrecevable toute demande nouvelle des parties. Ce procès-verbal a pour effet d'éteindre l'instance par désistement. Il n'est pas susceptible de recours, ni d'appel-nullité (Cass. soc. 29 septembre 2010, 09-42084). La seule action ouverte est de saisir à nouveau le conseil des prud'hommes pour demander la nullité de ce procès-verbal. Le seul cas d'annulation admis se fonde sur le rôle du bureau de conciliation : les parties doivent avoir été informées de leurs droits respectifs devant le bureau de conciliation (Cass. soc. 29 septembre 2010, 08-43084 ; Cass. soc. 28 mars 2000, 97-42419, Durafroid, *Bull. civ.* V, n° 135, *DS* 2000, p. 661). La Cour de cassation indique que « la conciliation est un acte judiciaire qui implique une participation active du bureau de conciliation à la recherche d'un accord des parties préservant les droits de chacune d'elles ; qu'en conséquence cet acte ne peut être valable que si le bureau a rempli son office en ayant, notamment vérifié que les parties étaient informées de leurs droits respectifs ». Il s'agit alors d'une nouvelle instance qui est recevable. En effet, le désistement résultant du procès-verbal n'est pas un obstacle à cette nouvelle action car son objet est différent de la précédente. De plus, comme son fondement est né après la fin de la clôture des débats, elle ne porte pas atteinte à l'unicité de l'instance.

À retenir	
Le domaine du préalable de conciliation	• **Principe :** Préalable obligatoire dans toutes les procédures prud'homales, dont le non-respect est sanctionné par la nullité de la procédure qui peut être invoquée pour la première fois devant la Cour de cassation. • **Exceptions :** – demande de requalification du CDD en CDI ; – actions ayant pour objet la contestation du refus de l'employeur d'accorder certains congés ; – litiges portant sur la contestation du relevé des créances salariales ou sur le refus de l'AGS de garantir des créances lorsque l'entreprise fait l'objet d'une procédure collective.
La procédure devant le bureau de conciliation	• La présence des parties est obligatoire par principe. • Le bureau de conciliation dispose de pouvoirs juridictionnels qui peuvent être utilisés même dans les quelques exceptions dans lesquelles l'une ou l'autre des parties est absente.

À retenir	
L'issue de la tentative de conciliation	• En cas d'échec, l'affaire est renvoyée au bureau de jugement si les deux parties sont présentes ou représentées et que l'affaire est en état d'être jugée. • En cas de succès, un procès-verbal de conciliation est établi qui ne peut être contesté que par une action en nullité devant le conseil des prud'hommes en raison de l'absence d'une participation active du bureau de conciliation à la recherche d'un accord préservant les droits des parties.

Pour en savoir plus

- Controverse, « Le bureau de conciliation exerce-t-il suffisamment ses pouvoirs ? », *RDT* 2013, 743.
- D. Boulmier, « Le bureau de conciliation », *DO* 2004, p. 98.
- D. Boulmier, « Contentieux individuels de travail et conciliation/médiation : état des lieux (dégradé !) », *DS* 2012, p. 121
- A. Bugada, « Conciliation(s), prescription(s) et plus encore... », *JCP soc.* 2013, 1290.
- G. Gélineau-Larrivet, « Quelques réflexions sur les conseils des prud'hommes et la procédure prud'homale », *in* Le juge entre deux millénaires, Mélanges offerts à Pierre Drai.
- H. Guyot, « Prescription et conciliation », *JCP soc.* 2013, 1291.
- C. Rodriguez, « Le rôle actif du juge prud'homal au regard des pouvoirs du bureau de conciliation », *DO* 2004, p. 264.

Pour s'entraîner

Dites si l'affirmation est vraie ou fausse

1) ***La tentative de conciliation est facultative devant le Conseil des prud'hommes.***

❑ *vrai* ❑ *faux*

2) ***Le bureau de conciliation n'a aucun pouvoir juridictionnel.***

❑ *vrai* ❑ *faux*

3) ***La conciliation peut être partielle.***

❑ *vrai* ❑ *faux*

4) ***Le procès-verbal de conciliation peut faire l'objet d'un appel-nullité.***

❑ *vrai* ❑ *faux*

Réponses

1) Faux, au contraire il s'agit d'une règle de procédure obligatoire sanctionnée par la nullité de la procédure.

2) Faux, le bureau de conciliation a des pouvoirs juridictionnels qu'il peut même utiliser si les parties sont absentes. Ces pouvoirs sont fixés de manière limitative à l'article R 1454-14 du Code du travail.

3) Vrai, dans ce cas, un procès-verbal de conciliation partielle est dressé et les points sur lesquels les parties n'ont pas réussi à se mettre d'accord sont renvoyés au bureau de jugement.

4) Faux.

Les effets de la décision prud'homale

Fiche **26**

Définition :

Appel : voie de recours ordinaire permettant de refaire juger l'intégralité d'une affaire, en fait et en droit, par une juridiction supérieure hiérarchiquement.

Autorité de la chose jugée : effet d'une décision qui interdit de refaire juger la même demande opposant les mêmes parties, portant sur le même objet et fondée sur la même cause.

Passée en force de chose jugée : décision dont l'exécution peut être poursuivie.

Taux de ressort : taux au-delà duquel la décision rendue est susceptible d'un appel.

I. L'exécution des décisions prud'homales

A. Présentation générale

Pour pouvoir être exécutée, la décision prud'homale comme toutes les décisions de justice doit être passée en force de chose jugée, c'est-à-dire que son l'exécution peut être poursuivie. Plusieurs conditions sont nécessaires :

- elle doit avoir été notifiée aux parties : les jugements du conseil des prud'hommes sont notifiés aux parties par lettre recommandée avec accusé de réception par le secrétariat-greffe du conseil des prud'hommes. Une signification par voie d'huissier reste possible mais rare (C. trav., art. R 1454-26) ;
- elle doit comporter la formule exécutoire ;
- elle ne doit pas ou plus être susceptible d'aucun recours suspensif d'exécution. Il peut donc s'agir d'un jugement rendu en premier et dernier ressort, ou d'un jugement rendu en premier ressort mais aucun appel n'a été interjeté dans le délai.

La gagnant a 10 ans pour faire exécuter sa décision depuis la loi du 17 juin 2008 et le perdant peut se voir infliger des intérêts de retard s'il n'a pas exécuté le jugement dans les 2 mois qui suivent le jour où le jugement est devenu exécutoire. Le contentieux de l'exécution forcée de la décision ne relève pas de la compétence du conseil des prud'hommes (C. trav., art. 1454-27).

B. L'exécution provisoire des jugements du conseil des prud'hommes

L'exécution provisoire peut être ordonnée par le conseil des prud'hommes, dans les conditions du droit commun (C. proc. civ., art. 515), par exemple pour obtenir la réintégration du salarié (Cass. soc. 28 mars 1984, 81-42277, *Bull. civ.* V, n° 127). L'exécution a lieu aux risques et périls de celui qui la poursuit, ce qui peut poser problème en cas de réformation ultérieure de la décision : la partie qui a obtenu l'exécution peut être condamnée à restitution avec intérêts.

L'article 524 du Code de procédure civile autorise l'une des parties à demander au premier président de Cour d'appel l'arrêt de cette exécution provisoire notamment quand cela risque d'avoir des conséquences manifestement excessives, qui ont une nature exclusivement pécuniaire.

Certaines décisions sont assorties de l'exécution provisoire de plein droit (C. trav., art. R 1454-28) :

- les jugements ordonnant la remise de documents,
- les jugements ordonnant le paiement de salaires ou d'indemnités de rupture dans la limite de 9 mois calculés sur la moyenne des 3 derniers mois,
- les jugements qui ne sont susceptibles d'appel que par suite d'une demande reconventionnelle,
- les décisions rendues par la formation des référés,
- les mesures juridictionnelles prises par le bureau de conciliation (C. trav., art. R 1454-16),
- le procès-verbal de conciliation.

Depuis un décret du 20 août 2004 (C. proc. civ., art. 524; Voir *contra* avant : Cass. soc. 12 novembre 1997, *Bull. civ.* 1997, V, n° 374), le premier président de la Cour d'appel peut arrêter l'exécution provisoire ordonnée par le juge ou de droit, en cas de violation manifeste du principe du contradictoire ou de l'article 12 et lorsque l'exécution risque d'entraîner des conséquences manifestement excessives, ces deux conditions étant cumulatives. Il peut aussi décider d'aménager cette exécution provisoire en sollicitant du débiteur une garantie personnelle ou réelle lorsque le débiteur a des doutes sur la capacité de remboursement du créancier (C. proc. civ., art. 517) ou en prévoyant le séquestre des sommes que l'employeur est condamné à verser au salarié, ce qui supposera de déterminer la part que le séquestre devra verser périodiquement au salarié (C. proc. civ., art. 521; Cass. soc. 11 décembre 1990, 89-13249, *Bull. civ.* V, 642).

Le pouvoir du juge ne dépend que des capacités financières des parties, sans tenir compte par exemple du bien-fondé du jugement. Pour vérifier que cette exécution provisoire aura des conséquences manifestement excessives, sont pris en compte le montant de la condamnation, la situation professionnelle, l'âge.

II. L'autorité de la chose jugée des décisions prud'homales

Comme toute décision de justice, la décision rendue par le conseil des prud'hommes a l'autorité de la chose jugée en vertu de l'article 1351 du Code civil. Par conséquent, il est impossible de faire juger à nouveau le litige dès lors qu'il concerne les mêmes parties, qu'il porte sur le même objet et qu'il repose sur le même fondement. Les solutions rendues par la Chambre sociale sont tout à fait classiques dans ce domaine.

> **➤ Attention**
>
> *Ne pas confondre avec l'unicité d'instance (V. Fiche n° 24).*

A. Le domaine et les conditions de l'autorité de la chose jugée

Il faut préciser que la décision rendue par la formation de référé n'a pas autorité de la chose jugée au principal (Cass. soc. 1er avril 2008, 07-40114, *Bull. civ.* V, n° 79). Seul le dispositif a autorité de la chose jugée (Ass. plén. 13 mars 2009, *Bull. civ.* n° 3), et non les motifs, seraient-ils le soutien nécessaire à ce dispositif (Cass. soc. 30 janvier 2008, 06-14218, *Bull. civ.* V, n° 28 : le premier arrêt rendu opposant un salarié et son employeur ne tranchait pas dans le dispositif la date de la rupture du contrat). L'autorité de la chose jugée concerne non seulement les demandes principales mais aussi les demandes reconventionnelles (Cass. soc. 12 janvier 2011, 09-11132, *JCP soc.* 2011, 1161).

Cela suppose de vérifier les trois conditions cumulatives suivantes :

- l'identité des parties : la décision doit avoir été rendue entre les mêmes personnes agissant en la même qualité. Ainsi lorsqu'une personne est déclarée employeur dans un procès mais sans avoir été mis en cause, elle n'est pas partie à ce litige et peut donc être assignée par le salarié (Cass. soc. 16 juillet 1998, 96-43681, *Bull. civ.* V, n° 391). De même, si une première décision a été rendue entre un salarié et un employeur portant sur le même objet, rien n'interdit un autre salarié de saisir à son tour le conseil des prud'hommes ;
- l'identité d'objet : la demande doit porter sur le même point. A été jugé par exemple que n'a pas le même objet le contentieux portant sur l'annulation des opérations électorales et celui concernant le calcul des effectifs (Cass. soc. 1er avril 2008, 07-60317, *Bull. civ.* V, n° 78) ;

- l'identité de cause : depuis un **arrêt du 7 juillet 2006 Césario**, (Ass. plén. 7 juillet 2006, *Bull. civ.* n° 8, *Dr. et Proc.* 2006, 348), le demandeur doit désormais présenter lors de la première demande l'ensemble des moyens qu'il estime de nature à fonder celle-ci. À défaut, sa nouvelle demande invoquant un fondement juridique nouveau se heurterait à l'autorité de la chose jugée. De même, ne constitue pas une cause différente des modes de preuve nouveaux. Reste donc les circonstances nouvelles. Ainsi a été admise l'action d'un syndicat pour faire juger sa représentativité, sur laquelle une première décision avait déjà statué, car il s'agissait de s'en prévaloir lors d'une nouvelle élection (Cass. soc. 26 juin 1985, 84-61029, *Bull. civ.* V, n° 361).

B. Les conséquences de l'autorité de la chose jugée

Une autre demande se heurterait alors à une fin de non-recevoir et l'action à nouveau engagée par l'une des parties serait déclarée irrecevable, même si entre temps par exemple un arrêt de la Cour européenne des droits de l'homme a constaté une violation de la convention (Cass. soc. 30 septembre 2005, 04-47130, *Bull. civ.* V, n° 279).

Cela a évidemment des conséquences lorsqu'à l'occasion d'un litige individuel est soulevée une question qui peut avoir un intérêt collectif, comme l'interprétation d'un accord collectif ou d'une disposition du règlement intérieur ou la question du transfert d'entreprise ou bien encore la remise en cause de la cause réelle et sérieuse dans un licenciement pour motif économique collectif. La décision rendue n'a pas autorité de la chose jugée à l'égard des autres salariés de l'entreprise et ils peuvent donc saisir à leur tour le conseil des prud'hommes, à condition que le délai de prescription ne soit pas écoulé. Ils peuvent aussi intervenir à l'instance pour devenir partie intégrante à l'affaire. Le risque est d'avoir des décisions contradictoires, surtout si différents conseils des prud'hommes sont saisis.

III. L'appel en matière prud'homale

L'appel en matière prud'homale est porté devant la Cour d'appel, dans sa chambre sociale. Cette voie de recours ordinaire permet de refaire juger l'intégralité du litige par une juridiction supérieure hiérarchiquement, composée de magistrats professionnels.

A. Les décisions susceptibles de faire l'objet d'un appel

L'appel est ouvert lorsque le jugement est rendu par le conseil des prud'hommes en premier ressort. Le taux de ressort est fixé à 4 000 euros (C. trav., art. D

1462-3). Pour savoir si ce taux est dépassé, il faut cumuler que les chefs de demande ayant la même nature.

Illustration pour déterminer si le taux de ressort est dépassé :

> *Ne pourra pas faire appel le salarié qui a fait une demande de 2 100 euros pour rattrapage de salaire et 2 000 euros pour contester la régularité sur le fond et la forme de son licenciement. Même si le montant total de sa demande dépasse les 4 000 euros, il s'agit de 2 chefs de demande différents : l'un concerne les salaires, l'autre des indemnités.*

Les demandes de remise de documents ne peuvent pas faire l'objet d'un appel, malgré leur montant indéterminé. Pour que l'appel soit recevable, il est nécessaire que cette demande soit cumulée avec d'autres ouvrant cette voie de recours (C. trav., art. R 1462-1). Ensuite, la Cour d'appel, par le biais de l'effet dévolutif, pourra évidemment rejuger à nouveau cette demande. L'article R 1462-1 ne prévoit pas l'hypothèse des autres demandes d'un montant indéterminé. L'article 40 du Code de procédure civile qui prévoit que l'appel est possible sauf disposition contraire est-il applicable ? La Cour de cassation applique ce texte par exemple à une demande de publication de condamnation faite par un syndicat (Cass. soc. 23 mars 2011, 09-70827, *Bull. civ.* V, n° 78).

Il en est de même du contentieux électoral : les jugements rendus par le tribunal d'instance en matière de contentieux pré-électoral ou post-électoral sont rendus en premier et dernier ressort. Dans ce cas, seul un pourvoi en cassation est possible (V. Fiche n° 28).

B. Les délais pour interjeter appel

Le délai est d'un mois à compter de la notification du jugement. Il est de 15 jours en matière de référé (C. trav. art. 1455-11). Ce délai n'est interrompu que dans les cas prévus aux articles 531 et 532 du Code de procédure civile : un changement dans la capacité de l'une des parties et le décès. En revanche, n'est pas cause d'interruption du délai le fait de porter sa déclaration d'appel au greffe du conseil des prud'hommes au lieu de celui de la Cour d'appel (Cass. soc. 29 septembre 2010, 09-40515, *JCP soc.* 2010, 1520).

Le délai ne court pas à l'encontre des jugements dont la notification comporte une erreur de délai ou sur les modalités pour exercer la voie de recours (Cass. soc. 2 avril 2008, 06-45852, *JCP soc.* 2008, 1385 ; Cass. soc. 29 mai 2013, 12-13357, *JCP soc.* 2013, 1307 pour une omission de la cour d'appel territorialement compétente).

C. Quelques remarques procédurales

L'appel est porté devant la Cour d'appel dans le ressort de laquelle la juridiction de première instance est située, cette règle étant d'ordre public (COJ, art. R 212-2).

Le ministère d'avocat n'est pas obligatoire dans le domaine prud'homal. L'appel se forme par une déclaration faite en personne ou par lettre recommandée avec accusé de réception au secrétariat greffe de la Cour d'appel. L'acte doit être signé par la partie. Lorsque l'acte d'appel est fait par un avocat, le défaut de signature de l'appelant est une simple irrégularité de forme, qui n'entraîne la nullité de l'acte que s'il est justifié d'un grief (Cass. soc. 4 octobre 2011, 10-10911, *JCP soc.* 2011, 390).

Devant la Cour d'appel, il s'agit d'une procédure orale, sans représentation obligatoire. Le principe de l'unicité d'instance s'applique (V. Fiche n° 24)

À retenir

	Les effets de la décision prud'homale
Exécution des décisions prud'homales	• Pour être exécutée, la décision doit être passée en force de chose jugée : – notification aux parties par lettre recommandée avec accusé réception par le greffe du conseil des prud'hommes ; – présence de la formule exécutoire ; – absence de recours suspensif d'exécution. • Les décisions exécutoires de plein droit : art. R 1454-28 : – les jugements ordonnant la remise de documents ; – les jugements ordonnant le paiement de salaires ou d'indemnités de rupture dans la limite de 9 mois calculés sur la moyenne des 3 derniers mois ; – les jugements qui ne sont susceptibles d'appel que par suite d'une demande reconventionnelle ; – les décisions rendues par la formation des référés ; – le procès-verbal de conciliation ; – les mesures juridictionnelles prises par le bureau de conciliation (C. trav., art. R 1454-16).
Autorité de la chose jugée	• Comme toute décision, elle a autorité de la chose jugée si : – identité des parties ; – identité de l'objet de la demande ; – identité de cause.

À retenir	
Appel en matière prud'homale	• Taux de ressort : 4 000 euros. • Ne sont pas susceptibles d'appel les jugements visant à obtenir la condamnation à la délivrance de pièce ainsi que les jugements rendus par le TI en matière électoral. • Délai pour faire appel : 1 mois et 15 jours en référé.

Pour en savoir plus

- D. Boulmier, « Réflexions sur la suspension de l'exécution provisoire », *JCP soc.* 2011, 1448.
- M. Patin, « L'aménagement de l'exécution provisoire d'un jugement prud'homal », *JCP soc.* 2013, 1473.
- P. Porcher, « Quelques éléments à propos de l'exécution des décisions prud'homales », *DS* 1987, p. 395.
- K. Salhi, « Les spécificités de l'appel en matière prud'homale », in *Procès du travail, Travail du procès* – Travaux communs au Centre de recherche en droit social et au Centre de recherche sur la justice et le procès de l'Université Paris I Panthéon-Sorbonne – Ouvrage collectif sous la direction de Marianne Keller, Bibl. de l'Institut André Tunc, Tome 16, LGDJ, 2008, p. 373 et s.

Pour s'entraîner

Indiquez si la proposition est vraie ou fausse :

1) ***Il faut demander au juge d'ordonner l'exécution d'un procès-verbal de conciliation.***

❑ *vrai* ❑ *faux*

2) ***Une décision rendue par la formation de référé n'a pas autorité de la chose jugée au principal.***

❑ *vrai* ❑ *faux*

3) ***Le délai pour faire appel court à compter de la notification du jugement.***

❑ *vrai* ❑ *faux*

4) ***Une fois le délai d'un mois pour faire appel écoulé, la décision peut faire l'objet d'une exécution forcée.***

❑ *vrai* ❑ *faux*

5) ***Lorsqu'une décision a été rendue par le conseil des prud'hommes, elle empêche le salarié de saisir à nouveau le conseil des prud'hommes d'une autre demande qui aurait pu être soulevée lors du premier litige.***

❑ *vrai* ❑ *faux*

Réponses

1) Faux, car l'exécution est un effet de la loi.

2) Vrai, car la formation de référé n'est pas saisie au fond du litige.

3) Vrai.

4) Vrai, car la décision passe alors en force de chose jugée.

5) Vrai au nom de l'unicité d'instance, mais non de l'autorité de la chose jugée.

Le référé prud'homal

Fiche 27

Définition

Référé : procédure contradictoire permettant d'obtenir une décision rapide justifiée par l'urgence ou de nature conservatoire, sans décision au fond

I. La procédure en référé

A. La compétence du référé prud'homal

Depuis 1974, les conseils de prud'homme sont dotés d'une formation de référé, qui a la particularité d'être collégiale pour tenir compte de la parité du conseil des prud'hommes (V. Fiche n° 19). Elle est commune à toutes les sections. Sa compétence est alignée sur celle de la compétence au fond du conseil des prud'hommes dont elle est l'émanation. Depuis 1979, cette compétence est exclusive. Il faut donc la saisir pour les litiges individuels nés à l'occasion d'un contrat de travail. Cette formation reste compétente même si le juge du principal a été saisi et que les parties sont convoquées devant le bureau de conciliation (Cass. soc. 30 octobre 1997, *TPS* 1998, comm. 60).

Illustration d'une compétence partagée en fonction de la juridiction compétente au fond

> *Le président du TI peut être saisi de demande de référé en matière notamment de contentieux électoral pour suspendre une élection irrégulière (Cass. soc. 7 juillet 1981, 81-60149, Bull. civ. V, n° 655). De même, le président du TGI est compétent pour prendre des mesures urgentes en cas de conflit collectif. Il se fonde alors sur les articles 808 ou 809 du Code de procédure civile. Il peut à ce titre par exemple ordonner l'expulsion de salariés grévistes en cas d'occupation illicite des locaux (Cass. soc. 23 juin 2004, 02-31999, Bull. civ. V, n° 180; Cass. soc. 9 mars 2011, 10-11588, qui juge qu'en l'espèce il n'y avait pas de trouble illicite) ou la suspension des contrats à durée déterminée recrutés pour remplacer des grévistes (Civ., 1re 19 mai 1998, 97-13916, Bull. civ. I, n° 182) ou la suspension de délibérations du comité d'entreprise relatives à son budget de fonctionnement (Cass. soc. 27 mars 2012, 11-10825, JCP soc. 2012, 187). Il peut aussi interdire de signer un accord collectif et imposer la reprise des négociations en invitant tous les syndicats représentatifs présents dans l'entreprise (Cass. soc. 8 juillet 2009, 08-41507, JCP soc. 2009, 1468,*

Bull. civ. V, n° 177). Il est à noter également qu'en vertu de l'article L 1235-7 du Code du travail, le comité d'entreprise pouvait saisir dans les 15 jours qui suivaient chaque réunion du comité le président du TGI pour suspendre la procédure de licenciement économique. Ce délai ne s'appliquait pas à la procédure à jour fixe justifiée par l'urgence mais qui, à la différence du référé, permet d'obtenir une décision sur le fond et dont le délai de prescription est d'un an (Cass. soc. 28 juin 2008, 07-41786). La loi du 14 juin 2013 portant sur la sécurisation du marché de l'emploi a abrogé cette possibilité offerte au comité d'entreprise.

Quant à la compétence territoriale, l'article R 1412-1 du Code du travail prévoit que c'est celui dans le ressort duquel est situé l'établissement où est effectué le travail ou celui dans le ressort duquel la mesure d'urgence doit être prise ou doit être exécutée.

B. La procédure devant la formation des référés du conseil des prud'hommes

La demande en référé peut être faite selon l'article R 1455-9 du Code du travail :

- soit par acte d'huissier, une copie de l'assignation devant alors être remise au greffe du conseil des prud'hommes au plus tard la veille de l'audience ;
- soit par une simple demande présentée au greffe ;
- soit par une présentation volontaire des parties devant le conseil des prud'hommes.

La procédure est orale et les parties sont en principe tenues de se présenter à l'audience.

Le principe de l'unicité de l'instance ne s'applique pas au référé (Cass. soc. 28 avril 1988, 86-41597). De même, la tentative de conciliation n'est pas un préalable obligatoire.

En cas d'égalité des voies, il est possible de renvoyer l'affaire lors d'une audience ultérieure présidée par un juge départiteur comme pour la saisine au fond (C. trav., art. R 1454-2).

La décision rendue n'a pas autorité de la chose jugée au principal. L'exécution provisoire est attachée de plein droit à ces décisions. Enfin, il est possible de faire appel dans un délai de 15 jours dans les limites du taux de ressort (C. trav., art. R 1455-11).

➤ Attention

Ne pas confondre avec le référé au fond. Certaines dispositions du Code du travail donnent la possibilité au bureau de jugement du conseil des prud'hommes de statuer comme en matière de référé mais la décision rendue est une décision au fond qui n'est donc pas de plein droit exécutoire par provision et qui a autorité de la chose jugée au fond. Il s'agit par exemple des contestations relatives au refus de l'employeur d'accorder un congé sabbatique ou pour création d'entreprise. Il en est de même du référé liberté formulé par les délégués du personnel lorsqu'ils constatent une atteinte à une liberté individuelle et que l'employeur ne prend aucune mesure pour la faire cesser.

C. Les parties dans une instance en référé

Comme n'importe quelle instance en justice, les parties doivent avoir un intérêt et qualité pour agir (V. Fiche n° 22). Mais deux précisions sont à apporter dans les instances de référé.

Il est parfois difficile de savoir quels sont les salariés à assigner, notamment dans les conflits collectifs. Ainsi, en cas de demande d'expulsion de salariés grévistes, la question est de savoir s'il faut assigner tous les salariés occupant les locaux et si oui comment établir leur identité. Cette démarche est celle qui doit être suivie en principe pour que la décision rendue ait autorité de la chose jugée à l'égard de tous les salariés occupant le site. Se pose alors la difficulté d'apporter la preuve de l'identité de ces occupants, l'envoi d'un huissier pouvant être délicat. La Cour de cassation, dans un arrêt publié (Cass. soc. 23 juin 2004, 02-31071, *Bull. civ.* V, n° 180, Voir l'exercice), a admis que l'employeur pouvait assigner le délégué syndical qui avait eu un rôle déterminant et actif dans l'occupation des locaux et dans l'organisation de la grève et qu'il pouvait donc être considéré comme le dirigeant de fait de ce mouvement.

L'inspecteur du travail peut aussi saisir le juge des référés sur le fondement de l'article L 3132-31 du Code du travail, nonobstant toutes poursuites pénales. Il s'agit de demander que soient ordonnées toutes mesures propres à faire cesser dans un établissement de vente au détail l'emploi illicite des salariés au regard des articles L 3132-3 et L 3132-13 du Code du travail, notamment dans le cadre du travail le dimanche illicite. Le juge peut ordonner la fermeture de l'établissement sous astreinte au profit du Trésor public et l'inspecteur du travail peut en demander la liquidation (Cass. soc. 6 avril 2011, 09-68413, *JCP soc.* 2011, 1255).

II. Les mesures en référé

Plusieurs types de référés sont organisés et soumis à des conditions différentes.

A. Le référé d'urgence

Il est prévu par l'article R 1455-5 du Code du travail. Deux conditions doivent être remplies pour que le référé soit recevable :

- il faut constater **l'urgence**, c'est-à-dire quand le retard dans la prise de décision est susceptible de porter atteinte aux intérêts du demandeur ;
- il faut aussi constater **l'absence de contestation sérieuse**, c'est-à-dire que les faits sont avérés et aucune discussion juridique ne doit surgir. Lorsqu'il y a urgence, mais aussi contestation sérieuse, l'article R 1455-8 du Code du travail organise une passerelle : avec l'accord des parties, un renvoi direct devant le bureau de jugement est possible, la formation de référé s'étant saisie au titre de la conciliation.

La formation de référé peut ordonner toute mesure qui ne se heurte pas à une contestation sérieuse. Elle ne prend que des mesures provisoires qui ne préjudicient pas au principal. Elle ne pourrait pas par exemple condamner à l'annulation d'une clause ou d'un contrat ou à des dommages-intérêts. Elle peut en revanche accorder une provision en l'absence de contestation sérieuse (Cass. soc. 5 mars 2005, 02-40779). La formation de référé pourrait ordonner par exemple la remise de bulletins de salaires, ou la réintégration d'un salarié protégé qui aurait été licencié sans demande d'autorisation préalable de l'inspection du travail.

B. Le référé conservatoire

Il n'est pas nécessaire de constater l'urgence et l'absence de contestation sérieuse. Mais, en application de l'article R 1455-6 du Code du travail, il faut établir un **trouble manifestement illicite** causé par un comportement contraire à la loi, un accord collectif, un contrat. La formation de référé peut alors ordonner toute mesure conservatoire ou de remise en état pour faire cesser ce trouble ou pour empêcher un dommage imminent.

Illustration de référé conservatoire : Cass. soc. 25 mai 2005, 04-45794, Bull. civ. V, n° 180, DS 2005, p. 1061

La formation de référé peut déclarer inopposable au salarié une clause de non-concurrence qui ne comporte aucune contrepartie financière. Il s'agit d'un trouble manifestement illicite et la mesure ordonnée par la formation a pour objet de le faire cesser. En revanche, cette formation de référé ne pourrait pas annuler la clause ou le contrat, cette décision relevant de la compétence au principal du conseil des prud'hommes.

Illustration de référé conservatoire : Cass. soc. 6 février 2013, 11-11740, RDT 2013, p. 154, DS 2013, p. 414

Sur le fondement de l'article R 1455-6 du Code du travail, la formation de référé peut, même en l'absence de disposition l'y autorisant, ordonner la poursuite d'une relation de travail en cas de violation d'une liberté fonda-

mentale. En l'espèce, il s'agissait de la rupture anticipée d'un contrat à durée déterminée suite à une action en justice engagée par le salarié, l'employeur portant ainsi atteinte à son droit d'agir en justice.

C. Le référé probatoire

Il s'agit d'un référé prévu par l'article 145 du Code de procédure civile applicable devant la formation de référé du conseil des prud'hommes. Il s'agit pour une des parties de se ménager la preuve dans l'éventualité d'un recours, car elle ne peut se la procurer légalement. Cette demande peut être faite par tout intéressé : il peut s'agir du salarié qui sait qu'il risque d'être sanctionné ou licencié ou de l'employeur pour se préserver la preuve d'une faute du salarié par exemple. Cette demande peut être faite selon deux moyens :

- en référé devant la formation de référé du conseil des prud'hommes dans le respect du principe du contradictoire. Cela peut être utile pour obtenir par exemple la communication des bulletins de paye des autres salariés dans l'éventualité d'un procès en discrimination contre l'employeur (Cass. soc. 19 décembre 2012, 10-20526, *JCP soc.* 2013, 1222) ;
- sur requête : dans ce cas, il s'agit d'obtenir la preuve par surprise, sans que l'autre partie soit informée au préalable, le principe du contradictoire étant écarté. Il faut dans ce cas justifier d'un motif légitime. Cela peut être utile par exemple pour ouvrir des fichiers personnels d'un salarié détenus dans l'entreprise sans sa présence mais sous le contrôle d'un huissier. Dans ce cas, c'est le président du TGI qui est compétent et non le juge prud'homal (Cass. soc. 12 avril 1995, 93-10982, *Bull. civ.* V, n° 134).

À retenir	
La compétence matérielle du référé prud'homal	• Elle est alignée sur la compétence au fond du conseil des prud'hommes soit pour les litiges individuels de travail. Le président du TGI est donc compétent pour les conflits collectifs et en matière d'élections, il faudra s'adresser au juge des référés du tribunal d'instance. • Compétence exclusive.
Compétence territoriale de la formation de référé du CPH	• Elle est prévue à l'article R 1412-1 du Code du travail : celui dans le ressort duquel est situé l'établissement où est effectuée la prestation de travail ou celui dans le ressort duquel la mesure d'urgence doit être prise.

À retenir	
Procédure applicable devant la formation de référé	• Demande faite par acte d'huissier, ou par simple demande au greffe ou par une présentation volontaire. • Inapplication du principe d'unicité d'instance. • Aucune obligation de conciliation préalable. • La décision rendue n'a pas autorité de la chose jugée au principal. • La décision est de plein droit assortie de l'exécution provisoire.
Les principales mesures de référé	• Le **référé d'urgence** : art. R 1455-5 qui suppose d'établir : – l'urgence ; – l'absence de contestation sérieuse. • Le **référé conservatoire** : art. R 1455-6 qui suppose d'établir l'existence d'un trouble manifestement illicite. • Le **référé probatoire** de l'article 145 du Code de procédure civile permet d'obtenir un moyen de preuve qui ne serait pas possible d'avoir par d'autres moyens.

Pour en savoir plus

- X. et J. Vuitton, « Les référés », LexisNexis, 3e édition, 2012.
- R. Geoffroy, « Le juge des référés en droit du travail, un juge de l'illicite ? », *JCP soc.* 2005, 1316.
- M. Jeantin, « Pouvoirs du juge des requêtes en matière prud'homale », *DS* 1995, p. 586.
- G. Lyon-Caen, « La compétence du juge des référés », *DO* 1986, p. 203.
- A. Supiot, « Les pouvoirs de la formation de référé », *DS* 1996, p. 535.

Pour s'entraîner

Faire le commentaire de l'arrêt suivant :

Cour de cassation chambre sociale, Audience publique du mercredi 23 juin 2004, N° de pourvoi : 02-31071 02-31999

Vu leur connexité, joint les pourvois n° Q 02-31.071 et D 02-31.999;

Attendu que, par actes en date du 19 octobre 2000, la société BVF a fait assigner en référé d'heure à heure, Mmes X... et M. Y..., représentants du personnel et participants au mouvement de grève affectant l'entreprise, afin que l'ensemble des grévistes soient expulsés des locaux de celle-ci, qu'ils occupaient depuis le 15 octobre 2000, entretenant des feux sur le site et bloquant les accès à celui-ci au moyen de leurs véhicules, ce qui constituait selon elle un trouble manifestement illicite par entrave à la liberté du travail et à celle de l'industrie;

Sur le premier moyen commun aux pourvois n° Q 02-31.071 et D 02-31.999 :

Attendu qu'il est fait grief à l'arrêt confirmatif attaqué (Metz, 3 septembre 2002) d'avoir ordonné l'expulsion de Mme X... et de M. Y... et de tous autres grévistes occupant l'usine avec le concours de la force publique et ce, sous astreinte de 1 000 francs par occupant se maintenant dans les lieux passés le délai de deux heures après la signification aux défendeurs de l'ordonnance, ordonné l'extinction des feux sous astreinte de 1 000 francs passé le délai de deux heures après la signification aux défendeurs de l'ordonnance et ordonné l'enlèvement des véhicules stationnés de façon à empêcher l'entrée et la sortie du site sous astreinte de 1 000 francs passé le délai de deux heures après la signification aux défendeurs de l'ordonnance, alors, selon le moyen :

1/ que la qualité de délégué syndical ne confère aucun pouvoir de représentation en justice de salariés grévistes de sorte qu'en recevant l'action de la société BVF dirigée contre les délégués syndicaux considérés comme représentants de la collectivité des grévistes, la cour d'appel a violé les articles L. 412-11 du Code du travail, 14 et 416 du nouveau Code de procédure civile;

2/ que chacun n'est responsable que de son propre fait, de sorte que la responsabilité d'un salarié à l'occasion soit d'une grève, en raison d'actes illicites commis pendant celle-ci, soit d'un abus du droit de grève, ne peut être engagée qu'à raison de sa faute personnelle; qu'en l'espèce, en ordonnant l'expulsion de tous les autres grévistes occupant l'usine, l'extinction des feux et l'enlèvement des véhicules stationnés de façon à empêcher l'entrée et la sortie du site sous astreinte passé un délai après la signification et Mme X... et à M. Y... de l'ordonnance entreprise, la cour d'appel a violé l'article 1382 du Code civil et que, ce faisant elle a statué par voie de dispositions générale en violation de l'article 5 du Code civil;

3/ qu'après avoir relevé la qualité de déléguée du personnel titulaire de Mme X... et la qualité de délégué suppléant de M. Y..., la cour d'appel ne pouvait statuer à leur égard en leur qualité de délégués syndicaux sans se contredire ; que de ce chef, elle n'a pas satisfait aux exigences de l'article 455 du nouveau Code de procédure civile ;

Mais attendu qu'en raison de la nécessité de mettre fin à un trouble manifestement illicite résultant de l'entrave à la liberté du travail et de l'atteinte portée à la sécurité du personnel et des biens, la cour d'appel, qui a constaté que Mme X... et M. Y..., représentants du personnel, avaient, avec l'appui de leur organisation syndicale, eu un rôle actif et déterminant dans l'organisation de la grève et l'occupation des lieux, a pu ordonner les mesures exigées par les circonstances compte tenu de la possibilité pour les dirigeants de fait du mouvement de grève de présenter les moyens de défense communs à l'ensemble du personnel ;

Sur le second moyen commun aux pourvois n° Q 02-31.071 et D 02-31.999 :

Attendu qu'il est encore fait grief à l'arrêt d'avoir confirmé l'ordonnance entreprise décidant l'expulsion de Mme X... et de M. Y... et de tous autres grévistes occupant l'usine avec le concours de la force publique sous astreinte de 1 000 francs par occupant se maintenant dans les lieux passés le délai de deux heures après la signification aux défendeurs de l'ordonnance, l'extinction des feux sous astreinte de 1 000 francs passé le délai de deux heures après la signification aux défendeurs de l'ordonnance et l'enlèvement des véhicules stationnés de façon à empêcher l'entrée et la sortie du site sous astreinte de 1 000 francs passé le délai de deux heures après la signification aux défendeurs de l'ordonnance, alors, selon le moyen :

1/ que la commission par certains salariés grévistes d'actes illicites au cours d'un mouvement de grève ne suffit pas, à elle seule, à modifier la nature de celui-ci ; que ce n'est qu'au cas où la grève entraîne ou risque d'entraîner la désorganisation de l'entreprise qu'elle dégénère en abus ; qu'en l'espèce, pour caractériser le trouble manifestement illicite retenu, la cour d'appel s'est bornée à relever des obstacles à la libre circulation sans préciser si ces obstacles avaient révélé un risque de désorganisation de l'entreprise elle-même ; que, dès lors, elle n'a pas légalement justifié sa décision au regard de l'article 7 du Préambule de la Constitution du 27 octobre 1946 et de l'article L. 521-1 du Code du travail ;

2/ qu'il n'est constaté aucune entrave à la liberté du travail, de sorte que l'arrêt attaqué ne se trouve pas, derechef, légalement justifié au regard des dispositions susvisées ;

3/ que, dans leurs conclusions d'appel, les salariés intéressés faisaient valoir qu'il ne résultait aucunement des constatations de l'huissier que les grévistes auraient occupé les locaux ou interdit l'accès de l'entreprise aux travailleurs non-grévistes; que les numéros d'immatriculation des véhicules dont le stationnement aurait été gênant n'étaient pas précisés, de sorte qu'il n'était pas possible de les imputer aux grévistes; qu'ils soulignaient que la chaîne et le cadenas posés sur chacun des portails l'avaient été par la direction de l'entreprise et qu'il n'existait aucune denrée périssable dans l'établissement; que faute d'avoir répondu à ce chef des conclusions des salariés, la cour d'appel n'a pas satisfait aux exigences de l'article 455 du nouveau Code de procédure civile;

4/ qu'aux motifs éventuellement adoptés du premier juge, que la grève avait été déclenchée sans que le délai de préavis prévu par la collection collective ait été observé, bien que la convention régulièrement établie fasse la loi des parties;

5/ qu'une convention collective ne peut avoir pour effet de limiter ou de réglementer pour les salariés l'exercice du droit de grève constitutionnellement reconnu et que seule la loi peut créer un délai de préavis s'imposant à eux; que dès lors, à admettre l'adoption d'un tel motif, il procède d'une violation de l'article L. 521-1 du Code du travail;

Mais attendu qu'en l'espèce, la cour d'appel qui n'avait à se prononcer que sur l'expulsion des grévistes et la cessation des voies de fait par lesquelles ils interdisaient l'accès à l'entreprise, échappe aux critiques du moyen;

PAR CES MOTIFS : REJETTE les pourvois;

Réponses

Cette décision soulève deux questions : l'employeur peut-il assigner en référé le délégué syndical pour demander l'expulsion de tous les salariés grévistes ? L'expulsion des locaux peut-elle être ordonnée sans que soient analysées les conditions du droit de grève ? La Cour de cassation répond de manière positive à ses deux problèmes de droit. Il conviendra d'étudier tout d'abord les précisions quant au défendeur dans cette action puis quant aux pouvoirs du juge des référés en matière d'expulsion de grévistes.

I. Des précisions quant au défendeur à l'action en référé de l'employeur demandant l'expulsion de salariés grévistes

A. La recevabilité de l'assignation limitée au délégué syndical

Pour la première fois, la Cour de cassation admet que l'action soit intentée, non pas contre l'ensemble des salariés occupant l'entreprise, mais contre le délégué syndical qui a joué un rôle actif et déterminant dans l'organisation de la grève et dans l'occupation des locaux. Les fondements de cette solution sont discutables.

La Cour considère qu'il peut être assimilé à un dirigeant de fait, comme en droit des sociétés : il s'agit d'une personne qui a l'attitude d'un dirigeant sans avoir de mandat social. Il en assume alors la responsabilité et il engage la société. Or en l'espèce, l'ensemble des salariés grévistes ne forme pas une personne morale et n'a aucune existence juridique. De plus, il faut rappeler que le droit de grève est avant tout un droit individuel, d'exercice collectif. Cette notion peut aussi être rapprochée des cas de responsabilité du fait d'autrui admis par la Cour de cassation depuis l'arrêt Blieck du 29 mars 1991. Ici, le délégué syndical n'est pas assigné es qualité, car dans ce cas, il représente le syndicat. Or ici, il représente les salariés grévistes qui peuvent ne pas être syndiqués. La Cour de cassation impose de vérifier l'implication personnelle, active et déterminante dans la grève. La seule qualité de délégué syndical ne suffit donc pas. La solution serait donc différente si le délégué n'avait pas joué un rôle de meneur.

B. Les conséquences de cette assignation limitée

Il est donc inutile d'assigner tous les salariés grévistes occupant les locaux. Cela met un terme à une jurisprudence divisée des juges du fond sur cette possibilité et sur les difficultés d'apporter la preuve de l'identité de ces salariés particuliers.

Pour autant, tout n'est pas réglé. Ainsi, d'autres salariés pourraient être assignés comme le délégué du personnel ou bien encore un salarié sans mandat, dès lors qu'il est établi qu'il a joué un rôle actif et déterminant dans la grève. De plus, reste posée la question de l'autorité de la chose jugée et de l'exécution réelle de cette décision à l'égard des salariés occupant les locaux. Le code de procédure civile exige d'ailleurs un mandat, inexistant en l'espèce, seule l'apparence étant retenue.

II. Des précisions quant à la compétence du juge des référés en matière d'expulsion de salariés grévistes

A. Les conditions de la compétence du juge des référés

Il s'agit ici d'un conflit collectif et le juge des référés compétent est donc le président du TGI sur le fondement de l'article 809 du Code de procédure civile. Il s'agit ici de faire cesser un trouble manifestement illicite.

Il peut exister une contestation sérieuse notamment sur l'existence même de la grève ou sur la reconnaissance d'un mouvement illicite. Le juge des référés ne se prononce donc pas sur les conditions de la grève, qui relèvent d'un contentieux au fond. Le juge des référés ne se prononce pas non plus sur la responsabilité des grévistes, sur l'existence d'un abus dans l'exercice du droit de grève, question relevant là encore de la compétence du juge du fond.

La seule condition à vérifier est donc l'existence d'un trouble manifestement illicite, qui est constatée en l'espèce. En effet, les salariés ont mis le feu, portant atteinte aux biens mais aussi à la sécurité et ont bloqué l'accès du site, ce qui est une atteinte à la liberté du travail (voir aussi pour un autre exemple : Cass. soc. 26 février 1992, 90-15459, *Bull. civ.* V, n° 125). L'occupation des locaux n'est pas toujours constitutive d'un trouble manifestement illicite. Ainsi un arrêt du 9 mars 2011 (10-11588, *Bull. civ.* V, n° 68) a rejeté la compétence du juge des référé, faute de caractériser ce trouble car les salariés n'avaient commis aucune dégradation, aucune violence, séquestration ou tout autre comportement dangereux. De plus, l'employeur était fautif car il avait arrêté l'activité sans information ni consultation des représentants du personnel.

B. Les mesures susceptibles d'être prises par le juge des référés

Le juge des référés compétent peut prendre plusieurs mesures :

– des mesures conservatoires pour éviter par exemple les incendies en ordonnant l'extinction des feux

– des mesures pour faire cesser le trouble manifestement illicite, les voies de fait comme ordonner sous astreinte éventuellement l'expulsion des grévistes. Mais il n'entre pas dans sa compétence d'ordonner la réquisition de personnel gréviste (Cass. soc. 25 février 2003, 01-10812, *Bull. civ.* V, n° 62).

Fiche

28 Le contentieux électoral

I. Le tribunal d'instance, juge des élections

A. Compétence matérielle exclusive du tribunal d'instance

Ce contentieux relève de la compétence exclusive du tribunal d'instance. Ni l'employeur ni le bureau de vote chargé de proclamer les résultats ne peuvent écarter une désignation ou une élection qu'ils estiment irrégulières : ils doivent saisir le tribunal d'instance qui est seul compétent. À cette occasion, il peut être amené à trancher par voie d'exception des litiges qui relèvent de la compétence d'une autre juridiction. Ainsi, il peut par exemple apprécier la validité d'un accord collectif prévoyant les modalités des communications syndicales en vue d'organiser les élections (Cass. soc. 11 janvier 2012, 11-14292, *DS* 2012, p. 320) mais aussi l'existence d'un contrat de travail (Cass. soc. 5 juin 1985, 84-60656, *Bull. civ.* V, n° 327 ; Cass. soc. 8 février 2012, 11-14802, *JCP soc.* 2012, 1172 ; Voir *contra* : Cass. soc. 20 juillet 1983, 82-60442, *Bull. civ.* V, n° 463).

Il n'est pas compétent pour procéder au découpage de l'entreprise en établissements distincts, en raison du fait que ce contentieux relève désormais de la direction du travail. En revanche, il l'est pour statuer sur la validité d'un accord collectif procédant à ce découpage (Cass. soc. 2 mars 2011, 09-60483, *JCP soc.* 2011, 1217). La répartition des salariés dans les collèges ainsi que celle des sièges dépend également de la Direccte à défaut d'accord préélectoral sur ce point. Le contentieux, à défaut d'accord, échappe donc au tribunal d'instance. Les recours sont alors soit non contentieux auprès de la Direccte ou hiérarchique auprès du ministre soit contentieux devant le tribunal administratif comme pour le statut protecteur des salariés protégés (V. Fiche n° 29). Le tribunal d'instance reste compétent pour apprécier la validité d'un protocole d'accord portant sur cette répartition, mais aussi à défaut pour préciser l'appartenance individuelle d'un salarié à l'un de ses collèges en fonction de ses attributions réellement exercées (Cass. soc. 28 novembre 2012, 11-28001, *JCP soc.* 2013,

1137 ; Cass. soc. 11 février 2013, 11-25468, *JCP soc.* 2013, 1219) ainsi que pour le contentieux portant sur le nombre de collèges.

Plusieurs contentieux sont possibles :

- il peut porter sur la représentativité d'un syndicat ;
- il peut concerner l'électorat, les candidatures, le décompte des effectifs, le nombre de sièges à pourvoir, l'affectation d'un salarié dans un collège en fonction de ses attributions réelles (Cass. soc. 11 février 2013, 11-25468, *JCP soc.* 2013, 1219), la composition du collège désignatif des membres du CHSCT (Cass. soc. 17 avril 2013, 12-21876, *RDT* 2013, p. 378) ;
- il peut aussi porter sur le protocole d'accord préélectoral. Le tribunal d'instance a une compétence exclusive pour en apprécier la validité et apporter les modifications nécessaires le cas échéant. Avant la réforme de 2008, cette intervention du juge n'était possible qu'à défaut d'accord préélectoral unanime et seulement si une des parties intéressées l'avait saisi, sans qu'il puisse s'agir d'un signataire de cet accord (Cass. soc. 10 juin 1997, 96-60200, *Bull. civ.* V, n° 215). À défaut de saisir le juge, l'accord préélectoral même non unanime pouvait s'appliquer. Depuis la réforme du 20 août 2008, les conditions de validité du protocole d'accord préélectoral ont été modifiées et la Cour de cassation a adapté sa solution. Si l'accord remplit les conditions de validité et notamment de double majorité, ne peut être contesté devant le juge judiciaire que le contenu contraire à l'ordre public, comme les principes généraux du droit électoral. N'est pas considéré comme tel par exemple le fait de prévoir un vote par correspondance, même si aucune circonstance particulière ne peut justifier cette modalité particulière de vote (Cass. soc. 13 février 2013, 11-25696, *RDT* 2013, p. 155, *DS* 2013, p. 372). En revanche, s'il ne remplit pas ces conditions, l'une des parties peut donc saisir le tribunal d'instance pour qu'il fixe les modalités du scrutin (Cass. soc. 6 octobre 2011, 11-60035, *JCP soc.* 2011, 392) ;
- il peut concerner le déroulement des opérations électorales, le calcul des scrutins ou le dépouillement.

B. Compétence territoriale du tribunal d'instance

Le tribunal d'instance territorialement compétent est celui du lieu des élections (Cass. soc. 17 décembre 1984, 84-60350). En cas de pluralité d'établissements, c'est celui du lieu de l'établissement de l'élection litigieuse et non celui du siège social. Si la question porte sur la division de l'entreprise en établissements, c'est le tribunal d'instance du siège social (Cass. soc. 22 janvier 2002, 06-60426, *Bull. civ.* V, n° 23).

II. Les principales règles de procédure

A. Les parties au litige électoral

Toute personne intéressée peut contester les élections qui ont eu lieu. Il peut s'agir d'un électeur, de l'employeur ou d'une organisation syndicale même non représentative, à condition d'avoir des adhérents dans l'entreprise. La Cour de cassation indique désormais que tout syndicat non signataire d'un protocole d'accord, invité ou non à négocier, a intérêt à agir pour en contester le déroulement (Cass. soc. 23 septembre 2009, 08-60535, *JCP soc.* 2009, 1467). En revanche, une section syndicale n'ayant pas la personnalité juridique ne peut agir. Un candidat ou un électeur peut contester une élection mais seulement pour le collège auquel il appartient (Cass. soc. 10 juillet 2002, 01-60654, *Bull. civ.* V, n° 244 ; Cass. soc. 27 février 2013, 11-60195, *JCP soc.* 2013, 1183 pour un candidat ; Cass. soc. 16 mai 1990, 88-60797 pour un électeur). En revanche, n'est pas une partie intéressée un membre du collège désignatif du CHSCT (Cass. soc. 13 février 2013, 11-26053, *JCP soc.* 2013, 1151).

Les syndicats signataires du protocole d'accord pré-électoral ayant eu des élus doivent être convoqués à l'audience car ils sont considérés comme des parties intéressées (Cass. soc. 22 juillet 1981, 81-60010, *Bull. civ.* V, n° 747). S'ils n'ont pas été appelés, ils ne peuvent pas faire tierce opposition, cette voie de recours étant fermée pour le contentieux des élections (Cass. soc. 15 mai 1994, 83-62477, *Bull. civ.* V, n° 197). Le demandeur doit donc indiquer le nom des personnes intéressées pour permettre au greffe de les convoquer 3 jours avant l'audience. Si le demandeur a fait cette démarche, mais que la convocation est tardive, le tribunal doit reporter l'audience (Cass. soc. 3 décembre 1986, 86-60245).

B. Le délai de prescription

Champ d'application du délai de 15 jours

La requête se fait par simple déclaration au greffe dans les 3 jours qui suivent la désignation lorsqu'elle porte sur l'électorat (C. trav., art. R 2324-24) et dans les 15 jours pour le contentieux portant sur la régularité de l'élection ou la désignation d'un délégué syndical (C. trav., art. R 2143-8). Il convient donc de distinguer le contentieux pré-électoral et post-électoral. En revanche, cette distinction n'existe pas pour le contentieux portant sur l'élection indirecte des membres du CHSCT (Cass. soc. 18 février 2004, 03-60110, *RJS* 2004, n° 552). Le délai de 15 jours est réduit à 2 pour le représentant des salariés (V. Fiche n° 10).

Ce délai de 15 jours s'applique pour les élections, mais aussi pour les désignations de représentants syndicaux. Ainsi, la Cour de cassation a jugé que ce délai s'appliquait pour la contestation de la désignation d'un délégué syndical comme représentant syndical au comité d'entreprise même s'il est de droit ce représentant dans les entreprises de moins de 300 salariés (Cass. soc. 25 janvier 2012, 11-10978, *JCP soc.* 2012, 1181).

Ce délai de 15 jours, en revanche, ne s'applique pas lorsqu'il s'agit de contester la représentativité d'un syndicat sans remettre en cause le résultat des élections (Cass. soc. 31 janvier 2012, 10-25429, *JCP soc.* 2012, 1213). Si les résultats sont contestés, le contentieux doit être porté dans les 15 jours qui suivent la proclamation des résultats ou le procès-verbal de carence établi par l'employeur après le 1er tour, même si aucun syndicat n'a présenté de candidat (Cass. soc. 31 janvier 2012, 11-60139, *DS* 2012, p. 430).

Importance du délai de prescription de 15 jours

Ce délai de prescription de 15 jours est important, car faute de le respecter, l'élection ou la désignation sera purgée de ses vices : malgré son irrégularité, elle sera considérée comme valable. L'exception retenue en jurisprudence réside dans la fraude (Voir pour une application récente au représentant de la section syndicale : Cass. soc. 27 février 2013, 11-28084, *RDT* 2013, p. 231 et *DS* 2013, p. 470). L'irrégularité ne pourra plus être soulevée ultérieurement (Cass. soc. 4 mars 2009, 08-40500, *JCP soc.* 2009, 1191) et le représentant du personnel désigné, malgré l'éventuelle irrégularité, bénéficiera du statut protecteur (Cass. soc. 12 février 2008, 06-44121, *JCP soc.* 2008, 1440). Il s'agit d'un délai de forclusion (Cass. soc. 19 novembre 1987, *Bull. civ.* V, n° 667).

Les difficultés liées au calcul du délai de 15 jours

N'entrent pas dans ce calcul ni le jour du scrutin, ni celui où la décision est notifiée en application des articles 640 et suivants du Code de procédure civile. Pour savoir si ce délai est respecté, il faut regarder la date d'envoi de la requête et non celle de réception (Cass. soc. 6 janvier 2011, 09-60398, *JCP soc.* 2011, 1276, mettant fin à une divergence entre la chambre sociale et la 2e chambre civile). Le délai expire le dernier jour à 24 heures et il prend en compte les jours calendaires.

Il est parfois difficile de déterminer le point de départ de ce délai. Selon la jurisprudence, le point de départ de ce délai de prescription est en principe la proclamation nominative des résultats (Cass. soc. 10 décembre 1996, 95-60956, *RJS* 1997, n° 67), mais peut être aussi le 1er tour (Cass. soc. 26 mai 2010, 09-60453, *JCP soc.* 2010, 1348), ou la désignation officielle du délégué syndical et non une lettre informant l'employeur de l'imminence de sa désignation (Cass. soc. 28 mai 2008, 07-60342, *JCP soc.* 2008, 1484 ; Cass. soc. 26 mai 2010, 09-60413, *RDT* 2010, p. 411). Ce point de départ est reporté, à l'égard des salariés et des autres organisations syndicales, au jour où ils en ont eu connaissance par tout moyen, notamment par l'affichage (Cass. soc. 4 février 1997, 95-60982, *Bull. civ.* V, n° 51 ; C. trav., art. L 2143-8). Le point de départ dépend donc de l'auteur de la demande.

Illustration : Cass. soc. 29 oct. 2010, 09-67969, JCP soc. 2010, 543

Un syndicat désigne un délégué syndical dans l'entreprise puis un autre syndicat s'affilie à la même centrale et désigne à son tour dans l'entreprise un délégué syndical. La Cour de cassation estime que le délai de 15 jours court à compter soit de la 2e désignation irrégulière soit de la décision prise par l'organisation syndicale de mettre fin à cette situation irrégulière, dans la mesure où il n'est pas possible en principe de désigner plus de délégués syndicaux que ce que la loi autorise. Il revient alors au juge de convoquer les différentes organisations et de trancher sur le délégué syndical valablement désigné en vertu des accords collectifs ou à défaut de valider la première dans le temps.

Illustration pour le représentant des salariés : Cass. soc. 15 juin 2011, 10-60392, JCP soc. 2011, 1390

La Cour de cassation affirme que le délai de 2 jours pour contester la désignation du représentant des salariés court à compter de la proclamation nominative des résultats de l'élection ou, à défaut, de l'accomplissement de la formalité de dépôt au greffe. Il en va de même pour le remplacement. En l'espèce, aucune formalité de publicité n'avait été accomplie. Par conséquent, le délai n'avait pas commencé à courir et donc l'action n'était pas forclose.

Il faut enfin noter que dès l'instant où une personne agit dans le délai de 15 jours, comme un candidat, cette action interrompt le délai de prescription au bénéfice d'une autre partie, comme un syndicat, dont la demande tend aux mêmes fins, à savoir l'annulation de l'élection en raison de l'absence d'invitation des syndicats à négocier le protocole d'accord (Cass. soc. 27 février 2013, 11-60195, *RDT* 2013, p. 232).

C. Une procédure orale

La tentative de conciliation n'est pas obligatoire, mais elle reste possible. La procédure devant le tribunal d'instance est orale. Les parties doivent en principe être présentes mais elles peuvent se faire représenter par un avocat, un conjoint ou parent, allié en ligne directe ou collatérale jusqu'au 3e degré ou par une personne de l'entreprise. Le ministère d'avocat n'est pas obligatoire.

III. Le contentieux pré-électoral et le contentieux post-électoral

A. Le contentieux pré-électoral

Ce contentieux précède les élections. Cette requête n'a pas d'effet suspensif : les élections prévues doivent avoir lieu et les résultats proclamés restent valables jusqu'au jugement. Pour éviter un contentieux post-électoral, il est alors judicieux de saisir le tribunal d'instance en référé pour demander la suspension du processus électoral en cours. Le délai est de 3 jours suivant la désignation des candidats.

Le tribunal d'instance a « le pouvoir de prendre toutes les mesures nécessaires au bon déroulement des opérations électorales » et par exemple pourrait imposer un calendrier de négociation en cas de blocage et s'immiscer dans ce processus (Cass. soc. 26 septembre 2012, 11-26659, *RDT* 2013, p. 46).

La décision prise par le juge d'instance en matière de contentieux pré-électoral n'a pas autorité de la chose jugée dans le litige portant sur l'annulation des élections. Le juge à nouveau saisi doit alors examiner les éléments de fait qui lui sont communiqués (Cass. soc. 27 octobre 2004, *Bull. civ.* V, n° 271).

Depuis un revirement de jurisprudence du 23 septembre 2009 (08-60535, *JCP soc.* 2009, 1467), cette décision est susceptible d'un pourvoi en cassation dans les 10 jours qui suivent sa notification (voir *contra* avant : Cass. soc. 7 mai 2002, 01-60040, *Bull. civ.* V, n° 148). Le pourvoi n'a pas d'effet suspensif.

B. Le contentieux post-électoral

Il n'y a aucune obligation de saisir le juge avant le déroulement des opérations électorales. Le juge du contentieux post-électoral peut être saisi d'une question pré-électorale en raison de sa plénitude de compétence juridictionnelle mais deux conditions sont nécessaires :

- l'irrégularité a dû affecter l'élection ;
- le juge n'as pas été saisi de cette question avant le déroulement du scrutin, il y aurait alors violation de l'autorité relative de la chose jugée.

Le tribunal a ensuite 10 jours à compter de sa saisine pour statuer et rendre une décision en dernier ressort. Les conditions de l'élection sont appréciées au jour du premier tour de scrutin, sans que l'accord préélectoral puisse écarter cette règle et l'élection peut être contestée, même en l'absence de réserve sur le procès-verbal des élections (Cass. soc. 1er décembre 2010, 10-60163, *JCP soc.* 2011, 1082 ; Cass. soc. 13 octobre 2010, 09-60233, *JCP soc.* 2011, 1142).

Les cas d'annulation d'un scrutin

Ces irrégularités doivent-elles avoir une influence sur le scrutin pour pouvoir annuler les élections ? Le principe est désormais clairement affirmé : ces irrégularités n'entraînent l'annulation des élections que si elles ont exercé une influence sur le résultat (voir pour un exemple : Cass. soc. 18 novembre 2008, 07-60359, *JCP soc.* 2008, act. 626, *Bull. civ.* V, n° 225), cette condition étant écartée lorsqu'elles contreviennent directement aux principes généraux du droit électoral (Cass. soc. 13 janvier 2010, 09-60203, *RDT* 2010, p. 314 ; Cass. soc.

28 mars 2012, 11-16141, *JCP soc.* 2012, 1261) ou lorsque cette irrégularité est déterminante de la qualité représentative du syndicat (Cass. soc. 2 mars 2011, 10-60101, *DS* 2011, p. 728) ou du droit pour un candidat d'être désigné comme délégué syndical. Lorsque l'élection est annulée, l'employeur doit à nouveau recommencer le processus électoral dès le début.

Illustration de l'annulation d'une élection : Cass. soc. 28 mars 2012, 11-16141, DS 2012, p. 535 :

> *Plusieurs irrégularités avaient été constatées : les électeurs n'avaient pas eu un accès libre au dépouillement, cette irrégularité étant suffisante pour annuler le scrutin sans qu'il soit nécessaire de regarder son influence sur le scrutin. Il en est de même du défaut de signature de tous les membres du bureau de vote sur la liste d'émargement, par violation de l'article R 62 du Code électoral. Le non-respect de l'article R 57 du Code électoral est également suffisant, lorsque le président du bureau de vote ne mentionne pas sur le procès-verbal les heures d'ouverture et de clôture du scrutin. Cela met un doute sur la sincérité des opérations électorales.*

Les conséquences de l'annulation

Cette annulation n'a pas d'effet rétroactif et ne remet pas en cause les actes que le représentant du personnel aurait pu faire avant l'annulation de sa désignation. De même, il continue de bénéficier du statut protecteur pour la période postérieure à la fin de son mandat, dont la date est celle du jugement annulant sa désignation (Cass. soc. 16 février 2011, 10-60195, *JCP soc.* 2011, 1287).

Enfin, lorsque les mandats sont annulés, un nouveau scrutin doit donc être organisé par l'employeur et se pose alors la question de la prorogation des mandats dans l'attente de ce nouveau scrutin. La loi n'a pas prévu cette hypothèse et cette prorogation ne peut pas actuellement être décidé ni par l'employeur, ni par accord ni même par le juge. Ce vide juridique incite les employeurs à organiser au plus vite les nouvelles élections.

À retenir	
	Qui tranche le contentieux électoral ?
Compétence du TI	• Compétence exclusive par principe pour : – la représentativité du syndicat ; – la régularité des candidatures, des électeurs, du protocole d'accord pré-électoral ; – la régularité des opérations électorales, du dépouillement du scrutin. • Celui qui est compétent est celui du lieu des élections.

<table>
<tr><th colspan="3">À retenir</th></tr>
<tr><td>Compétence du TA</td><td colspan="2">• Outre le recours gracieux et hiérarchique auprès du ministre, le TA est compétent :
– pour le découpage de l'entreprise en établissements distincts à défaut d'accord pré-électoral sur ce point ;
– pour la répartition des salariés dans les collèges et celle des sièges, à défaut d'accord pré-électoral sur ce point.</td></tr>
<tr><td colspan="3">Comment est tranché le contentieux électoral ?</td></tr>
<tr><td>Les parties au litige</td><td colspan="2">• Il s'agit de toute personne intéressée : un électeur pour le collège auquel il appartient, un candidat pour ce collège, un syndicat.</td></tr>
<tr><td rowspan="2">Le délai de prescription</td><td>• Le contentieux pré-électoral</td><td>• 3 jours qui suivent la désignation lorsque la demande porte sur l'électorat, délai non prévu pour le CHSCT.</td></tr>
<tr><td>• Le contentieux post-électoral</td><td>• Principe : 15 jours à compter de la proclamation nominative des résultats ou de l'accomplissement des formalités de publicité.
• À défaut de le respecter, l'élection est purgée de ses vices.
• Exception :
– 2 jours pour le représentant des salariés ;
– aucun délai pour contester la représentativité d'un syndicat sans mise en cause du résultat des élections.</td></tr>
</table>

À retenir		
Les décisions prises	• Le contentieux pré-électoral	• Le tribunal d'instance peut prendre toutes les mesures nécessaires au bon déroulement des opérations électorales et en référé, il peut être décidé de suspendre le processus électoral. • La décision prise peut faire l'objet d'un pourvoi en cassation depuis un arrêt du 23 septembre 2009 et elle n'a pas d'autorité de la chose jugée dans le litige portant sur l'annulation de l'élection.
	• le contentieux post-électoral	• Les conditions de validité de l'élection sont appréciées au 1er tour du scrutin. • Le tribunal d'instance peut annuler les élections si : – l'irrégularité a exercé une influence sur le résultat ; – ou si l'irrégularité contrevient directement aux principes généraux du droit électoral ; – ou si l'irrégularité est déterminante de la qualité représentative d'un syndicat. • Dans ce cas, il faut recommencer les élections mais cette annulation n'a pas d'effet rétroactif et ne remet pas en cause les actes réalisés par les représentants du personnel dont la désignation est annulée.

Pour en savoir plus

- F. Petit, « L'influence du droit électoral politique sur les élections professionnelles dans l'entreprise », *DS* 2000, p. 603.
- F. Petit, « Les principes généraux du droit électoral dans la jurisprudence de la chambre sociale de la Cour de cassation », *D.* 2005, p. 1815.

Pour s'entraîner

Indiquez si la proposition est vraie ou fausse :

1) ***Le bureau de vote peut écarter une candidature irrégulière.***

❏ *vrai* ❏ *faux*

2) ***Il faut émettre des réserves sur le procès-verbal proclamant les résultats pour contester les élections.***

❏ *vrai* ❏ *faux*

3) ***Si l'action contestant une élection n'est pas faite dans les 15 jours qui suivent la proclamation nominative des résultats, cette élection ne peut plus être contestée quelle que soit l'irrégularité.***

❏ *vrai* ❏ *faux*

4) ***Le tribunal d'instance ne peut annuler une élection que si l'irrégularité a eu une influence sur le scrutin.***

❏ *vrai* ❏ *faux*

Réponses

1) Faux, le tribunal d'instance ayant une compétence exclusive.

2) Faux, cette condition n'est pas nécessaire.

3) Vrai, la seule exception étant de prouver la fraude.

4) Faux, il existe deux cas où l'irrégularité peut entraîner l'annulation de l'élection sans avoir à établir son influence sur le scrutin : lorsqu'elle contrevient aux principes généraux du droit électoral ou lorsqu'elle est déterminante de la qualité représentative d'un syndicat.

Fiche

29

Le contentieux du statut protecteur des salariés protégés

I. Le contentieux du statut protecteur relevant par principe du contentieux administratif

L'inspecteur du travail doit autoriser le licenciement des salariés protégés. Dès lors cette décision d'autorisation ou de refus d'autorisation est susceptible d'un contentieux qui relève du contentieux administratif. La décision rendue est considérée comme étant créatrice de droits. Deux recours sont susceptibles d'être utilisés : les recours non contentieux et le recours contentieux.

A. Les recours non contentieux

Il en existe deux sortes : le recours gracieux et le recours hiérarchique.

Le recours gracieux

Il s'effectue devant l'autorité qui a pris la décision contestée et donc devant l'inspecteur du travail. Ce recours n'est pas suspensif et il doit être fait dans les 2 mois qui suivent sa notification de la décision qui créé des droits, ce qui est le cas de la décision d'autorisation. En revanche, lorsqu'elle ne créé pas de droits, comme celle refusant l'autorisation de licencier, le recours gracieux n'est enfermé dans aucun délai.

L'inspecteur du travail peut reconduire sa décision, mais il peut aussi considérer que sa motivation n'était pas suffisante. Dans ce cas, il doit retirer sa décision puis reprendre une décision correctement motivée. Il peut aussi retirer sa décision initiale. Il doit alors reprendre une nouvelle décision. Si les circonstances de fait ou de droit ont changé depuis sa décision initiale, il doit procéder à une nouvelle enquête contradictoire. Si les circonstances sont restées identiques, cette enquête contradictoire n'est plus obligatoire mais elle reste possible (CE, 5 septembre 2008, *JCP soc.* 2009, 1100). Le retrait d'une autorisation permet au salarié protégé qui aurait été licencié de demander sa réintégration devant la formation de référé du conseil des prud'hommes (V. Fiche n° 29).

Le recours hiérarchique

Il est formé auprès du supérieur hiérarchique de celui qui a pris la décision, et donc en l'espèce auprès du ministre chargé du travail par lettre recommandée avec accusé de réception (C. trav., art. R 2422-1). Ce recours qui n'est pas suspensif, doit être fait dans les 2 mois de la notification de la décision, qui peut être soit la décision initiale soit celle rendue après un recours gracieux. Ce recours suppose un intérêt à agir (CE 13 mai 1992, 110184, Mars et autres). Cela concerne l'employeur mais aussi le salarié protégé. Quid d'un syndicat? Il faudrait prouver que le syndicat a un intérêt pour défendre l'intérêt collectif des salariés, ce que le Conseil d'état refuse (CE, 22 janvier 1996, 154380, Syndicat national des personnels d'encadrement de l'ingénierie).

Le silence gardé par le ministre pendant 4 mois vaut rejet implicite du recours.

Si la décision créé des droits, le ministre effectue un simple contrôle de légalité et vérifie l'erreur de droit, de fait ou manifeste d'appréciation. Il se place alors au jour où la décision contestée a été prise.

Si la décision ne créé pas de droit en cas de refus d'autorisation, il contrôle aussi l'opportunité de la décision.

Il peut très bien examiner les faits et procéder à une nouvelle audition des parties.

Il peut confirmer ou annuler la 1re décision. S'il confirme l'autorisation, le licenciement est maintenu. La décision n'a pas à être motivée. Lorsqu'il annule la décision, il doit ensuite se prononcer sur le fond en fonction des éléments qui sont à sa disposition le jour où il rend sa décision (CE 10 mars 1997, 164645, SA ATP; CE 5 septembre 2008, société Sorelat, *JCP soc.* 2009, 1231). Sa décision doit alors être motivée. S'il décide de refuser l'autorisation, le salarié protégé peut demander sa réintégration devant la formation de référé du conseil des prud'hommes (V. Fiche n° 27). La décision du ministre a alors un effet rétroactif. Il peut aussi finalement autoriser le licenciement, la première autorisation étant annulée par exemple pour erreur de droit. Il peut enfin se déclarer incompétent, si le statut protecteur au jour où il statue a disparu.

B. Les recours contentieux

Il s'agit essentiellement d'un recours pour excès de pouvoir porté en première instance devant le tribunal administratif dans le ressort duquel la décision initiale a été prise, même si un recours non contentieux a été exercé par la suite. Pour être contestée, la décision implicite ou explicite doit faire grief, c'est-à-dire susceptible de provoquer des effets juridiques. Il peut donc s'agir de la décision initiale de l'inspecteur du travail, mais aussi de celle issue du recours gracieux ou hiérarchique. La personne qui agit doit avoir un intérêt à agir. Le délai est de 2 mois à compter de la notification de la décision. Ce délai est conservé en cas de recours gracieux ou hiérarchique : il partira donc à compter de la notification de cette nouvelle décision.

Lorsque le tribunal administratif annule la décision, il ne se prononce pas sur une éventuelle autorisation, qui devra à nouveau être demandée.

Un appel est possible devant la Cour administrative d'appel puis un pourvoi devant le Conseil d'état.

II. Le contentieux du statut protecteur relevant exceptionnellement du juge prud'homal

A. L'absence de compétence du conseil des prud'hommes

La Cour de cassation rappelle l'absence de compétence du conseil des prud'hommes pour éviter de porter atteinte à la séparation de l'ordre judiciaire et de l'ordre administratif. En cas de doute, il doit surseoir à statuer et renvoyer les parties devant le juge administratif (Cass. soc. 18 mars 1982, 80-40198, *Bull. civ.* V, n° 190). Ainsi, il n'est pas compétent pour apprécier et se prononcer sur :

- la cause réelle et sérieuse du licenciement (Cass. soc. 14 février 2007, 05-40213, *JCP soc.* 2007, 1319) ;
- le respect de la procédure de licenciement préalable à la demande d'autorisation (Cass. soc. 13 juillet 2004, 01-42943, *Bull. civ.* V, n° 211) ;
- le respect éventuel d'une obligation de reclassement (Cass. soc. 10 novembre 2009, 08-42660, *JCP soc.* 2009, 586 ; Cass. soc. 23 juin 2009, 07-44640, *JCP soc.* 2009, 1422) ;
- sur le bien-fondé du refus d'autorisation, la décision pouvant être prise pour des raisons d'opportunité (Cass. soc. 24 octobre 1979, 78-15563, *Bull. civ.* V, n° 781) ;
- sur une demande de résiliation d'un salarié protégé alors que les fautes de l'employeur avaient été appréciées par l'inspection du travail à l'occasion d'une demande d'autorisation de licenciement (Cass. soc. 29 octobre 2010, 09-69113, *JCP soc.* 2010, 1564).

B. Une compétence résiduelle du conseil des prud'hommes

Le juge prud'homal reste compétent sur deux fondements.

Tout d'abord, le conseil des prud'hommes reste compétent **pour indemniser le salarié**, pour apprécier non pas l'existence d'une faute mais sa gravité, permettant de fixer les indemnisations du salarié (Cass. soc. 18 mars 2009,

07-44664, *JCP soc.* 2009, 1322) et jusqu'à la réforme du 14 juin 2013 pour se prononcer sur la validité d'un plan de sauvegarde de l'emploi en raison du caractère collectif (Cass. soc. 24 septembre 2008, 06-45766). Enfin, il revient au conseil des prud'hommes d'apprécier la validité et la mise en œuvre des critères retenus pour fixer l'ordre des licenciements (Cass. soc. 11 décembre 2001, 99-44994, *Bull. civ.* V, n° 380).

Ensuite, la formation de référé du conseil des prud'hommes peut être saisie pour obtenir la **réintégration d'un salarié protégé** qui aurait été licencié avec une autorisation qui est ensuite retirée ou annulée. Il a alors 2 mois pour faire cette demande. Il en est de même si le salarié est licencié sans demande d'autorisation, cette mesure étant considérée comme un trouble manifestement illicite (Voir par exemple : Cass. soc. 23 octobre 2007, 06-44438, *Bull. civ.* V, n° 174, *RJS* 2008, n° 51).

À retenir

Le principe : le contentieux du statut protecteur relève du contentieux administratif		
Les recours non contentieux	• **Le recours gracieux**	• Recours non suspensif dans les 2 mois qui suivent la notification de la décision auprès de l'inspecteur du travail. • L'inspecteur du travail peut confirmer sa décision initiale ou la retirer, mais il doit alors à nouveau se prononcer sur l'autorisation en fonction des circonstances de fait et de droit présentes au jour où il statue de nouveau.
	• **Le recours hiérarchique**	• Recours non suspensif auprès du ministre dans les 2 mois qui suivent la notification de la décision initiale ou celle rendue suite à un recours gracieux.

Les recours non contentieux	• **Le recours hiérarchique**	• Il peut là encore confirmer ou retirer la décision attaquée, le silence gardé pendant 4 mois valant rejet implicite du recours. Le ministre contrôle la légalité de la décision d'autorisation de licencier ainsi que l'opportunité quand il s'agit d'une décision de refus. Lorsqu'il annule la décision, il doit ensuite se prononcer sur le fond en fonction des éléments qui sont à sa disposition le jour où il rend sa décision.
Le recours contentieux	• Le recours est porté devant le tribunal administratif dans les 2 mois à compter de la notification de la décision attaquée, qui peut être la décision initiale ou celle rendue suite à un recours non contentieux. • Lorsque le TA annule la décision, il ne se prononce pas sur une éventuelle autorisation.	
Conséquences	• Le conseil des prud'hommes n'est pas compétent pour apprécier : – la cause réelle et sérieuse du licenciement; – le respect de la procédure avant la décision de l'inspection du travail; – le respect des éventuelles obligations de reclassement; – le bien fondé du refus d'autorisation.	
L'exception : le conseil des prud'hommes conserve sa compétence de manière résiduelle		
Compétence du CPH	• Il est compétent au fond pour l'indemnisation du salarié, pour apprécier la gravité de la faute, se prononcer sur la validité d'un PSE jusqu'à l'entrée en vigueur de la loi du 14 juin 2013 et sur la mise en œuvre des critères d'ordre. • Il est compétent en référé pour la réintégration du salarié protégé licencié sans autorisation ou après une demande d'autorisation annulée.	

Pour s'entraîner

Indiquez si la proposition est vraie ou fausse :

1) ***Le tribunal administratif peut prononcer en référé la réintégration d'un salarié protégé licencié sans demande d'autorisation.***

❑ *vrai* ❑ *faux*

2) ***Le tribunal administratif se prononce sur la demande d'autorisation lorsqu'il annule l'autorisation donnée par l'inspecteur du travail.***

❑ *vrai* ❑ *faux*

3) ***Avant de saisir le tribunal administratif, il faut nécessairement exercer un recours gracieux puis un recours hiérarchique.***

❑ *vrai* ❑ *faux*

Réponses

1) Faux, cela relève de la compétence de la formation de référé du conseil des prud'hommes.

2) Faux, c'est une des différences avec les recours non contentieux dans lesquels l'inspecteur du travail ou le ministre se prononce à nouveau sur la demande d'autorisation avec les éléments qui sont à leur disposition le jour où il statue.

3) Faux, aucun des recours non contentieux n'est un préalable nécessaire au recours contentieux.

Fiche 30

Le contentieux prud'homal en cours lors de l'ouverture d'une procédure collective

I. La poursuite des instances prud'homales en cours

Les articles L 622-21 et L 641-3 du Code de commerce prévoient que les instances qui étaient en cours pour les créanciers non salariés sont interrompues en raison de l'ouverture de la procédure collective et sont reprises de plein droit au moment où le créancier a déclaré sa créance et après avoir appelé à l'audience le mandataire judiciaire, l'administrateur et éventuellement le commissaire à l'exécution du plan. Cette règle prévue pour la sauvegarde, le redressement judiciaire et la liquidation judiciaire est d'ordre public. Elle constitue une fin de non recevoir, pouvant être soulevée en tout de cause et doit être relevée d'office par le juge (Cass. civ. 1re, 6 mai 2009, 08-10281, *Act. proc. coll.* 2009, n° 182). Pourtant cette règle connaît une exception majeure : pour les instances prud'homales introduites par les salariés.

En effet, selon l'article L 625-3 du Code de commerce, les contentieux en cours sont maintenus, le jugement d'ouverture n'ayant pas pour effet ni de les suspendre ni de les interrompre (Cass. soc. 24 novembre 2004, 02-45126, *Rev. proc. coll.* 2005, p. 217 ; Cass. soc. 17 septembre 2003, 01-43029, *Act. proc. coll.* 2003, n° 210). Le conseil des prud'hommes qui avait été saisi avant le jugement d'ouverture de la procédure collective reste donc compétent pour se prononcer sur les demandes du salarié, malgré cette procédure ouverte contre son employeur, sans que l'instance soit suspendue ou interrompue. Ce texte vaut pour toutes les demandes, quel que soit leur objet, y compris par exemple une demande de résiliation pour défaut d'exécution d'une obligation de payer. Cette disposition prévue pour la sauvegarde s'applique aussi au redressement judiciaire par renvoi de l'article L 631-18 et à la liquidation judiciaire par renvoi de l'article L 641-14.

Cette règle s'applique de manière automatique (Cass. soc., 11 octobre 2000, *Act. proc. coll.* 2000, n° 245). À défaut, la décision rendue est caduque (Cass. com., 20 juin 2002, *Act. proc. coll.* 2002, n° 191).

Par conséquent, l'instance étant en cours, le principe de l'unicité d'instance s'applique : les demandes relatives à la contestation du relevé des créances salariales ou du refus de l'AGS de les prendre en charge, ou de la contestation de l'éventuel licenciement pour motif économique devront être soulevées à l'occasion de cette instance, au risque d'être déclarées irrecevables.

II. Les conséquences de l'ouverture d'une procédure collective sur les instances prud'homales en cours

A. La mise en cause des organes de la procédure collective

Tout d'abord, **le mandataire judiciaire doit informer le conseil des prud'hommes de l'ouverture d'une procédure de sauvegarde ou d'un redressement** dans les 10 jours qui suivent sa nomination. Il doit également informer le salarié concerné par cette action (C. com., art. L 625-3). En cas de liquidation, cette obligation d'information incombe au liquidateur (C. com., art. L 641-4). Quelle est la sanction de ce défaut d'information, le texte étant silencieux ? Dans un premier temps, la Cour de cassation a jugé que la procédure collective était inopposable au salarié (Cass. soc. 13 juillet 1999, 97-43014, *Act. proc. coll.* 1999, n° 188 ; Cass. soc. 21 mars 2002, 00-40270, *Act. proc. coll.* 2002, n° 124). Puis elle a affirmé que le mandataire ne pouvait se prévaloir de cette inopposabilité, le salarié pouvant donc malgré tout obtenir l'exécution de la décision et bénéficier de la garantie de l'AGS (Cass. soc. 17 septembre 2003, 01-43029, *Act. proc. coll.* 2003, n° 210 ; Cass. soc. 5 octobre 2004, 03-41764, *Act. proc. coll.* 2004, n° 238).

Ensuite, selon l'article L 625-3 du Code de commerce **doivent être mis en cause le mandataire judiciaire et l'administrateur** lorsqu'il a une mission d'assistance et de représentation. Lorsque le plan a été adopté, il s'agit du commissaire à l'exécution du plan. Enfin lors d'une liquidation, c'est le liquidateur qui est mis en cause en raison du dessaisissement, l'administrateur ne devant plus l'être depuis la réforme de 2008. Quelle est la sanction en cas de non-respect de cette mise en cause ? La Cour de cassation a déjà décidé que la décision devait être considérée comme non avenue, car il s'agit d'une condition de régularité de la procédure. Cela impose au salarié de saisir à nouveau le conseil des prud'hommes si sa créance ne figure pas sur le relevé des créances et à condition de respecter le principe de l'unicité de l'instance (Cass. soc. 16 décembre 1998, 96-43374, *Bull. civ.* V, n° 568 ; Cass. soc. 29 février 2000, 97-45669, *DS* 2000, p. 562). Comment ensuite concrètement mettre en cause les organes de la procédure notamment si le salarié ne le fait pas ? La Cour de cassation, dans une décision du 9 mars 2011 (09-67312, *JCP soc.* 2011, 1251), a indiqué qu'il revient au greffe de convoquer les organes de la procédure collective par lettre recommandée avec accusé de réception. Quelles sont les conséquences de cette mise en cause ? En principe, les interventions forcées aux fins de jugement commun permettent aux tiers mis en cause de devenir pleinement parties au litige, avec différentes conséquences. La décision rendue aura autorité de la chose jugée à leur égard et ils pourront exercer les voies de recours ouvertes aux parties, à savoir l'appel. Il faut également indiquer que la règle de l'unicité de l'instance devrait donc leur être applicable, le litige initial les concernant.

Enfin, il faut **convoquer l'AGS**, pour lui rendre opposable la décision et aux fins de jugement commun. Cette mise en cause existe pour le redressement et la liquidation, mais a été écartée en cas de sauvegarde, l'AGS ne garantissant pas les créances antérieures au jugement d'ouverture (C. com., art. L 625-1 ; V. Fiche n° 12). Cette mise en cause de l'AGS lui permet de faire valoir ses arguments, puisqu'elle a un droit propre à contester les créances qu'elle garantit. De plus, cette solution évite donc un recours ultérieur et permet d'avoir une décision rapide et globale, faisant intervenir tous les acteurs concernés. À défaut de mise en cause de l'AGS, la décision rendue produira ses effets et l'AGS pourra former tierce-opposition pour faire valoir ses arguments et contester sa garantie. Le Code de commerce confie le soin de cette mise en cause au mandataire puis au liquidateur et, à défaut aux salariés parties à l'instance en cours, et à défaut enfin au greffe comme l'a jugé la Cour de cassation dans la décision du 9 mars 2011 précitée.

B. Une décision prud'homale aux effets différents

L'inscription de la créance sur le relevé des créances salariales

Le salarié est un créancier particulier puisque les créances superprivilègiées et celles bénéficiant du privilège peuvent être payées par les organes de la procédure, contrairement à l'interdiction générale de payer les créances antérieures au jugement d'ouverture (C. com., art. L 622-7 ; V. Fiche n° 11). Pourtant, le salarié ne peut obtenir que l'inscription de la créance de salaire ou d'indemnité sur le relevé des créances salariales comme le prévoit expressément l'article L. 625-6. Ainsi, ni l'employeur (Cass. soc. 6 juin 1999, 87-45172, *Bull. civ.* V, n° 424 ; Voir cependant pour une décision inédite et contestable qui admet la condamnation au paiement tout en permettant au débiteur d'opposer l'arrêt des poursuites : Cass. soc. 18 décembre 2001, 99-45391, *Rev. proc. coll.* 2002, p. 270), ni les mandataires (Cass. soc. 8 avril 1992, 89-43284, *Bull. civ.* V, n° 252) ni l'AGS (Cass. soc. 5 janvier 2005, 02-43726) ne pourront être condamnés au paiement à l'issue de la poursuite d'une instance en cours. Le conseil des prud'hommes n'est pas non plus compétent pour fixer l'ordre de paiement des créanciers, cette compétence relevant exclusivement du tribunal qui a ouvert la procédure collective (Cass. soc. 3 octobre 1989, 87-44686, *Bull. civ.* V, n° 557 et *D.* 1990, somm. p. 216).

Si le mandataire judiciaire refuse l'inscription sur le relevé des créances, le salarié devrait pouvoir saisir à nouveau le conseil des prud'hommes sur le fondement de l'article L 625-1 du Code de commerce, sans que le principe de l'unicité de l'instance lui soit opposé (Cass. soc. 16 décembre 1998, 96-43794, *Bull. civ.* V, n° 568).

L'exécution de la décision et la garantie de l'AGS

La Cour de cassation a posé comme principe que l'exécution d'une décision est paralysée en cas d'ouverture d'une procédure collective, en l'espèce une sauvegarde, fût-elle assortie de l'exécution provisoire (Cass. com. 21 février 2012, 10-26066).

En fonction de la nature de la créance, le salarié pourra éventuellement se faire payer par le mandataire et à défaut de fonds disponibles par l'AGS, malgré cette absence de condamnation au paiement. En effet, l'article L 3253-15 du Code du travail, modifié par une loi du 17 juillet 2001, prévoit que les décisions de justice sont de plein droit opposables à l'AGS. Il est donc inutile de lui notifier cette décision (Cass. soc. 27 novembre 2013, 11-28585, *Act. proc. coll.* 2013, n° 293). L'AGS avance les fonds correspondant à des créances établies par décision de justice exécutoires, même si les délais de garantie sont expirés. Le critère antérieur, à savoir « les créances définitivement établies par décision de justice » posait problème en raison de son imprécision. La nouvelle rédaction est très favorable aux salariés puisque dès lors que la décision rendue est exécutoire, la garantie de l'AGS peut jouer, même si un recours est possible et même si les délais de garantie sont expirés (Cass. soc. 5 juin 2012, 11-17673, *Act. proc. coll.* 2012, n° 161 pour une décision rendue avant le jugement d'ouverture). Il n'est pas nécessaire de notifier la décision à l'AGS (Cass. soc. 27 novembre 2013, 11-28585, *Act. proc. coll.* 2013, n° 293). Cela peut alors multiplier les actions en répétition de l'indu lorsque la décision de condamnation est ensuite infirmée. La règle vise aussi les décisions exécutoires à titre provisoire. Ainsi sont concernées les décisions prises par le bureau de conciliation, les jugements rendus par le conseil des prud'hommes en dernier ressort, ceux rendus en premier ressort et revêtus de l'exécution provisoire et les arrêts d'appel ayant fait l'objet d'un pourvoi en cassation.

À retenir	
Principe posé	• Aucune suspension ni interruption des instances prud'homales en cours malgré l'ouverture d'une procédure collective à l'encontre de l'employeur.
Aménagements prévus	• Information du CPH et du salarié par le mandataire de l'existence d'une procédure collective en cours.

À retenir	
Aménagements prévus	• Mise en cause devant le CPH du mandataire, de l'administrateur s'il a une mission d'assistance ou de représentation, du liquidateur en cas de liquidation et du commissaire à l'exécution au plan après son adoption. • Mise en cause de l'AGS sauf en cas de sauvegarde, l'AGS ne garantissant pas les créances antérieures au jugement d'ouverture. • Inscription de la décision sur le relevé des créances salariales, sans condamnation au paiement. • Garantie possible par l'AGS en cas de décision exécutoire, opposable de plein droit à l'AGS.

Pour en savoir plus

- L. Fin-Langer, « Le particularisme des instances prud'homales dans les procédures collectives », *Rev. proc. coll.* 2012, dossier Droit social et procédures collectives, art. 5, p. 56.
- F. Taquet, « Les nouvelles règles relatives à l'opposabilité des décisions de justice à l'AGS », *Rev. proc. coll.* 2001, p. 244.

Pour s'entraîner

Indiquez si l'affirmation est vraie ou fausse

1) ***Les instances prud'homales en cours au jour de l'ouverture d'une procédure collective sont automatiquement suspendues comme pour les autres instances.***

❑ *vrai* ❑ *faux*

2) ***Le salarié doit nécessairement mettre en cause le mandataire judiciaire.***

❑ *vrai* ❑ *faux*

3) ***Le salarié ne peut obtenir que l'inscription sur le relevé des créances salariales de la créance d'indemnité.***

❑ *vrai* ❑ *faux*

Éléments de réponse

1) Faux, c'est une exception spécifique aux salariés.

2) Faux, il devrait effectivement le faire, mais la Cour de cassation a considéré que le secrétariat-greffe du CPH devait le faire en cas de carence du salarié.

3) Vrai, il ne peut pas obtenir une condamnation au paiement.

Le contentieux prud'homal ouvert après l'ouverture d'une procédure collective

Fiche **31**

I. Les contentieux portant sur le relevé des créances salariales et le refus de AGS de garantir ces créances

A. Les points communs de ces contentieux particuliers

La compétence du conseil des prud'hommes

L'article L 625-1 du Code de commerce prévoit que le salarié peut contester le relevé des créances salariales établi par le mandataire judiciaire en saisissant le conseil des prud'hommes. Il s'agit d'un régime dérogatoire propre aux salariés, car les autres créanciers lorsqu'ils contestent l'ordonnance du juge-commissaire admettant ou refusant leurs créances, ils doivent exercer l'appel devant la Cour d'appel (C. com., art. L. 624-3). En application de l'article L 625-4 du Code de commerce, le contentieux portant sur le refus de l'AGS de prendre en charge des créances salariales relève aussi de la compétence exclusive du conseil des prud'hommes et seul le salarié peut agir (Cass. soc. 21 mars 1989, 87-19377, *JCP E* 1989, I, 15599).

L'assistance et la représentation du salarié par le représentant des salariés

Le représentant des salariés peut assister ou représenter les salariés en application des articles L 625-1 et L 625-4 du Code de commerce dans les contentieux portant sur la contestation des relevés des créances et sur le non paiement de l'AGS (V. Fiche n° 10).

La dispense de conciliation

L'article L 625-5 du Code de commerce déroge au principe de la conciliation préalable obligatoire (V. Fiche n° 25) pour les contestations du relevé des créances et celles relatives au refus de payer ces créances par l'AGS. Ces actions sont portées directement devant le bureau de jugement, qui a une compétence exclusive pour juger ce type de contentieux. La Cour de cassation en a également déduit que cela excluait aussi la compétence du juge des référés (Cass. soc. 17 juin 1992, 89-43338, *Bull. civ.* V, n° 406) ainsi que celle du juge-commissaire (Cass. soc. 4 juin 2003, 01-41791, *Act. proc. coll.* 2003, n° 176, *Rev. proc. coll.* 2003, p. 343). La finalité première de cette dispense est de fixer au plus vite le passif salarial qui va venir grever le passif du débiteur.

Aucune condamnation au paiement possible

Comme pour le contentieux prud'homal en cours, la seule décision que peut obtenir le salarié est l'inscription de sa créance sur le relevé des créances salariales, mais non une condamnation au paiement.

B. Les spécificités du contentieux portant sur le relevé des créances salariales

L'action en contestation du relevé des créances salariales **est intentée contre le mandataire judiciaire**, défendeur principal (Cass. soc. 14 janvier 1991, 87-42899, *Bull. civ.* V, n° 14 ; Cass. soc. 16 décembre 1992, 89-43900, *Bull. civ.* V, n° 596). Doivent cependant être mis en cause le débiteur et l'administrateur lorsqu'il a une mission de représentation ou d'assistance ainsi que l'AGS (C. com., art. L 625-1).

Le **délai de prescription est de 2 mois** à compter de la publication des relevés dans un journal d'annonces légales pour contester le relevé des créances salariales (C. com., art. L 625-1 ; V. Fiche n° 11). Il s'agit d'un délai de forclusion très court, qui s'applique uniquement si le mandataire judiciaire a informé les salariés de son existence, de son point de départ, du journal dans lequel cette publicité a été effectuée, la juridiction compétente et la modalité de la saisine (Cass. soc. 7 février 2006, 03-47937, *Rev. proc. coll.* 2006, p. 287), et cela même si la publicité a été effectuée (Cass. soc. 25 juin 2002, 00-44704, *Act. proc. coll.* 2002, n° 181 ; Cass. soc. 26 février 2013, 11-28543, *Act. proc. coll.* 2013, n° 79). Si le salarié est forclos, il peut demander à être relevé de forclusion dans un délai de 6 mois, l'article R 625-3 du Code de commerce renvoyant depuis le décret du 12 février 2009 au troisième alinéa de l'article L 622-26, texte applicable au relevé de forclusion des autres créanciers. Il semble que ce délai parte du jour de la publication du jugement d'ouverture. Faut-il que le salarié prouve que le retard dans cette demande ne soit pas de son fait ? Les textes ne l'exigent pas et la doctrine est divisée. Mais, il semblerait que la position de la Chambre sociale soit plus souple que celle de la Chambre commerciale, puisque le simple fait d'introduire l'instance devant le conseil des prud'hommes après l'expiration du délai vaut demande implicite de relevé de forclusion (Cass. soc. 26 mars 2003, 01-41747, *Act. proc. coll.* 2003, n° 165). S'il n'a pas besoin d'en faire la demande, *a fortiori* il n'a pas non plus besoin de la motiver. Il faut enfin souligner qu'en application du principe de l'unicité d'instance, le salarié pourra présenter une demande incidente portant sur le relevé des créances salariales après expiration du délai de 2 mois et cela contrairement aux règles de procédure civile (Cass. soc. 9 novembre 2005, 03-47963, *Act. proc. coll.* 2006, n° 17).

Une fois passé ce délai, le relevé des créances salariales devient définitif et irrévocable. La Cour de cassation a admis, sous l'empire du droit antérieur à la réforme du 17 juin 2008 en matière de prescription, que le salarié disposait de 30 ans pour faire exécuter cette inscription sur l'état des créances, valant décision de justice (Cass. soc. 21 novembre 2012, 11-18923, *Act. proc. coll.* 2012, n° 300).

C. Les spécificités du contentieux portant sur le refus de l'AGS de garantir les créances salariales

L'action en contestation du refus de prise en charge par l'AGS est **intentée par le salarié contre l'AGS**, même si la décision ne peut pas condamner l'AGS à verser ses avances entre les mains du salarié (Cass. soc. 20 novembre 2002, 00-45373, *Act. proc. coll.* 2003, n° 9). Doivent être mis en cause le mandataire judiciaire, l'employeur ou l'administrateur en cas de mission de représentation et enfin le liquidateur en cas de liquidation judiciaire (C. com., art. L 625-4). Ces personnes deviennent donc parties à l'instance et la règle de l'unicité d'instance leur est applicable. La sanction du défaut de mise en cause pose problème aussi comme pour les instances prud'homales en cours. La Cour de cassation, dans une espèce qui imposait la mise en cause du commissaire à l'exécution du plan, a refusé de déclarer irrecevable l'action du salarié, car elle est dirigée principalement contre l'AGS. Mais elle souligne que le mandataire *ad hoc* désigné pour représenter le salarié et le représentant des créanciers encore en fonction avaient été appelés (Cass. soc., 21 décembre 2006, 04-45720, *Act. proc. coll.* 2007, n° 30).

Cette action **n'est pas soumise au délai de prescription de 2 mois** applicable uniquement à la contestation du relevé des créances salariales, car l'article L 625-4 du Code de commerce n'en fait aucune mention. La Cour de cassation en a déduit qu'aucune forclusion n'était opposable au salarié (Cass. soc. 1er février 2001, 97-45009, *Bull. civ.* V, n° 35).

II. Les autres contentieux possibles

A. Typologie de ces autres contentieux possibles

Tout d'abord signalons un contentieux peu fréquent, à savoir la contestation de la désignation du représentant des salariés portée devant le tribunal d'instance (V. Fiche n° 28).

L'essentiel du contentieux porte sur le licenciement prononcé par les organes de la procédure collective. Il s'agit alors d'un contentieux relevant par principe de la compétence du Conseil des prud'hommes malgré l'existence d'une procédure collective. Pour la Cour de cassation, le conseil des prud'hommes reste compétent en application de l'article L 1411-1 du Code du travail pour les demandes formées par les salariés à l'encontre de leur employeur, fût-il en redressement ou en liquidation judiciaires, au regard de leur situation individuelle (Cass. soc. 3 octobre 1989, 88-42835, *Bull. civ.* V, n° 559). Ainsi, il sera compétent pour apprécier les critères d'ordre, l'obligation de reclassement, l'indemnisation éventuelle du salarié, la motivation de la lettre de licenciement, alors même que le juge-commissaire a autorisé leur licenciement pendant la période d'observation. Il faut cependant noter que depuis la loi du 14 juin 2013, le tribunal administratif est compétent pour statuer sur le contentieux des PSE (V. Fiche n° 20). Le conseil des prud'hommes est également compétent pour la contestation de l'application de l'article L 1224-1 du Code du travail lors de l'adoption d'un plan de cession par le tribunal ou d'une ordonnance du juge-commissaire ordonnant une cession d'actifs isolée. Pour éviter toute contradiction de décisions, il est de jurisprudence constante que le conseil des prud'hommes ne peut apprécier le caractère économique du licenciement dès lors que l'ordonnance est devenue définitive (Cass. soc. 9 juillet 1996, 93-41877, *D.* 1997, p. 60) et que l'administrateur y fait référence dans la lettre de notification de licenciement. Il en est de même pour les licenciements autorisés par le plan. Les décisions rendues par le juge-commissaire ou le tribunal ont donc une autorité de la chose jugée, limitée cependant à la cause économique du licenciement.

B. Les questions de procédure

Le Code de commerce n'a aménagé que la procédure du contentieux du relevé des créances salariales et du refus de l'AGS de garantir ces créances. La question se pose donc de savoir leur application éventuelle dans ces autres contentieux, notamment pour fixer au plus vite le passif du débiteur. Il faut également rappeler que si tout le contentieux possible relève du conseil des prud'hommes, la règle de l'unicité de l'instance s'applique : toutes les demandes doivent être traitées au cours de la même instance (V. Fiche n° 24). Aucune condamnation au paiement ne peut être obtenue par le salarié, mais simplement une modification du relevé des créances salariales. La mise en cause des organes de la procédure collective semble également nécessaire afin de leur rendre opposable la décision rendue.

Le problème du rôle du représentant des salariés

À la différence des contentieux spécifiques, le représentant des salariés ne figure pas sur la liste habilitée à représenter ou assister les salariés dans le procès prud'homal fixée à l'article R 1453-2 du Code du travail et qui a une valeur limitative (Cass. soc. 11 mai 1993, 88-44230 ; V. Fiche n° 22). Son intervention ne serait possible qu'au titre de salarié de l'entreprise.

Le problème de la dispense de conciliation

La dispense de conciliation n'est prévue que pour les contentieux du relevé des créances salariales et du refus de l'AGS. Faut-il alors renvoyer les autres demandes devant le bureau de conciliation ? La Cour de cassation a répondu à cette question dans un arrêt publié du 23 octobre 2012 (11-15530, *Act. proc. coll.* 2012, n° 299, *JCP soc.* 2013, 1039 ; Voir l'exercice d'entraînement) en écartant également ce préalable à une demande d'indemnisation pour licenciement économique irrégulier. La portée de cette décision est très importante puisqu'elle affirme que le bureau de jugement a une compétence exclusive pour tous les litiges relatifs aux créances qui doivent figurer sur un relevé des créances résultant du contrat de travail, dès lors que le salarié entend obtenir la mise en œuvre de la garantie de l'AGS.

Le problème des délais de prescription

La Cour de cassation a estimé que le délai de 2 mois prévu uniquement pour la contestation du relevé des créances salariales ne s'appliquait pas pour les autres demandes, comme celle relative à l'indemnisation liée aux irrégularités de forme ou de fond du licenciement pour motif économique et cela même si le salarié avait saisi directement le bureau de jugement (Cass. soc. 4 juillet 2000, 98-45502 ; Cass. soc. 11 octobre 2006, 04-47950, *Act. proc. coll.* 2006, n° 244). Ce sont donc les délais de droit commun qui devraient pouvoir s'appliquer, car l'objet de la demande est différent.

À retenir	
Contentieux du relevé des créances salariales	• Compétence du CPH. • Action faite par le salarié contre le mandataire judiciaire, avec mise en cause du débiteur, de l'administrateur ayant une mission d'assistance ou de représentation, voire du liquidateur et de l'AGS. • Assistance et représentation possible du salarié par le représentant des salariés. • Délai de forclusion de 2 mois à compter de la publication des relevés des créances salariales. • Dispense du préalable de conciliation.

À retenir	
Contentieux du relevé des créances salariales	• Application de l'unicité de l'instance. • Aucune condamnation au paiement : simple modification du relevé des créances salariales.
Contentieux du refus de l'AGS de prendre en charge des créances salariales	• Compétence du CPH. • Action faite par le salarié contre l'AGS, avec mise en cause du débiteur, de l'administrateur ayant une mission d'assistance et du mandataire judiciaire, voire du liquidateur. • Assistance et représentation possible du salarié par le représentant des salariés. • Aucun délai de forclusion prévu. • Dispense du préalable de conciliation. • Application de l'unicité de l'instance. • Aucune condamnation au paiement : simple modification du relevé des créances salariales.
Les autres contentieux	• Compétence du CPH en principe. • Action faite par le salarié contre l'employeur avec mise en cause de l'administrateur, du mandataire, du liquidateur et de l'AGS. • Assistance et représentation du salarié par le représentant des salariés impossible. • Délai de forclusion de droit commun en fonction de l'objet de la demande. • Dispense du préalable de conciliation admise par la Cour de cassation dans un arrêt du 23 octobre 2012. • Application de l'unicité de l'instance. • Aucune condamnation au paiement : simple modification du relevé des créances salariales.

Pour en savoir plus

- J.-M. Becquet, « La décision du juge de la procédure collective concernant la rupture des contrats de travail », *Rev. proc. coll.* 2001, p. 237.
- O. Bell'Assinot, « Le redressement judiciaire et la procédure prud'homale : le principe de la compétence du juge du travail avec la loi n° 85-98 du 25 janvier 1985 », *Gaz. pal.* 1986, II, doct. p. 590.

- L. Fin-Langer, « Le particularisme des instances prud'homales dans les procédures collectives », *Rev. proc. coll.* 2012, dossier Droit social et procédures collectives, art. 5, p. 56.
- Ph. Lafarge et T. Météyé, « L'AGS et le contentieux prud'homal dans la procédure de redressement ou liquidation judiciaires des entreprises », *Gaz. pal.* 1987, I, doct. p. 391.
- N. Maggi-Germain, « La dualité contentieux tribunal de commerce - conseil des prud'hommes dans le règlement des défaillances d'entreprise », *Les Petites Affiches* 12 août 1998, p. 8.

Pour s'entraîner

Commentaire d'arrêt : Cass. soc. 23 octobre 2012, n° 11-15.530

Extraits de la décision

LA COUR – (...)

• Attendu, selon les arrêts attaqués, que M. C., employé depuis le 1er octobre 1974 par la société Aciéries de Ploërmel, laquelle a été mise en redressement judiciaire par jugement du 6 octobre 2004, désignant M. R. en qualité d'administrateur judiciaire et la SCP Le Dortz-Bodelet représentant des créanciers, a été licencié pour motif économique, le 24 décembre 2004 ; que par jugement du 24 juin 2005, le tribunal de commerce a arrêté un plan de cession totale des actifs de cette société au profit de la SCOP Aciéries de Ploërmel, a maintenu M. R. dans ses fonctions d'administrateur judiciaire et l'a nommé en qualité de commissaire à l'exécution du plan ; que le salarié a saisi, le 23 janvier 2007, la juridiction prud'homale de la contestation de la régularité de son licenciement, dirigeant sa demande contre la SCOP Aciéries de Ploërmel ; qu'après renvoi de l'affaire devant le bureau de jugement, la société Aciéries de Ploërmel et les organes de la procédure collective ont été attraits dans la cause ; que par jugement du 26 décembre 2008, le salarié a été débouté de ses demandes ; que par arrêt du 7 janvier 2010, la cour d'appel a constaté son désistement à l'égard de la SCOP Aciéries de Ploërmel ;

Sur le premier moyen du pourvoi, dirigé contre l'arrêt du 9 septembre 2010 :

• Attendu que le commissaire à l'exécution du plan de redressement de la société Aciéries de Ploërmel et le représentant des créanciers, font grief à l'arrêt de dire n'y avoir lieu à prononcer la nullité de la saisine par le salarié du conseil de prud'hommes de Vannes et de la procédure subséquente alors, selon le moyen, que l'action du salarié qui demande devant le conseil de prud'hommes la réparation du préjudice causé par l'irrégularité de fond ou de procédure de son licenciement est distincte de celle ouverte par les dispositions de l'article L. 621-125 du Code de commerce, dans sa rédaction antérieure à la loi du 26 juillet 2005, qui est applicable à la cause ;

qu'en considérant, dès lors, pour dire n'y avoir lieu à prononcer la nullité de la saisine par M. C. du conseil de prud'hommes de Vannes et de la procédure subséquente, en dépit de l'absence, devant le conseil de prud'hommes de Vannes, du préliminaire de conciliation, que l'action exercée par M. C. constituait l'action ouverte par les dispositions de l'article L. 621-125 du Code de commerce, dans sa rédaction antérieure à la loi du 26 juillet 2005, qui est applicable à la cause, quand il résultait des mentions du jugement du conseil de prud'hommes de Vannes du 26 décembre 2008 et de ses propres constatations que l'action exercée par M. C. tendait à la réparation du préjudice qui aurait été causé par l'irrégularité de fond ou de procédure de son licenciement, la cour d'appel a violé les dispositions des articles L. 621-125 et L. 621-128 du Code de commerce, dans leur rédaction antérieure à la loi du 26 juillet 2005, qui est applicable à la cause, ensemble les dispositions de l'article L. 1411-1 du Code du travail;

• Mais attendu que le bureau de jugement du conseil de prud'hommes est seul compétent pour connaître des litiges relatifs aux créances qui doivent figurer sur un relevé des créances résultant du contrat de travail, dès lors que le salarié entend obtenir la mise en œuvre de la garantie de l'AGS; que le moyen n'est pas fondé;

Sur le deuxième moyen du pourvoi, dirigé contre le même arrêt : non reproduit

(...)

Mais sur le troisième moyen du pourvoi, dirigé contre l'arrêt du 11 février 2011 :

Vu l'article L. 1233-4 du Code du travail;

• Attendu que, pour reconnaître le salarié créancier de dommages-intérêts pour licenciement sans cause réelle et sérieuse, la cour d'appel, après avoir constaté qu'il n'existait pas de possibilité de reclassement dans l'entreprise et dans le groupe auquel elle appartenait, a retenu que les démarches effectuées à cette fin auprès de sociétés sous-traitantes étaient insuffisantes, en raison des informations contenues dans les lettres qui leur étaient adressées;

• Qu'en statuant comme elle l'a fait, sans qu'il résulte de ses constatations que les entreprises sous-traitantes appartenaient au même groupe que l'employeur, la cour d'appel a violé le texte susvisé;

Par ces motifs :

• Casse et annule (...)

Éléments de réponse

La Cour de cassation dans cette décision rendue le 23 octobre 2012 précise le domaine de la dispense du préalable de conciliation prévue par l'article L 625-5 du Code de commerce.

Suite au redressement judiciaire de son employeur prononcé en octobre 2004, plusieurs salariés sont licenciés pour motif économique en décembre 2004. En janvier 2007, un des salariés licenciés saisit le conseil de prud'hommes pour contester son licenciement, dirigeant sa demande contre la SCOP désignée comme repreneur suite à l'adoption d'un plan de cession. Après renvoi devant le bureau de jugement, son ancien employeur et les organes de la procédure sont attraits dans la cause. Le conseil de prud'hommes déboute le salarié de ses demandes. Sur appel, la cour d'appel rend deux décisions, l'une le 9 septembre 2010 portant sur la recevabilité de l'action et l'autre le 11 février 2011 statuant sur le fond. Les organes de la procédure forment un pourvoi en cassation contre ces deux décisions. Ils invoquent comme premier moyen la violation par la cour d'appel de l'article L 1411-1 du Code du travail et les anciens articles L 621-125, L. 621-128 du Code de commerce. Selon eux, la procédure devait être annulée en raison du défaut de tentative de conciliation préalable, le bureau de jugement ayant été directement saisi alors que la demande ne portait pas sur une contestation du relevé des créances salariales. De plus, la cour d'appel ne pouvait pas les condamner pour défaut de reclassement, en se fondant uniquement sur l'insuffisance de leurs démarches auprès des sous-traitants.

Le problème posé est donc de savoir si le contentieux portant sur le licenciement pour motif économique prononcé par l'administrateur dans le cadre d'un redressement judiciaire relève de l'article L 625-5 du Code de commerce.

La Cour de cassation casse le second arrêt pour violation de l'article L 1233-4 du Code du travail car la cour d'appel aurait dû rechercher si les entreprises sous-traitantes appartenaient au même groupe que l'employeur. En revanche, elle rejette le pourvoi formé contre le premier arrêt. Elle estime que le premier moyen n'est pas fondé car « le bureau de jugement du conseil des prud'hommes est seul compétent pour connaître des litiges relatifs aux créances qui doivent figurer sur un relevé des créances résultant du contrat de travail, dès lors que le salarié entend obtenir la mise en œuvre de la garantie de l'AGS ».

I. L'application de l'article L 625-5 du Code de commerce à une demande d'indemnisation

La Cour de cassation admet non seulement la possibilité pour le salarié de saisir directement le bureau de jugement mais aussi qu'il a une compétence exclusive pour traiter cette demande.

A. La saisine directe du bureau de jugement pour traiter une demande d'indemnisation

La Cour de cassation reconnaît la possibilité pour le salarié de saisir directement le bureau de jugement du CPH pour traiter sa demande d'indemnisation suite à une irrégularité relative à la procédure de licenciement économique et d'un manquement à l'obligation de reclassement. Il ne s'agissait donc pas d'une demande contestant directement le relevé des créances salariales, seule concernée de manière littérale par l'article L 625-5 du Code de commerce et la dispense de conciliation.

Or, cette étape de la procédure prud'homale est d'ordre public (V. Fiche n° 25). Elle a déjà écarté cette règle notamment dans un arrêt du 21 juin 2005, faisant finalement primer la règle de l'unicité d'instance. Mais elle va plus loin, car elle reconnaît une compétence exclusive au bureau de jugement.

B. La compétence exclusive du bureau de jugement pour traiter la demande d'indemnisation

Elle va donc au-delà des textes, à la différence de la solution qu'elle a retenue à propos des autres exceptions relatives à la dispense de conciliation, comme pour les demandes accompagnant celle de requalification d'un CDD en CDI (Cass. soc. 4 décembre 2002). Il s'agit ici d'unifier la procédure applicable à l'ensemble des demandes d'un salarié à l'encontre de son employeur placé en procédure collective. Cela permet de fixer au plus vite le passif. Cette solution exclut aussi la compétence du juge des référés ou celui du juge-commissaire. Cette solution rendue sous l'empire de la loi antérieure à 2005 a vocation à perdurer sous le régime actuel puisque les textes sont identiques. Pourtant, cette solution soulève des incertitudes.

II. Les incertitudes résultant de l'application de l'article L 625-5 du Code de commerce aux demandes d'indemnisation

Ces incertitudes sont de deux ordres.

A. Les incertitudes relatives au champ d'application de l'article L 625-5 du Code de commerce

Il n'est pas certain que cette dispense de conciliation soit applicable à l'ensemble des demandes du salarié dans la mesure où la Cour de cassation précise qu'il s'agit des litiges relatifs aux créances qui doivent figurer sur le relevé des créances salariales dès lors que le salarié entend obtenir la mise en œuvre de la garantie de l'AGS. Dès lors, les litiges ne portant pas sur de telles créances, comme ceux relatifs à la remise de documents échappent à cette dispense de conciliation. De plus, un doute subsiste sur la garantie de l'AGS. Faut-il entendre cette précision comme étant synonyme de volonté du salarié de s'en prévaloir ou comme supposant de vérifier les conditions objectives de la garantie de l'AGS ? La Cour de cassation a déjà admis la compétence du juge des référés pour les demandes tendant au paiement de la fraction non garantie par l'AGS (Cass. soc. 7 oct. 1998, 97-44552 et 97-45769, *JCP* G, 1999, I, n° 103).

B. Les incertitudes liées aux conséquences de l'application de l'article L 625-5 du Code de commerce

L'application de ce texte aux demandes d'indemnisation pour les irrégularités de licenciement a-t-elle également pour conséquence l'application du délai de forclusion de 2 mois ? Cela aurait des conséquences beaucoup plus graves pour le salarié, car sa demande serait alors irrecevable. La position antérieure de la Cour de cassation était de refuser cette extension (Cass. soc. 28 juin 2000). Depuis la décision commentée, la Cour de cassation a levé cette incertitude et maintenu cette solution antérieure (Cass. soc. 26 février 2013, 11-28543, *Act. proc. coll.* 2013, n° 79).

Table des abréviations

Act. proc. coll. : *Actualités des Procédures Collectives*
Anc. : Ancien
Art. : Article
Bull. civ. : *Bulletin des arrêts des chambres civiles de la Cour de cassation*
Bull. Joly : *Bulletin Joly*
BJE *Bulletin Joly entreprises en difficulté*
Cah. dr. ent. : *Cahier de droit de l'entreprise*
Cass. soc. : Arrêt de la chambre sociale de la Cour de cassation
CE : Conseil d'État
CEDH : Cour européenne des droits de l'homme
CEDS : Comité européen des droits sociaux
CJCE : Cour de justice des Communautés européennes
CJUE : Cour de justice de l'Union européenne
C. trav. : Code du travail
C. Const. : Conseil constitutionnel
CPC : Code de procédure civile
CPH : Conseil des prud'hommes
CSB : *Cahiers sociaux du Barreau de Paris*
D. : *Recueil Dalloz*
Délib. : Délibération
DO : *Droit ouvrier*
DS : *Droit social*
Dr. soc. : *Droit des sociétés*
Gaz. pal. : *Gazette du palais*
HALDE : Haute Autorité de lutte contre les discriminations et pour l'égalité
JCP : *Semaine juridique édition générale*
JCP éd. E : *Semaine juridique édition entreprise*
JCP soc. : *Semaine juridique édition sociale*
JS UIMM : *Jurisprudence sociale de l'Union des industries métallurgiques et minières*
LEDEN : *L'essentiel du Droit des entreprises en difficulté*
RDT : *Revue de Droit du Travail*
RDTcom. : *Revue trimestrielle de droit commercial*
RJcom. : *Revue de jurisprudence commerciale*
RJS : *Revue de jurisprudence sociale*
RPDS : *Revue pratique de droit social*
Rev. proc. coll. : *Revue des procédures collectives*
QPC : Question prioritaire de constitutionnalité
Sem. soc. Lamy : *Semaine sociale Lamy*
T. Confl. : Tribunal des conflits
TI : Tribunal d'instance
TPS : Travail et protection sociale

Index

Les numéros renvoient aux numéros des fiches.

Achevé d'imprimer en août 2014 par Normandie Roto Impression s.a.s., 61250 Lonrai
N° d'impression : 1402842 - Dépôt légal : août 2014 - *Imprimé en France*